MINISTÈRE DE L'AGRICULTURE ET DU COMMERCE.

EXPOSITION UNIVERSELLE INTERNATIONALE DE 1878
A PARIS.

RAPPORTS DU JURY INTERNATIONAL.

GROUPE VI. — CLASSE 50.

LE MATÉRIEL ET LES PROCÉDÉS

DE L'EXPLOITATION DES MINES

ET

DE LA MÉTALLURGIE,

PAR

M. ALFRED HABETS,

INGÉNIEUR HONORAIRE DES MINES À LIÈGE.

PARIS.

IMPRIMERIE NATIONALE.

M DCCC LXXX.

RAPPORT

SUR

LE MATÉRIEL ET LES PROCÉDÉS

DE L'EXPLOITATION DES MINES

ET

DE LA MÉTALLURGIE.

MINISTÈRE DE L'AGRICULTURE ET DU COMMERCE.

EXPOSITION UNIVERSELLE INTERNATIONALE DE 1878
A PARIS.

GROUPE VI. — CLASSE 50.

RAPPORT

SUR

LE MATÉRIEL ET LES PROCÉDÉS

DE L'EXPLOITATION DES MINES

ET

DE LA MÉTALLURGIE,

PAR

M. ALFRED HABETS,

INGÉNIEUR HONORAIRE DES MINES A LIÉGE.

PARIS.

IMPRIMERIE NATIONALE.

M DCCC LXXX.

RAPPORT

sur

LE MATÉRIEL ET LES PROCÉDÉS

DE L'EXPLOITATION DES MINES

et

DE LA MÉTALLURGIE.

COMPOSITION DU JURY.

MM. Schwing (P.), *président*, directeur des mines de fer de la compagnie impériale et royale du chemin de fer de l'État, inspecteur supérieur.................................... } Autriche-Hongrie.

Burat, *vice-président*, ingénieur, professeur à l'École centrale des arts et manufactures, membre des comités d'admission et d'installation à l'Exposition universelle de 1878........ } France.

Habets (A.), *rapporteur*, ingénieur honoraire des mines à Liège.. Belgique.

Ledoux (Ch.), *secrétaire*, ingénieur au corps national des mines, membre des comités d'admission et d'installation à l'Exposition universelle de 1878............ } France.

Philips (J.-A.), esq.................................... Angleterre.

N.................................... Espagne.

Decousée, ingénieur civil, membre des comités d'admission et d'installation à l'Exposition universelle de 1878.......... } France.

Marmottan, président du conseil d'administration de la compagnie des mines de Bruay, à Bruay.................... } France.

Pernolet (A.), *suppléant*, ingénieur des mines, membre des comités d'admission et d'installation à l'Exposition universelle de 1878.................................... } France.

Valton, *suppléant*, ingénieur civil, membre du jury à l'Exposition de Philadelphie (1876), membre du comité d'admission à l'Exposition universelle de 1878.................... } France.

I

ÉTUDES DE GÉOLOGIE ET DE CARTOGRAPHIE MINIÈRE.

Selon l'interprétation des exposants, les études de *géologie minière* étaient rangées tantôt dans la classe 50 et tantôt dans la classe 43 avec les produits des mines et de la métallurgie; celles de *cartographie minière*, tantôt dans la classe 50 et tantôt dans la classe 16 (cartes et appareils de géographie et de cosmographie). Ce défaut de classification ne nous permettra pas de rappeler ici toutes ces nombreuses et intéressantes études qui constituaient une des manifestations les plus remarquables de l'Exposition de 1878.

Nous nous bornerons à signaler celles qui ont plus particulièrement attiré l'attention du jury de la classe 50.

L'exposition française tenait ici le premier rang, et les exploitants de houillères de presque toutes les régions de la France s'étaient fait un devoir d'y représenter la richesse minérale de leurs exploitations. Il semble qu'ils aient surtout cherché à faire comprendre au public la structure intérieure, *l'anatomie* des gisements miniers, au moyen de plans et de modèles en relief.

Il n'est point sans intérêt de considérer ces reliefs au point de vue des différents procédés qui servent à les construire.

On peut distinguer :

1° Les reliefs en plâtre,

2° Les reliefs en verre,

3° Les reliefs en fils métalliques.

Les reliefs en plâtre étaient les plus nombreux. On peut citer parmi les plus intéressants le relief de la veine *Marie* de la Compagnie des mines d'Aniche (Nord) et celui de la *8ᵉ couche* du bassin de Saint-Étienne dans les concessions de la Société anonyme des mines de la Loire.

La veine *Marie* est une des mieux reconnues du faisceau des houilles sèches d'Aniche: elle a, en effet, été débouillée par différents puits sur une longueur de près de 5 kilomètres en direction; son relief ne montre pas de grandes irrégularités dans le gi-

sement. Il en était tout autrement du relief de la couche n° 8 de
Saint-Étienne aux mines de la Loire. Cette couche est en effet
divisée en plusieurs lambeaux par un réseau très compliqué de
failles, dont l'une notamment, celle de *Côte chaude*, produit un
rejet de plus de 200 mètres. Ce relief faisait connaître un procédé que la Société des mines de la Loire assure lui avoir été
d'un grand secours pour l'étude de la constitution géologique de
cette partie du bassin extrêmement tourmentée par les failles.
Le rapprochement et la comparaison des reliefs des différentes exploitations ont démontré les rapports de ces failles entre elles et
ont seuls apporté un peu de lumière dans ces questions encore
obscures. L'idée première d'employer ce système est venue du désir
d'instruire les maîtres mineurs qui avaient peine à se rendre
compte du déplacement de la couche par les failles et du déplacement des failles les unes par les autres.

Disons un mot de la construction de ces modèles.

Celui de la veine *Marie* d'Aniche a été exécuté en reportant les
voies de fond sur des pièces de bois d'une épaisseur égale à la
hauteur qui sépare les différents niveaux, réduite à l'échelle d'un
millième. Ces pièces de bois ont ensuite été découpées suivant ce
tracé et superposées d'après les indications du plan, de manière à
former une série de gradins, dont chaque arête représentait une
des voies de fond, directrice de la surface gauche qui figure la
couche. Cette surface a été finalement obtenue en remplissant ces
gradins avec du plâtre.

Ce procédé ne tient pas compte de l'inclinaison des voies de
fond. Celui qui a été employé aux mines de la Loire est beaucoup
plus exact. On a commencé par rapporter sur une table en bois
bien dressée les projections horizontales des courbes de niveau
de la couche et celles des lignes d'intersection des failles avec la
couche et des failles entre elles. Le long de ces lignes, on a élevé
verticalement de petites tiges de fer proportionnelles à la cote de
chaque point de la couche correspondante, prise par rapport au
niveau de la mer. On a alors fait un premier moulage grossier
avec du sable mouillé en laissant dépasser chaque tige de 7 à
8 centimètres. Le moulage définitif a été obtenu en coulant du

plâtre sur ce sable, de manière à couvrir légèrement l'extrémité des tiges. Après la prise, le sable et l'excédent de plâtre ont été enlevés, puis le relief a été colorié de manière à distinguer la couche et les failles. On y a tracé les courbes de niveau en rouge dans les parties reconnues, et en bleu dans les parties hypothétiques déterminées au moyen de l'allure des couches supérieures à la 8ᵉ. Outre son exactitude, ce procédé a l'avantage d'être très économique. Un grand relief, semblable à celui exposé par les mines de la Loire, ne coûte pas plus de 4 à 500 francs. Cette société n'hésite pas à en recommander l'emploi, eu égard à l'utilité qu'elle en a retiré.

D'autres compagnies houillères ont cherché à montrer à la fois la topographie de la surface et la richesse minérale du fond. Les reliefs en plâtre sont peu favorables à ce genre de représentations. Signalons toutefois ceux qu'avaient exposés la Compagnie houillère de Bessèges et celle des mines de la Grand'Combe. Le premier était colorié de manière à montrer les divisions géologiques de la surface, et certaines parties, pouvant s'enlever, laissaient voir l'allure des couches. Le relief exposé par la Société de la Grand'Combe ne figurait que les accidents topographiques de la surface; certaines parties pouvant s'enlever laissaient voir les modes d'exploitation qui présentent, comme nous le verrons, des rapports intimes avec le relief de la surface.

Pour démontrer plus complètement ce qui se passe à l'intérieur de la terre, en même temps que les accidents de la surface, on est obligé de recourir aux modèles de verre. Ces modèles sont obtenus au moyen de coupes verticales suivant des plans longitudinaux et transversaux, peintes sur verre et réunies dans une caisse à parois de verre. Le plus beau modèle de ce genre était celui qu'exposait la Compagnie des houillères de Blanzy (J. Chagot et Cⁱᵉ): elle montrait la partie du terrain houiller de Blanzy qui est la plus exploitée et la mieux connue.

Les allures sont ici beaucoup plus simples, et l'intérêt principal de ce modèle résulte des failles qui sillonnent cette partie du terrain houiller. L'un des cas les plus curieux qui s'y soient présentés, est celui de la faille *Sainte-Marie* qui rejette de 100 mètres les deux couches du Montceau. Or ces couches étant séparées elles-mêmes par une stampe de 100 mètres, il s'ensuit que les galeries ont passé d'une couche dans l'autre, sans que l'on ait pu reconnaître immédiatement le fait.

Le plan de la surface et des constructions superposées à cette partie du bassin était représenté sur le fond de la caisse, de manière à faire reconnaître d'un coup d'œil la position relative du fond et de la surface.

La méthode des coupes sur verre avait été également adoptée par la Société anonyme des mines de Villefort et Vialas, du Rouvergue et de Comberedonde pour représenter la mine métallique de Vialas; mais ici cette méthode ne nous a pas paru présenter les mêmes avantages. Les mines de Vialas exploitent en effet un vaste champ de fractures métallisées, présentant des filons dirigés suivant les heures 3, 5 et 6, entre deux grands filons quartzeux dirigés suivant heure 8 à 9. La multiplicité de ces filons et la nécessité de les distinguer nettement les uns des autres, à cause des variations que présente leur richesse minérale, ne peut donner une image suffisamment nette de l'ensemble pour que ce mode de représentation présente un grand intérêt.

Il en est autrement lorsqu'il s'applique à des gîtes métalliques plus simples, comme ceux des mines de Dannemora ou de Fahlun en Suède. Ces gisements étaient représentés au moyen de coupes horizontales peintes sur verre et montées sur des tiges métalliques au-dessus les unes des autres à la distance respective où elles se trouvent dans la nature. Ces modèles offraient d'ailleurs un intérêt particulier : celui d'avoir été exécutés par les élèves de l'École des mines de Stockholm. Aucun exercice n'est plus propre à donner aux jeunes gens l'idée exacte de la configuration des gisements souterrains.

Le modèle de Blanzy nous montrait déjà les rapports de position existant entre le fond et la surface. Ce but n'a pas été mieux atteint que dans l'ingénieux relief hypsométrique de la surface et des travaux intérieurs des mines de houille de Lalle, et des mines de fer du Travers et Côte-de-Long, exposé par la Compagnie des fonderies et forges de Terre-Noire, la Voulte et Bessèges. Ce modèle était certainement la tentative de ce genre la mieux réussie et la plus complète qui se rencontrât à l'Exposition.

La Société de Terre-Noire, en exposant ce relief, n'a d'ailleurs eu d'autre but que de faire connaître un nouveau procédé de représentation simultanée des travaux souterrains et de la surface d'une même exploitation, de manière à distinguer non seulement les travaux miniers, mais encore les formations géologiques et même à suivre celles-ci jusque dans les profondeurs du sol. La diversité des terrains et les accidents géologiques qui se rencontrent dans le petit espace représenté le rendait très propre à convaincre de l'utilité du système.

L'orographie de la surface a été reproduite au moyen de fils de laiton simulant des courbes de niveau à l'équidistance de 5 mètres, à leur hauteur et dans leurs positions respectives.

Ces courbes en fils métalliques ont été d'abord maintenues en place par des planchettes découpées suivant le profil des terrains. Le parcellaire de la surface a été représenté au moyen de fils plus minces constituant avec les premiers un réseau assez solide pour porter la représentation au 1.000^e des constructions de la surface. On a pu alors enlever les planchettes et ne laisser subsister que quelques tiges métalliques faisant fonctions d'ordonnées.

Les divisions géologiques de la surface ont été représentées en teintant les fils correspondant aux courbes de niveau suivant les teintes adoptées pour la carte géologique de France.

De 50 en 50 mètres ces courbes ont été teintées indifféremment en rouge et portent une étiquette marquant leur cote de hauteur.

Les limites des parcelles ont été teintées en noir, et les routes, chemins, rivières, ponts, voies ferrées, suivant les teintes conventionnelles ordinaires.

La représentation des travaux de mine s'est faite par les mêmes méthodes. Toutes les galeries, montages, descenderies, puits, travers-bancs ont été représentés par des fils métalliques dans leurs positions respectives, et tous les réseaux ainsi formés appartenant à une même couche ont reçu une même teinte.

Les failles et les accidents ont été représentés de même par leurs courbes de niveau, ainsi que les surfaces délimitant en profondeur les formations géologiques principales.

Gr. VI.

—

Cl. 50.

On obtient ainsi une représentation pour ainsi dire mathématiquement exacte, et l'œil peut embrasser à la fois et sans peine l'ensemble des travaux souterrains par rapport au relief, à la géologie et aux propriétés de la surface.

Comme nous l'avons dit, ce relief était on ne peut mieux choisi pour le but à atteindre. La vallée de la Cèze forme avec ses affluents une surface très accidentée présentant un redressement du terrain houiller qui affleure entre deux lambeaux de trias. Cette vallée traverse successivement les micaschistes, le terrain houiller, le trias et le terrain jurassique.

Les mines de houille de Lalle comprennent un faisceau de couches nombreuses, puissantes de $0^m,80$ à 2 mètres, compris entre deux rejets représentés au plan comme il a été dit. Leur inclinaison varie de 40 degrés à la verticale: leur direction est assez régulière au Nord, mais elle subit, au Sud, une inflexion en forme de Z dont certaines galeries d'allongement donnaient une idée très nette.

Au delà du plan de séparation du houiller et du trias, sont exploitées dans cette dernière formation les mines de fer du Travers. Un sondage a traversé le trias et a été prolongé dans le terrain houiller jusqu'à 457 mètres de profondeur.

Ce mode de représentation, dont l'imitation est à conseiller, était complété par des coupes dessinées sur les quatre parois du cadre qui soutient tout le système.

A côté de ces reliefs si intéressants par leur mode de construction, nous devons encore citer celui de Roche-la-Molière et de Firminy dans le bassin de la Loire, simple relief de la surface divisé en plusieurs fragments qu'on pouvait séparer pour examiner les coupes tracées sur les tranches verticales; celui de la surface *des bassins houillers du Nord et du Pas-de-Calais* au 4000me ne présentait d'autre intérêt que de permettre de jeter un coup d'œil à vol d'oiseau sur le plus beau fleuron de la richesse minérale française; celui de la Compagnie des mines de fer de *Soumah* et de la *Tafnah* en Algérie faisait connaître les travaux gigantesques

exécutés sur un sol des plus ingrats par cette Compagnie, aujour-
d'hui fusionnée avec celle de Mokta-el-Hadid: celui du district du
Laurium, en Grèce, montrait la configuration et la constitution
géologique de ce district qui recèle les exploitations de calamines
actuellement les plus importantes du monde: nous devons mentionner enfin le relief des mines de houille de Takashima au Japon,
qui révélait dans ce pays un état d'avancement de l'industrie minière auquel on était loin de s'attendre.

Les mines de Takashima sont situées près du port de Nagasaki,
dans une petite île. Ce sont les plus importantes du Japon. Les
couches viennent affleurer sous l'Océan et plongent vers l'intérieur
des terres sous une inclinaison de 20 degrés. Ces mines sont en
partie exploitées sous la mer. Elles produisent 700 tonnes par
jour, dont 60 p. 0/0 de menu, et occupent plus de 2,000 ouvriers
dont 1,500 mineurs. Le charbon de Takashima est propre à la
fabrication du coke. On n'est pas fixé sur son âge géologique, qu'on
rapporte tantôt à la période crétacée et tantôt au trias.

Voici la coupe des couches de Takashima:

39.60 grès, argileux en partie.

9.10 grès ocreux.

2.40 CHARBON. . . . . . {
0.15　argile schistoïde.
0.075 argile schistoïde et bitumineuse.
0.15　marne.
2.10　*houille.*

20.75 grès.

1.11 schistes char-
bonneux. . . {
0.30 couches ocreuses.
0.20 argile schistoïde et bitumineuse.
0.61 schistes ocreux.

8.20 alternances de grès, de sphérosidérite et d'argile schistoïde ferrugineuse.

0.90 CHARBON. . . . . {
0.51 argile schistoïde.
0.25 *houille.*
0.18 argile schistoïde.

0.23 *houille.*

0.76 schiste noir.

0.76 argile schistoïde et sphérosidérite.

12.80 grès.

0.48 argile schistoïde grise et ocreuse.

0.46 schiste noir.

0.76 grès friable.

2.10 grès.

2.90 grès alternant avec schiste dur et sphérosidérite.

3.00 schiste.

0.61 CHARBON. . . . . { 0.46 houille.
{ 0.15 argile schistoïde et ferrugineuse.

2.40 grès.

0.30 argile schistoïde grise et ferrugineuse.

2.10 schiste noir.

6.30 grès alternant avec argile schistoïde vireuse.

0.61 grès avec rognons de sphérosidérite.

3.00 CHARBON. . . . . { 9.10 grès.
{ 1.50 *houille.*
{ 0.15 havage.
{ 0.91 *houille.*
{ 0.12 havage.
{ 0.61 *houille.*
{ 0.52 havage.

12.70 grès alternant avec schiste dur et sphérosidérite.

0.08 *houille.*

3.00 alternances de schistes et de charbon.

0.15 *houille.*

0.18 marnes.

0.91 argile schistoïde compacte.

15.30 grès.

2.40 schiste.

1.80 argile schistoïde ocreuse.

1.50 schiste.

1.40 argile schistoïde compacte.

2.10 CHARBON. . . . { 0.91 *houille.*
{ 0.61 schiste charbonneux.
{ 0.61 *houille.*

5.20 argile schistoïde compacte.

1.80 schiste résistant.

0.90 schiste.

Gr. VI.

Cl. 50.

0.90 schiste avec charbon.

5.40 CHARBON .... {
2.30 *houille.*
0.30 schiste charbonneux.
1.06 *houille.*
0.25 schiste charbonneux.
1.30 *houille.*
0.08 havage.
0.20 *houille.*
}

6,10 argile schistoïde compacte.

0.90 *houille.*

183.00 grès.

Parmi les études de cartographie minière, nous devons une mention toute spéciale à la *Carte minière du bassin de Liège* exposée par le Ministère des travaux publics de Belgique. Cette carte comprend une coupe horizontale du bassin houiller de la province de Liège à l'échelle du 20,000ᵉ et deux coupes verticales N.-S. passant : l'une par le puits *Henri-Guillaume*, à Seraing, et l'autre par le puits du *Bâneux*, à Liège. C'est le spécimen le plus complet qui ait été produit jusqu'à ce jour du travail considérable auquel se livre depuis 1861 l'Administration des mines en Belgique. Les premiers éléments de ce travail ont figuré à l'Exposition de Paris de 1867.

Le système adopté donne une représentation beaucoup plus complète que tout ce qui avait été tenté jusqu'à ce jour; ce système consiste dans la représentation au 5.000ᵉ d'une zone du terrain houiller de 50 mètres de hauteur, comprise entre deux plans horizontaux situés à des profondeurs convenablement choisies. Les courbes de niveau des couches de houille y seront tracées de 10 en 10 mètres, et les teintes disposées de manière à donner une image du relief. On comprend à quelles difficultés entraîne l'application de ce système, par suite des études minutieuses qu'il exige sur les différents caractères géologiques propres au raccordement des couches de houille [1]. Ces difficultés n'ont pas

[1] Voir notre *Note sur la carte générale des mines de la Belgique et sur les cartes statistiques de la Prusse.* (*Revue universelle des mines*, 1ʳᵉ série. t. XXV et XXVI. 1869.)

cependant été les seules, et le travail était déjà très avancé, lorsque la mauvaise orientation de la plupart des anciens plans de mines qui lui avaient servi de base, fit surgir de nouveaux obstacles. On ne réussit à les surmonter qu'en établissant de nouvelles coupes générales de 100 en 100 mètres de distance sur toute l'étendue du bassin. Le spécimen exposé nous montre deux de ces coupes. C'est de leur ensemble qu'a été déduite la coupe horizontale qui constitue la carte minière du bassin de Liège. La petite échelle de cette carte n'a pas permis d'y suivre le système défini ci-dessus, et elle ne donne, pour chaque couche, qu'une seule courbe de niveau.

La différence d'altitude du plateau de Herve et de la vallée de la Meuse n'a pas permis de tracer ces courbes à un niveau unique dans toute l'étendue de la carte. On a adopté comme limite la faille eifélienne qui borne, au Sud, le terrain houiller de la vallée de la Meuse. La coupe horizontale de ce dernier est prise à 137 mètres sous le zéro d'Ostende. La coupe horizontale du plateau de Herve est prise à 257 mètres au-dessus de ce niveau. Ces coupes se rapportent aux niveaux les plus intéressants au point de vue de l'exploitation actuelle.

Nous ne connaissons dans aucun pays de carte qui donne des renseignements aussi complets et aussi minutieux sur la structure intime de l'ensemble d'un bassin houiller. Ceux-ci ne se bornent pas seulement aux parties reconnues, ils sont d'autant plus précieux que les courbes de niveau ont été continuées en pointillé dans les parties hypothétiques, d'après les renseignements basés sur l'examen des caractères géométrique et minéralogique.

On pourrait peut-être considérer comme hasardeux d'avoir livré à la publicité des renseignements qui peuvent être contredits plus tard par les faits. Mais cette objection ne nous paraît pas devoir tenir vis-à-vis des avantages que présente une représentation qui résume les connaissances actuelles des savants spécialistes composant le corps des mines de Belgique.

Si quelques faits viennent contredire les hypothèses admises, cela n'ôtera rien à la valeur de la carte qui pourra être rectifiée et mise à jour d'après les reconnaissances nouvelles. Ce n'était, dans aucun cas, une raison pour priver plus longtemps les exploitants de la somme de renseignements accumulés dans ce travail.

La publicité qui vient de lui être donnée est le plus bel hommage que le gouvernement belge ait rendu aux directeurs de cet important travail, MM. Jochams, Van Scherpenzeel-Thim, Flamache, et à leurs collaborateurs MM. R. Malherbe et Claes.

La presse spéciale étrangère a rendu justice à la supériorité des travaux cartographiques de l'Administration des mines de Belgique à la suite de l'Exposition de Vienne de 1873.

L'éminent géologue hongrois, M. F. Posepny, a désigné le spécimen exposé à Vienne comme « le plus grand et le plus important travail de ce genre. Il va de soi, ajoute cet auteur, qu'une représentation graphique aussi parfaite, embrassant tous les détails des mines, et entreprise par les soins de l'État, doit aider puissamment au développement de l'industrie minière, et il n'est pas besoin de perdre des paroles à le démontrer. Cette grande entreprise est tout à fait unique, et l'on ne peut même lui comparer les grandioses cartes minières des bassins houillers de l'Allemagne, ni les cartes des filons du Harz et de Freiberg [1]. »

Les travaux de la carte générale des mines ont fait école en Belgique, et nous avons vu pour la première fois, dans l'exposition belge, se manifester une tendance à l'adoption plus générale du système de représentation du relief des couches souterraines au moyen de courbes de niveau. Indépendamment des spécimens exposés par diverses sociétés houillères, M. R. Malherbe, ingénieur au corps des mines, exposait une intéressante étude d'un *Essai de raccordement entre les bassins houillers néerlandais, allemand et belge avec coupes,* exécuté par les méthodes dont il a appris à se servir en collaborant à la carte générale des mines et qu'il a décrites en 1867 dans les *Annales des travaux publics de Belgique* [2].

Cet essai présente un intérêt très réel à la suite de la découverte récente d'une grande extension du terrain houiller sous les morts-terrains du Limbourg néerlandais. Les premiers éléments

[1] *Œsterreichische Zeitschrift für Berg- und Hüttenwesen*, 1874, p. 457.

[2] *Des caractères géologiques propres au raccordement des couches de houille,* par R. Malherbe. (*Ann. des trav. pub. de Belg.*, t. XXV, 1867.)

de cet important travail ont été produits dans un mémoire de
M. R. Malherbe sur le terrain houiller du bassin de Liège, couronné en 1876 par l'*Académie royale des siences de Belgique*.

Les sondages du Limbourg hollandais étaient alors à leur début;
mais l'avancement de ces travaux n'a fait que confirmer les vues
émises dès cette époque par M. R. Malherbe et résumées dans les
documents graphiques qu'il a exposés. D'après ceux-ci, les bassins
de la Worm, d'Eschweiler et du Limbourg hollandais, constitueraient, de même que le bassin de Liège, des lambeaux détachés
de la vaste plaine houillère qui a recouvert la zone comprise entre
Liège, Kerkrade et Aix-la-Chapelle.

L'un des traits-d'union entre ces deux lambeaux se trouverait
dans la concession de *Sybilla*, récemment octroyée par le gouvernement prussien près de Welkenraedt; cette concession contiendrait les dernières couches du dépôt qui émergent en ce point à
partir de l'Est et de l'Ouest, où elles forment respectivement la
base des bassins houillers d'Eschweiler et de Liège.

M. R. Malherbe trouve la confirmation de ce fait dans le
nombre de couches qui, dans le bassin d'Eschweiler, serait égal à
celui du bassin de Liège.

A l'appui de la méthode suivie dans ce travail, aussi bien que
dans celui de la carte générale des mines, M. R. Malherbe exposait une série de grès houillers recueillis dans le bassin de Liège.
Il y a reconnu six horizons caractéristiques par leur aspect minéralogique et leur puissance, qui lui ont servi à établir, dès 1872,
les prolégomènes d'une synonymie générale des couches du bassin[1].

Il exposait aussi des fossiles animaux (*cardinies*) recueillis dans
divers étages de la même formation. Ces fossiles n'ont pu servir
jusqu'ici à déterminer de véritables horizons et le caractère paléontologique a fourni des indications beaucoup moins fécondes que
les caractères géométrique et minéralogique. Les recherches de
M. Malherbe sont toutefois un point de départ.

Les fossiles animaux donneraient des indications de synonymie
d'autant plus nettes que leurs espèces sont moins nombreuses.

[1] Voir *Monographies géologiques : la Houille*, par R. Malherbe. (Liège, 1872.)

Gr. VI.

Cl. 50.

Il n'en est pas de même des fossiles végétaux, si remarquables par leur abondance et leur conservation, que nous montraient à l'Exposition plusieurs sociétés belges et françaises. La collection de 126 échantillons recueillis par M. Crépin, directeur du Jardin botanique de Bruxelles, et exposée par la Société du Levant du Flénu, faisait connaître la flore du terrain houiller supérieur de la Belgique, tandis que les 40 échantillons exposés par la Société de Monceau-Fontaine et du Martinet appartiennent plutôt à la partie moyenne. La paléontologie houillère est actuellement l'objet d'une attention toute particulière en France, où les remarquables travaux de MM. Grand'Eury et Zeiller ont ouvert la voie des applications pratiques qui donneront peut-être au caractère paléontologique (fort délaissé jusqu'aujourd'hui) une place sérieuse dans les moyens de déterminer la synonymie des étages et des couches du terrain houiller. La comparaison des collections exposées en Belgique avec celles de la Compagnie des mines de Béthune et des houillères de Decazeville, de Firminy, de Roche-la-Molière, du Creusot, de Montchanin, de Decize, de Brassac et de Montaud, paraît avoir démontré que le terrain houiller de Béthune est contemporain de celui du Levant du Flénu, tandis que les bassins du Centre et du Sud de la France appartiendraient à un étage supérieur qui n'est pas représenté en Belgique.

L'Exposition présentait encore, sous d'autres formes, un grand nombre d'intéressantes études relatives à la géologie et à la cartographie minières.

La Société du Bleyberg (Belgique) exposait une collection de roches et de minerais destinée à démontrer, pour ainsi dire sur le fait, l'histoire géogénique du filon qu'elle exploite, relatée dans une notice explicative. C'est la première fois, pensons-nous, qu'une tentative de ce genre figurait dans une exposition. La brochure du Bleyberg à la main on pouvait, en examinant ces échantillons soigneusement étiquetés, suivre les vicissitudes géogéniques du gîte métallique le plus important de la Belgique. La Vieille-Montagne avait également exposé une carte géologique de sa concession de Moresnet, qui montrait les derniers résultats de ses recherches dans cette intéressante région, et qui était accompagnée d'une belle collection des principaux types de minerais qui s'y rencontrent.

La Société du *Poirier* et celle des *Viviers réunis,* près de Charleroi, nous montraient les coupes des puits les plus profonds de la Belgique.

Le puits *Saint-André,* du charbonnage du Poirier, a atteint 880 mètres et exploite aux étages de 730, de 793 et de 868 mètres.

Le puits *Simon-Lambert* du charbonnage des *Viviers réunis* a été longtemps cité comme le puits le plus profond de l'univers. Il a, en effet, été creusé jusqu'à la profondeur de 1,065 mètres et prolongé par un trou de sonde jusqu'à 1,080 mètres. Mais ce puits n'ayant pas répondu aux espérances, l'exploitation projetée à plus de 1,000 mètres de profondeur a été abandonnée. L'homme n'est pourtant pas descendu plus bas dans la croûte terrestre. Les puits *Adalberti* et *Maria* des mines de Przibram, en Bohême, parvenus à 1,009 mètres de profondeur réalisent seuls pratiquement aujourd'hui le problème si controversé, il y a quelque vingt ans, de l'extraction à 1,000 mètres de profondeur. Nous aurons l'occasion d'y revenir.

Nous devons encore citer, parmi les travaux les plus remarquables exposés en Belgique, les plans extraits du *Mémoire historique et descriptif du bassin houiller du couchant de Mons,* par M. G. Arnould, ingénieur principal au corps des mines, à Mons.

On remarquait surtout, parmi ceux-ci, le tableau représentant par commune la superposition des concessions houillères avec la succession des principales couches de ce bassin; ce tableau rend compte synoptiquement des conditions si compliquées provenant des nombreuses concessions par couches octroyées dans le bassin de Mons.

Le plan et les coupes exposés par le charbonnage d'Ormont, à Chatelet, près de Charleroi, méritent aussi une mention, parce qu'ils représentaient l'image d'un fait géologique du plus haut intérêt pour le bassin de Charleroi, celui de l'existence du terrain houiller sous le calcaire carbonifère, dont l'affleurement limite ce terrain vers le Sud. Ce fait a été reconnu par la Société d'Ormont

Gr. **VI.**

Cl. **50.**

Gr. VI.
—
Cl. 50.

à la fin de 1863, et cette découverte a permis à plusieurs sociétés charbonnières d'étendre au Midi leur champ d'exploitation.

Le même phénomène géologique caractérise, d'ailleurs, toute la limite Sud du bassin belge, et se reproduit en France à la lisière Sud du bassin du Pas-de-Calais; une intéressante étude stratigraphique sur le terrain houiller d'Auchy-au-Bois, due à M. L. Breton, ingénieur-directeur de la Compagnie d'Auchy-au-Bois, en présentait une nouvelle confirmation. Le résultat pratique de cette étude sera d'étendre vers le Sud le champ d'exploitation de ce charbonnage, par suite de l'extension de concession de 1,568 hectares, décrétée le 11 avril 1878. L'étude de M. Breton a servi de point de départ à diverses autres recherches, qui ont élargi de même la zone productive du terrain houiller du Pas-de-Calais.

La grande coupe exposée par la Compagnie des mines de Béthune, montrait ce même fait du recouvrement du terrain houiller par les assises du terrain dévonien, avec cette particularité curieuse que les couches recoupées en dessous de ce dernier sont en plateure avec inclinaison dans le même sens que le plan de séparation des terrains houiller et dévonien.

Les coupes exposées par la Compagnie des mines de Courrières montraient aussi l'exemple d'un renversement considérable combiné à divers systèmes de failles, qui ont contribué à rendre l'étude de ce terrain des plus compliquées.

Il serait trop long d'énumérer les particularités intéressantes de toutes les études de géologie minière exposées. Contentons-nous de citer :

En France : les documents exposés par le corps des mines, résultats des travaux d'un service spécial dit *des topographies souterraines,* réorganisé en 1877; les cartes statistiques des gîtes de minerais de fer et de phosphate de chaux de la France, dressées par M. Dupont, inspecteur général des mines; les plans et coupes exposés par la Société des mines de Lens, par la Compagnie de Vicoigne, par la Société anonyme des mines de Carmaux (Tarn), par les mines et usines d'Aubin (Compagnie d'Orléans): les plans théoriques du gisement des mines de houille de Decize, Brassac, **Gr. VI.** — **Cl. 50.** Montchanin, Montaud et des mines de fer d'Allevard et de Saint-Georges, exposés par la Société du Creusot; les cartes du bassin houiller de Champagnac (Cantal) exposées par M. S. Léon, etc.;

En Belgique : les plans et les coupes exposés par les Sociétés du Levant du Flénu, des Charbonnages réunis de Charleroi, de Monceau-Fontaine et du Martinet, de Marcinelle et Couillet, de Maribaye, etc., faisant partie de l'exposition collective de l'*Union des Charbonnages, mines et usines métallurgiques de la province de Liège et des Associations charbonnières de Charleroi, de Namur, du Centre et de Mons.*

En Suède : le bel atlas des plans et coupes des mines de fer de Risberga (district de Norrberg), exposé par M. Granström;

En Russie : la carte des gîtes miniers de la Russie d'Europe, dressée par M. V. de Mœller, dont une réduction était libéralement distribuée aux visiteurs de l'Exposition, en même temps qu'un *Aperçu des richesses minérales de la Russie d'Europe,* publié par le Gouvernement russe, et une *Notice sur les richesses minérales du Turkestan russe,* par M. Mouchkétoff.

En Espagne : les travaux géologiques exposés par M. A. Piquet, comprenant les cartes minières des provinces de Madrid et de Santander, et divers travaux sur les mines de l'Horcajo (prov. de Ciudad-Real), sur la mine *Santa Margarita,* près de Linarès, et sur la mine *Makrina* (prov. de Jaen); les plans et coupes exposés par la Compagnie des mines de Rio-Tinto, par la Compagnie française des mines et usines d'Escombrera, par celle des mines de l'Horcajo; enfin, les plans et coupes des riches gisements de mercure d'Almaden exposés par le Gouvernement;

En Italie : les plans et coupes exposés par les mines de Malfidano et de Monteponi, en Sardaigne, et de Montecatini, en Toscane;

En Hongrie : les travaux de la Société autrichienne impériale-

Gr. VI.
—
Cl. 50.

royale privilégiée des chemins de fer de l'État relatifs à ses mines de houille et de fer du Banat;

En Autriche : les travaux de la même société relatifs à ses charbonnages de Kladno; les documents exposés par le Gouvernement sur les mines de Przibram (argent et plomb), d'Idria (mercure), de Joachimsthal (argent, bismuth, uranium), du Schneeberg (blende) et de la Bukowine (fer et manganèse); les coupes exposées collectivement par les exploitants du riche bassin houiller d'Ostrau-Karwin, en Moravie; et par la Société des mines de lignite de Trifail, en Carniole.

II

SONDAGES.

Sondages à tiges rigides pleines.

Les appareils de sondage étaient remarquablement représentés dans le compartiment français.

Fait digne de remarque, les types exposés, français ou autres, appartenaient tous au système de sondages au moyen de tiges rigides, tandis qu'à l'Exposition de Vienne de 1873 quelques modèles d'appareils pour le sondage à la corde prouvaient que ce système, préconisé en 1864 par M. Jobard et renouvelé des Chinois, jouissait, à l'époque de cette exposition, d'un regain de faveur en Allemagne et en Autriche [1]. Les avantages invoqués par les partisans du sondage à la corde sont les suivants :

1° Économie de temps dans l'extraction du trépan;

2° Attaque plus énergique de la roche par suite d'un nettoyage et d'un remplacement d'outils plus fréquents;

3° Emploi d'une machine d'extraction plus faible.

Les partisans du système à tiges rigides condamnent, au contraire, le sondage à la corde par suite des inconvénients suivants :

1° Déviation et coinçage du trépan produits par le manque d'homogénéité et l'inclinaison des couches;

[1] Voir notre *Rapport sur l'exploitation des mines à l'Exposition de Vienne*. (*Revue universelle des mines*, 1ʳᵉ série, t. XXXVIII, 1875, p. 136.)

2° Obligation de tuber le puits dans les roches ébouleuses
fouettées par la corde;

3° Nécessité, en cas d'accident, de recourir à une sonde rigide;

4° Impossibilité de travailler à la tarière dans les argiles et d'extraire des témoins.

Le sondage à la corde est surtout employé aujourd'hui en Amérique et dans les Carpathes pour la recherche du pétrole; mais, pour tous les grands sondages ayant pour objet des recherches en terrain houiller ou l'établissement de puits artésiens, on emploie aujourd'hui le sondage à tiges rigides.

L'exposition la plus complète était celle de MM. Lippmann et Cie, qui présentaient tout leur outillage extrêmement perfectionné pour les sondages à partir du diamètre minimum de 0^m,04 jusqu'aux forages de puits à niveau plein d'un diamètre de 4^m,40.

Les caractères de l'outillage des sondages à petit diamètre de MM. Lippmann et Cie résident dans le système de chute libre et dans l'emploi de tiges en fer et d'un tubage continu sur toute la hauteur du forage.

L'outil à chute libre de MM. Lippmann et Cie a pour point de départ l'appareil à *tringlage* ou *poids mort* imaginé dès 1854 par M. Gault, qui eut l'idée de prendre le fond du trou comme point d'appui du déclic. Ce système figurait déjà à l'Exposition de 1867.

MM. Lippmann et Cie préfèrent les tiges en fer aux tiges en bois à cause des altérations que fait subir aux assemblages de fer et de bois l'action de l'eau sous pression en resserrant les fibres.

Ils donnent la préférence aux tubages continus sur ceux en colonnes perdues, employés quelquefois pour traverser une couche ébouleuse, et préconisés par M. Léon Dru pour des motifs d'économie. Cette préférence se justifie, parce qu'il est souvent arrivé que les tubages employés en colonnes perdues se sont trouvés de longueur insuffisante pour revêtir toute la couche ébouleuse: on ne peut remédier à ce défaut de longueur qu'en remplaçant la colonne trop courte ou en plaçant à l'intérieur une seconde colonne de tuyaux au préjudice du diamètre. Il en est de même lorsqu'on rencontre plus bas une deuxième couche ébouleuse. Les tubages

Gr. VI.
—
Cl. 50.

continus ne présentent pas ces inconvénients, et, grâce au nouveau *coupe-tuyau à vis et à encliquetage* exposé par MM. Lippmann et Cᵉ, il est possible, lorsque le sondage est terminé, de couper la colonne de tuyau en excès avec la même précision que si cette opération se faisait au tour.

Dans ce coupe-tuyaux, la pénétration progressive des couteaux s'obtient au moyen d'un cône intérieur, dont l'enfoncement au moyen d'une vis détermine la saillie des couteaux. A l'extérieur, le diamètre de l'outil, avant cette saillie, correspond au diamètre intérieur du tubage.

MM. Lippmann et Cⁱᵉ exposaient, en outre, une ingénieuse *éprouvette à eaux minérales*: elle se compose d'un vase pouvant tourner autour de deux tourillons et maintenus dans une position d'équilibre instable par une bande de papier fort. Dans cette position, les clapets qui ferment le vase sont ouverts, de sorte que l'eau traverse l'éprouvette comme un tube. Arrivé à la profondeur voulue, le papier s'imbibe et ne tarde pas à se déchirer: le vase bascule; les clapets se ferment, et l'éprouvette est retirée contenant la prise d'essai.

Une des particularités intéressantes de l'exposition de MM. Lippmann et Cⁱᵉ était relative à l'emploi assez fréquent aujourd'hui de la dynamite dans les sondages. La dynamite s'emploie pour réduire en fragments les pièces d'acier qui peuvent tomber au fond du sondage, pour dégager les outils coincés et surtout pour élargir le fond du trou dans les roches dures, de manière à y faire pénétrer le tubage ou même le trépan. Par l'action toute locale qu'elle développe, la dynamite est un moyen précieux mis à la disposition du sondeur dans une foule de cas difficiles.

Pour remplacer les cartouches qui se laissent pénétrer par l'eau, MM. Lippmann et Cⁱᵉ ont employé avec succès, pour élargir le fond du trou une bouteille à champagne contenant 1.500 grammes de dynamite: le goulot de cette bouteille est fermé par un ciment de gutta-percha. L'amorçage se fait par l'électricité au moyen de l'appareil Bréguet dit *coup de poing*. Après l'explosion, le goulot remonte avec le conducteur. Nous reviendrons ci-dessous sur les fonçages de puits à niveau plein exécutés par MM. Lippmann et Cⁱᵉ.

Le successeur de M. L. Mulot, à qui revient l'honneur d'avoir
découvert, en 1839, le bassin houiller du Pas-de-Calais par le sondage d'Oignies près de Henin-Liétard, M. Léon Dru, présentait
son matériel de sondage au grand complet en regard de celui de
MM. Lippmann et Cie. Ce matériel a été figuré et décrit dans une
brochure accompagnée d'un atlas qui perpétuera le souvenir de
cette belle exposition. Il serait bien difficile d'entrer dans le détail
de cet arsenal complexe qui comprenait tous les outils employés
dans les sondages, de 0^m,035 à 1^m.20 de diamètre. On y remarquait la simplicité de plusieurs types disposés pour pouvoir
être décomposés en parties faciles à réparer au moyen de forges
de campagne.

M. Léon Dru emploie la chute libre produite par le choc du
levier de battage sur un heurtoir au moment où la sonde est à
l'extrémité de sa course ascendante, ou, comme MM. Lippmann
et Cie, un système à point d'appui. Le premier de ces deux appareils est propre à la maison Dru; il figurait déjà à l'Exposition de
1867 sous le nom de M. Saint-Just Dru. Le second s'applique aux
sondages de grand diamètre, et a été appliqué récemment au sondage exécuté par M. Léon Dru à Sangatte, pour reconnaître les
terrains dans lesquels on projette d'établir le tunnel sous la
Manche.

M. Léon Dru exposait, en outre, un système de chute libre entièrement nouveau et des plus ingénieux, qu'il désigne sous le nom
de *coulisse à pression d'eau*. Il se compose essentiellement de deux
cylindres de diamètres différents réunis par une jonction conique.
Le plus petit diamètre est à la partie supérieure. Ce double cylindre
est fermé en dessous et ouvert en dessus. Il forme la pièce inférieure de la tige de sonde. Dans le double cylindre se meut un
piston percé de quelques évents; son diamètre correspond à celui du
plus petit cylindre avec très peu de jeu. Le trépan est fixé à ce piston.

Lorsque le trépan a touché le fond, les tiges continuant à descendre, le piston pénètre dans la partie la plus étroite. Lorsque
les tiges remontent, elles soulèvent le trépan retenu par le piston
sur l'eau contenue dans le cylindre. Cette eau s'échappe petit à
petit par les évents du piston, et le piston descend lentement jus-

Gr. VI.

Cl. 50.

qu'au moment où il parvient dans la partie élargie; ne rencontrant plus alors de résistance, sa chute s'accélère et le trépan se précipite librement au fond du trou.

Cette disposition n'avait pas encore été appliquée, mais l'idée nous en paraît heureuse, car elle supprime tout système de déclic et de mécanisme.

M. Léon Dru exposait, de plus, les engins spéciaux propres aux travaux de consolidation des terrains et des fondations, au moyen d'injections de ciment, travaux qu'il a exécutés en grand nombre, par exemple, sous les fondations des piles et des culées du viaduc de Mérizy (Eure-et-Loire), qui n'ont pas exigé moins de 192 sondages injectés au ciment de Portland; sous l'écluse de Froissy (Somme), dont la consolidation a exigé jusqu'à 300 sondages verticaux; sous la culée de Javel du viaduc du Point-du-Jour, qui a nécessité 45 sondages disposés sur la surface de la culée.

Ces sondages injectés jusqu'à 10 et 12 mètres de profondeur ont souvent absorbé un volume de ciment triple de celui du déblai.

Une collection de coupes géologiques des principaux travaux exécutés par M. Léon Dru complétait cette exposition des plus instructives. L'une de ces coupes se rapportait à la recherche des eaux minérales de Spa (Belgique); d'autres aux puits artésiens de Grenelle, de la raffinerie Say et de la Butte aux Cailles à Paris; d'autres au projet de relèvement du plan d'eau de la Seine, de Rouen à Paris. La coupe la plus intéressante était celle du sondage de Sangatte (Pas-de-Calais) exécutée pour se rendre compte des conditions d'exécution d'un tunnel sous la Manche. Ce sondage présente cette particularité qu'on y a jaugé isolément chacun des niveaux d'eau correspondant aux divers étages du terrain crétacé que l'on pourra rencontrer dans le percement de ce tunnel. Mentionnons encore un modèle de sondage exécuté à Enghien pour capter une source sulfureuse au milieu des eaux du lac, sans communiquer avec elles.

Deux autres sondeurs qui se sont spécialement occupés de recherches de houille dans leurs régions respectives, M. O. Dehulster, à Crespin (Nord), et M. Huchet, à Fréjus (Var), présentaient des expositions moins brillantes, mais également dignes d'intérêt.

Gr. **VI**.

Cl. **50**.

M. Dehulster exposait le matériel dont il s'est servi dans une centaine de sondages qu'il a exécutés depuis dix ans et qu'il a menés à bien dans divers cas difficiles. M. Dehulster emploie un outil à chute libre à réaction. Le modèle de sondage qu'il exposait montrait comme particularité un cylindre batteur à distribution automatique commandée par la tige de la sonde.

Le matériel exposé par M. Huchet se distingue par un appareil à chute libre à contrepoids destiné à agir à sec; l'utilité lui en a été démontrée par les sondages qu'il exécute depuis quatre ans dans le département du Var, où l'on sonde souvent jusqu'à 5o mètres sans rencontrer d'eau.

Lorsqu'il y a de l'eau, au contraire, M. Huchet emploie un appareil fondé sur la résistance d'un disque analogue à l'appareil classique de Kind. On sait que l'inconvénient de ce dernier système est de ne pas être assez sensible, ce qui oblige à combiner la réaction par choc à l'action du disque.

M. Van Dijk, ingénieur en chef des Indes néerlandaises, exposait le dessin d'une chute libre fondée sur le même principe, mais disposée de manière que la résistance du disque suffise entièrement. Cet appareil fonctionne aux Indes néerlandaises d'une façon très satisfaisante. M. Van Dijk emploie, de plus, des tiges de sonde en fer de faible section enveloppées, sur toute leur longueur, de deux fourrures en bois de sapin formant prisme polygonal. Ces fourrures s'opposent à la flexion et au fouettement des tiges, tout en diminuant beaucoup le poids de la sonde.

M. Van Dijk exposait un modèle complet d'installation de sondage qui se distinguait par la réunion en un seul moteur des machines de battage et d'extraction. Un embrayage met le pignon du moteur en relation avec la roue dentée qui commande le battage ou avec celle qui commande l'extraction des tiges. Une disposition du même genre se voyait dans l'exposition de MM. Lippmann et Cie qui l'appliquent au forage des puits à grande section. L'allongement des tiges se fait dans le système Van Dijk au moyen d'une chaîne qui s'enroule sur un treuil d'après la méthode américaine et non au moyen d'une vis comme dans tous les sondages pratiqués en Europe.

Gr. VI.

Cl. 50.

M. Van Dijk exposait encore, dans la collection des Indes néerlandaises, les notes et plans d'une distribution d'eau à Batavia : 4.000 mètres cubes d'eau par jour y sont utilisés par 200 robinets et bornes-fontaines. L'eau est amenée par huit puits artésiens de 140 à 200 mètres de profondeur donnant l'eau à 1^m,50 au-dessus du sol. La dépense en forages, réservoirs, canalisation, etc., s'est élevée à 200.000 florins, et le prix du mètre cube d'eau ne dépasse pas un centime.

Un grand nombre de forages ont été exécutés aux Indes néerlandaises depuis 1856 pour des recherches d'eau et de charbon. dont l'un, à Grisci (île de Java), a atteint 747 mètres de profondeur.

L'exposition montrait les coupes et les journaux de ces forages.

Un habile sondeur hongrois, dont le matériel figurait déjà à l'Exposition de Vienne, M. W. Zsigmondi, vient de descendre, à Buda-Pesth, à l'une des plus grandes profondeurs atteintes par un sondage, celle de 970^m,50. Il exposait à Paris les modèles de son outillage spécial et l'intéressante étude géologique à laquelle ce sondage a donné lieu. Les eaux thermales de Bude doivent leur origine aux dislocations et aux failles produites par les éruptions trachytiques qui se sont produites au Nord de cette région. Ces dislocations ont fait apparaître au jour de nombreux pointements triasiques, sur lesquels reposent les couches redressées des terrains tertiaires; parmi celles-ci se trouve une puissante assise d'argiles et de marnes, au-dessous de laquelle s'est formée une nappe aquifère thermale, à la faveur des failles qui conduisent les eaux pluviales s'échauffer à des profondeurs estimées à 2,000 ou 2,500 kilomètres. Ces eaux reparaissent avec des températures de 25 à 45 degrés centigrades dans les nombreux thermes de Bude. Guidé par la théorie précédente, M. W. Zsigmondi a préconisé le forage de puits artésiens suivant le pendage de cette assise argileuse qui s'enfonce de manière à passer sous le Danube et sous la ville de Pesth.

Les communications avec les eaux superficielles devenant, dans cette direction, de plus en plus difficiles, la température devait, d'après M. Zsigmondi, s'accroître rapidement.

Un premier sondage fut exécuté en 1866 sur l'île Marguerite, dans le Danube. Ce sondage rencontra les eaux thermales à 118^m,53 de profondeur avec une température de 43°,5 centigrades et une abondance de 56,800 hectolitres par 24 heures. C'est ce sondage qui a donné lieu au superbe établissement thermal de l'île Marguerite transformé en un parc ombreux où les citadins de Buda-Pesth privés de villégiature vont prendre le frais pendant la belle saison. C'est à la suite de ce succès que la municipalité de Pesth confia à M. Zsigmondi le foncement d'un puits artésien dans le bois situé aux portes de la ville, à l'opposé du Danube.

Ce sondage fut commencé le 15 novembre 1868, et ce fut seulement le 22 janvier 1878 que les travaux furent arrêtés à la profondeur de 970^m,50, après avoir donné lieu à de très grandes difficultés par suite du peu de solidité des parois.

Nous avons eu l'occasion de visiter ces travaux à deux reprises différentes, en 1876 et 1877. Bien des personnes, à cette époque, doutaient du succès. La profondeur avait atteint des limites tout à fait imprévues. M. W. Zsigmondi cependant ne doutait pas, mais il avait besoin de toute son énergie pour faire partager sa confiance à la municipalité qui votait sans cesse de nouveaux fonds à contre-cœur. Il en était également réduit à modifier continuellement son outillage, de manière à surmonter les difficultés de toute nature qui se présentaient à mesure que la profondeur augmentait.

Cet outillage présente plusieurs particularités, et a subi divers perfectionnements depuis l'Exposition de Vienne, où il attirait déjà l'attention des spécialistes. La principale se rapporte à l'appareil à chute libre, qui est une combinaison du disque de Kind avec la coulisse Fabian, dont l'usage est très répandu au delà du Rhin[1].

La chute est d'ailleurs déterminée par le choc, et le disque de Kind a surtout pour effet de maintenir, pendant l'ascension de la sonde, le disque suspendu sur les encoches à surface très oblique de la coulisse. Nous ne pouvons entrer ici dans le détail de cet

[1] Nous n'avons vu de système analogue, à l'Exposition, que dans l'album de la Compagnie des mines de Lens, sous le nom de coulisse Charles-François.

outillage. Contentons-nous de dire que ce sondage n'a pas exigé moins de 13 tubages concentriques de $0^m,487$ à $0^m,080$ de diamètre intérieur.

Il a coûté plus de 200,000 florins; il fournit aujourd'hui 1,192 mètres cubes d'eau par jour à la température très élevée de $73°,8$ centigrades, ce qui a pleinement confirmé les prévisions de M. Zsigmondi: mais la profondeur du sondage a démontré que la nappe thermale plonge sous les formations relativement récentes de la plaine de Pesth, beaucoup plus rapidement que ne pouvait le faire supposer le sondage de l'île Marguerite.

Parmi les grands travaux représentés à l'Exposition, il faut encore citer les sondages exécutés en Algérie, dont M. Jus exposait des coupes. Dès 1844, M. l'ingénieur Fournel avait prévu le rôle important que les sondages joueraient dans la province de Constantine pour doter d'eau potable ou d'irrigation les régions sahariennes. Les indigènes y avaient déjà creusé des puits jaillissants par les moyens les plus primitifs, lorsque M. le général Desvaux établit, en 1858, sous la direction de M. Jus et du capitaine Zickel, deux ateliers de sondage qui ont fonctionné et fonctionnent encore avec le plus grand succès. Dans les départements d'Alger et d'Oran, les résultats obtenus ont été moins importants. Dans le département d'Alger, l'initiative privée s'est jointe à celle de l'Administration, qui la seconde d'ailleurs de tout son pouvoir, en prêtant son matériel et en fournissant les tubages pour les sondages d'utilité publique. En résumé, depuis la conquête, les ingénieurs français ont creusé en Algérie 22,360 mètres courants de sondages fournissant en tout 2,200 litres d'eau à la seconde et ayant entraîné une dépense totale d'environ 2.350,000 francs.

Sondages à tiges creuses.

Les sondages par rodage au moyen de tiges creuses, connus depuis quarante ans sous le nom de *système Fauvelle*, ont repris récemment quelque faveur. Nous en voyons la trace dans l'exposition des Indes néerlandaises, où nous trouvons les dessins du matériel construit par M. Van Dijk pour appliquer aux Indes la méthode dite *d'Aalborg* qui, dans des conditions spéciales, a

donné d'excellents résultats. La Société d'Aalborg (Danemark) **Gr. VI.**
avait exposé à Vienne, en 1873, des témoins d'un sondage de ———
400 mètres exécuté par elle dans l'espace de soixante-deux jours, **Cl. 50.**
près d'Aalborg, sur un diamètre de 0^m,05. Des sondages exécutés
par cette méthode, dans le Limbourg hollandais et près d'Aix-la-
Chapelle, ont démontré que ce système est applicable sur de plus
grandes dimensions.

La tige est formée de tuyaux à gaz du diamètre à donner au
sondage; ces tuyaux servent en même temps de revêtement. L'eau
introduite sous pression dans l'intérieur de la tige expulse les déblais à la circonférence extérieure et prévient la chute des parois.
Lorsqu'une colonne de tuyaux refuse de descendre, on l'abandonne comme revêtement et l'on introduit une nouvelle colonne de
diamètre moindre. L'eau foulée à l'intérieur de la première tige
remonte alors par l'espace annulaire compris entre les deux colonnes.

La partie inférieure de chaque colonne est munie de ciseaux
qui laissent libre passage à l'eau; ces ciseaux se détachent et sont
refoulés de côté quand on introduit une nouvelle colonne. La partie
supérieure est reliée par un tuyau de caoutchouc à une pompe
foulante, de manière à ne pas gêner le mouvement de rotation
de la colonne.

Un essai de cette méthode fut fait, en juillet 1877, à Java, par
M. Van Dijk. Cet essai fut si satisfaisant, que la méthode d'Aalborg put être considérée comme définitivement introduite aux
Indes néerlandaises. La vitesse d'un sondage de 0^m,075 de
diamètre n'est pas inférieure à 10 mètres par jour; elle diminue
d'ailleurs à mesure que le diamètre augmente. La rapidité est
très grande par suite du travail continu que permet l'expulsion
des déblais pendant le sondage et par suite de ce que le tubage se fait en même temps que le sondage. Les installations et
la force motrice sont également très réduites. Le nombre d'ouvriers
est moitié moindre que dans les sondages à tiges pleines, et le
chef sondeur peut se passer des connaissances pratiques nécessaires pour les sondages profonds exécutés par la méthode ordinaire. Les inconvénients sont de pouvoir difficilement s'appliquer

Gr. VI.
—
Cl. 50.

à de grands diamètres, d'exiger une grande quantité d'eau, et, dans les forages artésiens, de masquer les oscillations du niveau d'eau et par suite de laisser parfois passer inaperçue la nappe cherchée qui peut être perdue derrière le tubage, et enfin de pouvoir donner lieu à l'absorption de la masse d'eau injectée par une nappe voisine de la surface.

À ce système se rattachent les sondages au diamant qui ont obtenu de grands succès dans ces dernières années. L'idée première en revient à un horloger de Genève, feu M. Leschot, et l'on voyait fonctionner à l'Exposition de 1867 une perforatrice basée sur le même principe.

Nous retrouvons l'application du diamant noir à l'Exposition de 1878, dans le compartiment belge, où elle sert de base aux ingénieux appareils perforateurs de M. Taverdon, et dans le compartiment anglais (exposition des *Compagnies de sondage au diamant de Londres*).

Nous aurons à revenir sur les perforatrices de M. Taverdon. Nous nous bornerons à signaler ici que cet inventeur a réalisé les progrès les plus sérieux dans l'art de sertir les diamants qui composent la couronne de la sonde ou de la perforatrice. Le procédé Taverdon a une grande importance au point de vue de ce système de sondages, où la principale dépense réside dans la perte des diamants. Ce procédé pourrait, par conséquent, diminuer le prix de ces sondages, qui est, en général, très élevé eu égard à l'augmentation du prix des diamants. Ces sondages ne présentent actuellement d'autre avantage que leur rapidité très grande, qui les fera souvent préférer, dans les travaux de recherches, à des procédés plus économiques.

Les compagnies anglaises ne donnaient que des renseignements absolument incomplets sur leur outillage. Elles se contentaient d'exposer une collection de cinquante témoins extraits de leurs principaux sondages. Ces témoins démontraient d'ailleurs le principal inconvénient du procédé, qui est de ne pas convenir à toutes les roches. On n'y voyait, en effet, ni témoins d'argile, ni témoins de poudingues à éléments hétérogènes de dureté différente. C'étaient, pour la plupart, des roches salines ou des grès bi-

garrés provenant sans doute des sondages effectués récemment
par la *Continental diamond rock boring Company*, à Aschersleben, en
Prusse.

Les sondages d'Aschersleben ont été entrepris par cette Compagnie de 1876 à 1878 pour utiliser ses appareils inactifs par suite de la crise industrielle. Ces sondages, au nombre de 7, ont fait reconnaître l'existence du célèbre gisement de sels potassiques de Stassfurt-Anhalt au delà des limites qu'on lui croyait assignées. Ils ont assuré ainsi à cette Compagnie la propriété de concessions de grande valeur. L'un de ces sondages a atteint la profondeur de 902 mètres en 231 jours, dont 100 de sondage effectif. Dans ces sondages, la Compagnie a réussi a ramener au jour des témoins parfaits de roches solubles dans l'eau, en se servant, au lieu d'eau, d'une solution de chlorure de magnésium, pour expulser les débris. Ce sondage fut commencé avec $0^m,30$ de diamètre, et avait encore $0^m,10$ à la profondeur de 902 mètres. Il a été revêtu de plusieurs tubages, dont l'un de 688 mètres composé de 465 mètres de tuyaux de $0^m,15$ de diamètre, et de 233 mètres de tuyaux de $0^m,125$.

Un problème géologique non moins intéressant a été résolu par un sondage au diamant en Angleterre. C'est celui de l'existence des terrains primaires sous le sol de Londres. Un sondage de 343 mètres de profondeur, exécuté pour le service d'une brasserie, a fait reconnaître sous Oxford-Street, la présence du dévonien supérieur; ce qui a permis à M. Godwin-Austen de conclure à l'existence du terrain houiller à une faible distance de la métropole anglaise.

Comme exemple de la grande rapidité avec laquelle ce système permet d'effectuer une reconnaissance à des profondeurs importantes, nous donnerons quelques détails sur le sondage exécuté à Rheinfelden en Suisse, sous les auspices d'une compagnie suisse dans le but de reconnaître les couches sous-jacentes au trias et dans l'espoir d'y rencontrer le terrain houiller. L'événement ne répondit pas aux espérances des actionnaires. Le sondage s'arrêta à 426 mètres de profondeur, dans une diorite parsemée de filons de granit, après avoir traversé toute l'épaisseur du terrain permien.

Le succès a été tout entier pour la méthode. Cette profondeur considérable fut atteinte en deux mois de travail.

On commença, le 14 août 1875, avec une couronne de $0^m,078$ de diamètre, donnant des témoins de $0^m,050$. Le 1er septembre, on atteignit la profondeur de $218^m,40$, ce qui correspond à $0^m,587$ par heure de travail. Des éboulements des parois s'étant manifestés à diverses profondeurs, on dut se résoudre à placer un tubage dans le puits. Le sondage dut être élargi au diamètre de $0^m,175$ jusqu'à la profondeur de $79^m,50$, de là jusqu'à $140^m,40$ au diamètre de $0^m,150$, et de $140^m,40$ à $181^m,50$ au diamètre de $0^m,125$.

Le placement du tubage dura du 1er au 22 septembre. On reprit, à cette date, le sondage, et, le 1er octobre, la sonde butta, à $367^m,50$, sur une roche d'apparence éruptive. La vitesse atteinte, pendant cette deuxième période du sondage, fut de $0^m,737$ par heure (terrain permien).

La troisième période, du 1er au 15 octobre, comprend le percement de ces roches éruptives jusqu'à la profondeur de 426 mètres, et, indépendamment de la dureté de celles-ci, le sondage subit divers retards du chef du glissement du tubage. La vitesse atteinte ne fut plus que de $0^m,212$ par heure de travail effectif.

Les frais se sont élevés à 192.000 fr. dont 150,113 fr. 09 c. payés à l'entrepreneur du sondage.

Les bases ordinaires des contrats sont les suivantes :

Pour les 400 premiers mètres...	10 livres	
De 400 à 500 mètres.........	21	
De 500 à 600 mètres.........	25 ,4 sh.	par mètre.
De 600 à 700 mètres.........	29 ,8	
De 700 à 800 mètres.........	33 ,12	

sans compter la force motrice, les bâtiments et les colonnes de tuyaux.

À des profondeurs plus grandes que 800 mètres, les prix sont à débattre dans chaque cas particulier.

Pour terminer ce qui a rapport aux sondages, il nous reste à signaler les appareils servant à forer les puits tubulaires instan-

tanés exposés par MM. Le Grand et Sutcliff, de Londres, proprié- **Gr. VI.**
taires des brevets Norton.

Cl. 50.

Le matériel destiné à forer ces puits fait partie de celui du génie militaire anglais, et ce matériel a rendu de grands services dans l'expédition d'Abyssinie et dans la guerre contre les Ashantis, d'où le nom de *puits abyssiniens,* sous lequel ce système est connu en Angleterre.

On sait que ce système consiste à enfoncer au mouton dans le sol un tube de fer muni, à son extrémité inférieure, d'une pointe d'acier formant trépan et garnie de trous à sa base jusqu'à une certaine hauteur. Pour obtenir de l'eau, il suffit de faire fonctionner dans ce tube un piston de pompe aspirante et soulevante. L'enfoncement se fait au moyen d'un mouton cylindrique glissant sur le tube qui lui sert de guide et agissant sur une douille solidement fixée au tube. Dans les roches dures, MM. Le Grand et Sutcliff font agir le mouton directement sur la tête de la pointe d'acier par l'intérieur du tube. C'est d'ailleurs la seule innovation que présentait cette exposition d'un système bien connu, mais qui n'est peut-être pas assez répandu eu égard aux services qu'il peut rendre. Les diamètres varient de 0^m,03 à 0^m,10 ; mais, au lieu de forer des puits de grand diamètre, MM. Le Grand et Sutcliff recommandent plutôt d'accoupler plusieurs tubes de 0^m,075 et de les réunir au sommet par une conduite principale à l'extrémité de laquelle se place une pompe à vapeur. C'est ainsi que s'alimentent d'eau les grandes brasseries de Burton-on-Trent; chez MM. Allsopp et fils, 30 tubes de 0^m,075 accouplés fournissent 270,000 litres par heure; chez MM. Bass et Cie, 25 tubes accouplés fournissent 225,000 litres par heure. La distribution d'eau dans la ville de Carmarthen (pays de Galles) se fait par 10 tubes de 0^m,05, et fournit 6,048,000 litres par semaine. Cette distribution d'eau n'a coûté que 55,000 francs. Les frais d'extraction de l'eau sont de 3,750 francs par an.

La plus grande profondeur atteinte fut de 33^m,80, à Deal, dans le comté de Kent.

Le prix de ces puits est de 250 francs pour 9 mètres de profondeur et 0^m,03 de diamètre.

III

PUITS ET GALERIES.

Forage des puits à niveau plein.

Le forage des puits à grande section fut indiqué par Combes dès 1843 comme un des plus intéressants problèmes posés aux mineurs. En 1847 et 1848, M. Mulot, dans le Pas-de-Calais, et M. Kind, dans la Moselle, tentèrent de résoudre ce problème : le forage réussit, mais ces deux maîtres du sondage ne parvinrent pas à garnir le puits d'un revêtement étanche. Le succès de cette opération était réservé à M. J. Chaudron qui, de 1855 à 1857, rendit pratique le forage des puits à niveau plein par l'invention de son cuvelage en fonte et de la boîte à mousse, appliquée, pour la première fois, au puits du charbonnage de Péronnes (Belgique).

Lors de l'Exposition de 1867, les puits de l'Hôpital (ancienne Moselle) venaient de réussir au delà de toute espérance, et le procédé Kind et Chaudron y constitua l'une des grandes attractions de la section des mines.

Depuis cette époque, 37 puits ont été entrepris par M. Chaudron, la plupart dans des conditions très difficiles ; ce qui porte le nombre des puits forés par M. Chaudron à 45, dont 32 sont complètement achevés.

Les avaleresses de Bracquegnies et de Ghlin en cours d'exécution, en Belgique, sont les plus importantes au point de vue du diamètre, de la hauteur du cuvelage et de la nature des terrains traversés.

Le matériel de M. J. Chaudron n'a pas subi de modifications profondes. On peut signaler, comme perfectionnements de la méthode, l'augmentation du diamètre du puits préparatoire et du poids des trépans. Ceux-ci pèsent aujourd'hui 20,000 kilogrammes pour les diamètres de 3^m,75.

Au puits de Cannock en Angleterre, le forage commencé sur 5^m,80 s'achève sur 5^m,48 de diamètre.

Gr. VI.
—
Cl. 50.

C'est la première fois qu'on aborde de pareilles sections. Les anneaux du cuvelage ne pouvant être transportés à ces dimensions par chemin de fer, on a dû établir sur place une fonderie pour les fabriquer.

Aux puits de Ghlin (Belgique), qui doivent traverser plus de 300 mètres de morts-terrains, M. Chaudron a reconnu la nécessité d'employer, à ces grandes profondeurs, un outil à chute libre remplaçant la glissière. Comme nous le verrons plus bas, la première application pratique de ce perfectionnement aux forages à grande section est due à M. Lippmann. L'appareil à chute libre de Ghlin n'est autre que l'appareil Kind modifié par M. Alphonse Van Cranem, chef de travaux chez M. J. Chaudron. A de grandes profondeurs, la chute libre devient indispensable pour diminuer les ruptures de tiges. De plus, l'effet utile du trépan est augmenté par l'accélération due à la pesanteur, par l'augmentation de la course rendue possible par suite de l'absence de vibrations et par l'accroissement de la vitesse, qui a pu être portée de 9 à 14 coups par minute. L'application de la chute libre a permis, à Ghlin, d'obtenir un avancement moyen plus que double de celui du trépan à glissière.

Une autre innovation appliquée aux avaleresses de Ghlin et de Whitburn (Angleterre) consiste à placer dans le puits préparatoire un cylindre en tôle destiné à recueillir les débris du grand puits, ce qui est très avantageux lorsque ces débris se détachent par blocs. et ce qui accélère beaucoup le curage.

M. L. Dru avait déjà pris, en 1867, un brevet pour une disposition analogue figurée dans l'album qu'il a publié à propos de l'Exposition. Seulement le cylindre en tôle y est amarré au tringlage, tandis que M. Chaudron se borne à élargir le puits préparatoire de 0^m,25 à 0^m,30 sur 8 à 10 mètres de hauteur, et fait poser, au moyen d'une traverse, le cylindre à détritus sur la banquette ainsi formée.

Jusqu'en 1867, les puits exécutés par M. Chaudron n'avaient pas présenté de grandes difficultés pour la traversée des terrains ébouleux; le puits Sainte-Barbe, de Péronne, seul avait dû être garni d'un tubage de 8 mètres de hauteur. Il en est autrement

Gr. **VI.**
—
Cl. 50.

des puits creusés depuis 1873 : 20 de ces puits ont reçu des tubages, et notamment ceux de Meurchin (Pas-de-Calais), de Dax (Landes) et de Ghlin. ont donné lieu à des travaux très laborieux pour le forage dans les roches non consistantes. Ces roches ont exigé des tubages qui ont atteint jusqu'à 41 mètres de longueur dans le Pas-de-Calais; ces difficultés heureusement vaincues sont les principaux titres qui ont valu à M. J. Chaudron, à l'Exposition de 1878, le succès auquel l'ont habitué les expositions précédentes.

Quant au cuvelage, M. Chaudron ne l'a guère modifié depuis 1854. Malgré l'expérience faite aux trois puits de Havré près de Mons, où M. Bourg réussit à supprimer la boîte à mousse, et malgré l'accident arrivé à Bruay, où la boîte à mousse n'a pas fonctionné, M. Chaudron persiste à se servir de cet appareil. M. Chaudron persiste également dans l'emploi du tube d'équilibre supprimé par M. Bourg à Havré. D'autre part, il a reconnu, à la suite d'une expérience faite à Marles, que les tiges de retenue ne sont pas indispensables, et qu'on peut laisser descendre le cuvelage par simple flottaison.

La seule modification importante introduite dans la pose du cuvelage consiste dans la descente du béton au moyen de petites machines à vapeur employées dans le but d'accélérer cette opération.

Dans les puits à grande section qu'ils ont forés de 1873 à 1875 à Rhein-Elbe (Prusse), et de 1875 à 1878 à Königsborn, près d'Unna en Westphalie, MM. Lippmann et Cie ont adopté le système de cuvelage de M. J. Chaudron, en faisant le bétonnage d'une manière continue au moyen de tuyaux de 0^m,10 descendant derrière le cuvelage.

Leur outillage de forage diffère en quelques points de celui de M. Chaudron. Il se rapproche de celui qu'ils emploient pour le forage du puits artésien de la place Hébert à la Chapelle (Paris) et qu'ils avaient exposé à Vienne en 1873 [1]. Ce forage, commencé à 1^m,80 de diamètre, se continue aujourd'hui sur 1^m,40; le puits

[1] Voir notre *Rapport sur l'exploitation des mines à l'Exposition de Vienne.* (*Revue universelle des mines,* t. XXXVIII.)

de Rhein-Elbe avait 4^m,4o de diamètre, de même que celui de
Königsborn. De là les différences de l'outillage; M. Lippmann fore
sans puits préparatoire, sur toute la section de 4^m,4o, au moyen
d'un trépan de 22,3oo kilogrammes en forme de >—<, dont les
lames ne portent pas de dents isolées, mais des taillants en biseau
de toute la longueur des lames. Ce trépan était exposé en grandeur
naturelle.

M. Lippmann fore le puits à pleine section afin d'accélérer le
travail du forage. La forme qu'il a adoptée pour le trépan a pour
but de donner un avancement rapide, tout en maintenant la verti-
calité du puits dans les couches inclinées et les roches fissurées.

Comme nous l'avons dit plus haut, M. Lippmann a été le
premier à adopter la chute libre dans les forages à grande section;
il emploie pour cela l'appareil à *tringlage* ou *poids mort,* qui permet
de guider plus exactement le trépan que l'appareil à chute libre
de Kind. Remarquons que l'emploi de cet appareil n'a pas été
sans influence sur le choix du procédé à pleine section, ce dernier
étant indispensable pour que le tringlage trouve son appui au
fond du puits.

Les tiges du trépan Lippmann sont en fer, ce qui assure la
rigidité des assemblages, mais oblige d'autre part à les équilibrer.

Le cabestan et le balancier de battage sont commandés, comme
dans les sondages exécutés aux Indes néerlandaises par M. Van
Dijk, par un seul et même moteur, ce qui a l'avantage de diminuer
l'importance des installations et la dépense du combustible, en
empêchant d'autre part de faire varier la course du trépan en
pleine marche, comme il est parfois désirable de le faire, lorsqu'on
rencontre des roches de duretés très différentes.

Le forage se faisant sur toute la surface à la fois, MM. Lippmann
et Cie ont dû recourir à un appareil de curage spécial à plusieurs
soupapes, analogue en principe à celui qu'ils emploient au sondage
de la place Hébert, mais d'une forme et de dimensions différentes.
Cet appareil a 4^m,2o de long sur 1^m,5o de large et 1^m,5o de
haut.

Tout cet outillage, entièrement nouveau pour des puits de si
grande section, a été très remarqué à l'Exposition.

Gr. **VI.**
—
Cl. 50.

3.

Le forage du puits de Rhein-Elbe a commencé le 16 mai 1874 à 10^m,90 de profondeur, et s'est arrêté, le 27 avril 1875, à 87^m,40 : on a donc foré 76^m,50 en 11 mois et 11 jours.

Le fonçage et le cuvelage ont coûté 500,564 francs.

Le forage de Königsborn a été commencé, le 20 août 1875, à 50 mètres de profondeur, et a été terminé, le 1er octobre 1878, à 182 mètres.

Les vitesses obtenues ont été, de 50 à 90 mètres, 9^m,06 par mois dans la craie ; de 90 à 170 mètres, 4^m,50 par mois dans la craie siliceuse très dure et crevassée ; de 170 à 182 mètres, 7^m,50 par mois dans la craie chloritée.

Approfondissement des puits.

Les autres systèmes de fonçage de puits étaient peu représentés à l'Exposition.

La Société des mines de Marles (Pas-de-Calais) exposait le procédé qu'elle a suivi, en 1873, pour l'approfondissement sous stot de son puits n° 4. Cet approfondissement s'est fait sous un stot partiel de 5 mètres régnant sous les compartiments d'extraction et au moyen d'un goyau placé dans le prolongement du compartiment aux échelles, et séparé du puisard par une cloison en bois étanche.

La principale particularité de cette application d'un procédé bien connu est l'emploi d'un treuil à vapeur de 15 chevaux placé à 216^m,70 de profondeur et alimenté par une chaudière tubulaire intérieure. Les produits de la combustion et la décharge étaient lancés dans une colonne de tuyaux en tôle placée dans le puits.

Cette machine était située dans une courte galerie reliant le puits d'extraction au puits d'aérage, de sorte qu'elle pût servir successivement à l'approfondissement de ces deux puits. Elle extrait, de plus, de l'étage inférieur, situé à 268 mètres, jusqu'au niveau de l'accrochage de 216^m,70, 800 à 1,000 hectolitres de charbon par jour sans compter les remblais.

Elle doit servir, en outre, aux nouveaux approfondissements du puits qui se feront sous un stot artificiel installé dès à présent, dans l'intention de diminuer les frais lors de la reprise de l'approfondissement.

Les dépenses d'installation se sont élevées à 15,000 francs.

La Société de la Louvière et de la Paix (Belgique) exposait également le procédé qu'elle a suivi pour l'approfondissement de son puits n° 8. Ce travail s'est fait, comme à Marles, au moyen d'une machine à vapeur souterraine de 8 chevaux recevant la vapeur de la surface par une conduite de 580 mètres.

L'approfondissement était direct, et s'effectuait dans des conditions particulièrement difficiles à cause des abondantes venues d'eau fournies par des grès aquifères; au puits Sainte-Barbe, dont l'approfondissement s'était fait à bras, on avait traversé dans ces mêmes roches deux nappes aquifères, dont l'une n'avait pas donné moins de 150 mètres cubes d'eau par 24 heures.

Au puits n° 8, la machine à vapeur servit à l'épuisement et à l'extraction des déblais pour creuser une première passe de $30^m,15$. Elle servit ensuite à forer un trou de sondage à travers les grès aquifères de la seconde passe, afin de saigner la couche; ce travail nécessita 26 jours d'épuisement, après lesquels on put reprendre l'approfondissement qui atteignit la profondeur totale de 70 mètres. Grâce à l'emploi de la machine à vapeur, ce travail n'a duré que 10 mois, alors qu'au puits Sainte-Barbe, qui n'avait que $2^m,60$ de diamètre au lieu de 4 mètres, le même travail avait duré deux ans.

Le mètre courant y avait coûté 660 francs, tandis qu'au n° 8 le prix n'en a été que de 326 francs, sans compter toutefois l'installation de la machine souterraine, qui a coûté 14,000 francs, mais qui doit servir pour d'autres puits. En comptant 74 francs d'amortissement par mètre courant, le prix de ce dernier ne s'élèverait encore qu'à 400 francs.

La Société de la Louvière et de la Paix exposait aussi le procédé qu'elle a suivi pour le creusement des puits par l'air comprimé dans les sables boulants, décrit dans le tome XVIII (1860) des *Annales des travaux publics de Belgique*.

Percement des galeries en terrains aquifères.

En dehors de quelques travaux de fondations par l'air comprimé, on ne rencontrait à l'Exposition d'autre application de ce puissant auxiliaire du mineur qu'un spécimen, exposé par M. L. Taskin, du percement par l'air comprimé des galeries horizontales dans les terrains aquifères. Il ne s'agit évidemment ici que de galeries situées, au maximum, à 25 ou 30 mètres de profondeur sous la tête d'eau, c'est-à-dire de galeries passant sous les fleuves, telles qu'il en a été construit à Londres sous la Tamise.

Le système Taskin n'est pas sans analogie avec le procédé imaginé par P. Barlow pour le second tunnel sous la Tamise, percé en 1869 [1], et avec le procédé employé par M. Guibal pour le percement des puits dans les sables boulants. L'appareil se compose d'un bouclier partiel avec fermeture hydraulique, fixé à l'extrémité d'un tubage circulaire; celui-ci glisse à fourreau sur le tubage proprement dit contre lequel il s'appuie au moyen d'une série de presses hydrauliques.

L'avancement horizontal est obtenu par un trépan à rotation ou à percussion agissant en avant du bouclier et par l'action des presses hydrauliques.

Les déblais sont enlevés par une chaîne à godets faisant communiquer l'avant et l'arrière du bouclier à travers la fermeture hydraulique.

Le procédé Taskin n'est qu'à l'état de projet; mais sa simplicité et l'action peu douteuse des divers organes qu'il met en œuvre ne permettent pas de douter de son efficacité dans les limites où son emploi est possible.

Nous ne pouvons en dire autant du procédé exposé en modèle dans le compartiment italien par M. A. de Klitsche de la Grange, ingénieur de la mine *Allumiere*, à Civita-Vecchia, pour le creusement des galeries dans les terrains ébouleux. Ce système comprend un bouclier mobile protégeant les ouvriers au toit et latéralement par un système de palplanches. Ce système paraît présenter une grande complication sans plus d'avantages que le procédé ordinaire de percement au moyen de palplanches.

[1] Voir *Revue universelle des mines*, t. XXIX. 1871. p. 178.

IV

TIRAGE DES MINES.

Matières explosibles. — Mèches. — Procédés d'amorçage.

L'Exposition de 1878 ne faisait que confirmer les progrès si nettement accusés par l'Exposition de Vienne dans l'emploi des perforatrices, des dynamites et de l'amorçage électrique [1]. MM. Mahler et Eschenbacher, qui avaient si bien représenté à Vienne tout ce qui se rapporte au tirage des mines, avaient renouvelé leur exposition à Paris dans le compartiment autrichien, en s'attachant à y montrer les nouveautés introduites depuis 1873 dans cette branche de l'art des mines.

MM. Mahler et Eschenbacher dirigent, à Vienne, un bureau technique qui s'occupe exclusivement de cette spécialité, ainsi que de la vente des dynamites fabriquées dans les usines de la *Dynamit Actiengesellschaft,* autrefois A. Nobel et Cie, à Zamky, près de Prague, en Bohême, et à Pressbourg, en Hongrie. Les mêmes produits étaient exposés dans le compartiment français par la Société générale pour la fabrication de la dynamite qui exploite les brevets de M. Nobel à Paulille (Pyrénées-Orientales).

La fabrication des dynamites s'est développée d'une manière remarquable depuis 1867, année où il n'en a été livré que 11.000 kilogrammes. En 1874, la consommation dépassait 3 millions de kilogrammes, et aujourd'hui elle atteint 5 millions de kilogrammes. M. Nobel a établi successivement quatorze fabriques de dynamite dont trois étaient seules représentées au Champ de Mars: celle de Zamky (Bohême), fondée en 1869; celle de Pressbourg (Hongrie), fondée en 1875, et celle de Paulille, en France. Les autres usines Nobel sont situées à Hambourg et Schlebusch (Allemagne), à Ardeer (Écosse), à Isleten (Suisse), à Avigliano (Italie), en Espagne, en Portugal, en Suède, en Norvège. Il existe, en outre, deux usines Nobel aux États-Unis.

---

[1] Voir notre *Rapport sur l'exploitation des mines à l'Exposition de Vienne* (*Revue universelle des mines*, t. XXXVI, p. 29.)

L'usine de Paulille, créée, pendant la guerre franco-allemande. pour les besoins de la défense nationale, a vu sa fabrication arrêtée peu de temps après par suite des réclamations qui s'élevèrent contre le monopole accordé à un industriel, et l'État n'hésita pas à s'attribuer ce monopole; mais, dans sa séance du 8 mars 1875. l'Assemblée nationale consacra par un vote la liberté de la fabrication de la dynamite en France, moyennant le payement d'un impôt. C'est sous le régime de cette loi que la fabrication fut reprise à Paulille le 1er avril 1876; mais elle a rencontré depuis lors de nombreuses entraves par suite des exigences des Compagnies françaises de chemins de fer, qui en ont refusé le transport jusqu'en 1879.

Le transport des dynamites par chemin de fer est encore interdit aujourd'hui en Belgique, en Allemagne et en Angleterre. Il est autorisé depuis longtemps en Autriche, en Italie et en Espagne.

Les exigences des Compagnies de chemins de fer ont dénaturé les résultats que la Société générale devait obtenir, en excluant presque entièrement les petits industriels de la consommation de la dynamite. D'autre part, les dynamites à faible titre de nitroglycérine, écrasées en France par l'uniformité de l'impôt et des frais accessoires, tendent à y disparaître de la consommation minière. Les quantités de dynamite livrées par la Société générale, du 1er avril 1876 au 31 mai 1878, sont les suivantes :

$$
\text{Dynamite}
\begin{cases}
\text{n}^o\ 0\ \dots & 3,400^k \\
\text{n}^o\ 1\ \dots & 207,540 \text{ dont 25,000 kil. pour l'exportation.} \\
\text{n}^o\ 2\ \dots & 6,420 \\
\text{n}^o\ 3\ \dots & 185,200 \text{ dont 10,200 kil. pour l'exportation.}
\end{cases}
$$

TOTAL 402,200

La dynamite n° 0 de Paulille correspond à la *dynamite à la cellulose* exposée par MM. Mahler et Eschenbacher. Cette dynamite, composée de 70 à 75 p. o/o de nitroglycérine et de pâte de bois. a pour avantage de résister presque complètement à l'action de l'eau, pourvu que celle-ci ne soit pas trop prolongée, ce qui l'a fait employer surtout dans les sautages sous-marins et dans l'art militaire. Elle est trop peu dense pour les travaux de mines. On s'en est servi aussi dans les cartouches-amorces employées pour la dynamite congelée. On l'a employée de même que la dynamite n° 1 pour le sautage des pilotis, pour briser des masses de fer, etc. La dynamite n° o n'est plus employée depuis l'invention de la dynamite gomme.

La dynamite n° 1 est composée de 72 à 75 p. o/o de nitroglycérine et de terre d'infusoires. C'est aujourd'hui la plus employée dans l'art des mines. Elle convient surtout pour percer des galeries de petite section dans les roches dures. Elle se décompose par un séjour prolongé dans l'eau.

Les dynamites n° o et n° 1 sont dites *à base inerte*, tandis que les suivantes sont dites *à base active*. Celles-ci contenant des composés solubles, elles ne peuvent être employées au contact de l'eau.

La dynamite n° 2 a pour base une poudre binaire composée de salpêtre et de matières charbonneuses, mais impropre isolément aux usages des mines; elle contient environ 5o p. o/o de nitroglycérine; elle s'emploie comme les précédentes pour le sautage des pilotis et des souches d'arbres dans les défrichements.

La dynamite n° 3 se compose d'une poudre binaire et de 2o à 25 p. o/o de nitroglycérine; la fabrique de Paulille la débite surtout pour les grands abatages par mines chargées de 6oo à 1,2oo kilogrammes; on voyait à l'Exposition des dessins représentant les effets obtenus à l'aide de cette matière, dans la tranchée de Cerbère (Pyrénées-Orientales). Une charge de 9oo kilogrammes de dynamite n° 3 a donné un déblai de 9,ooo mètres cubes. On l'emploie aussi dans les défrichements.

MM. Mahler et Eschenbacher préconisent pour ce dernier usage la dynamite n° 4 à titre inférieur à 2o p. o/o, qui ne peut être fabriquée à Paulille à cause de l'uniformité de l'impôt.

Lorsqu'une roche peu résistante doit être simplement fissurée, on fait un certain nombre de trous profonds, à 0^m,47 d'écartement : on les remplit d'eau, et l'on place simplement à l'orifice de chaque trou une cartouche de 3 à 5 centimètres de dynamite n° 4 : on amorce ces mines simultanément à l'électricité.

Gr. VI.
—
Cl. 50.

Gr. VI.
—
Cl. 50.

Les dynamites n° 2, 3 et 4 sont désignées par d'autres fabricants sous le nom de *lithofracteurs*. Sauf dans des cas spéciaux, leur emploi s'est peu développé par suite de la concurrence des autres matières explosives et notamment de la poudre comprimée.

La dynamite n° 4 ne figurait pas encore à l'Exposition de Vienne. Il en était de même d'un nouveau produit inventé par M. Nobel et désigné sous le nom de *dynamite-gomme* ou de *gomme explosible*.

Ce nouvel explosif est formé de 90 à 94 p. o/o de nitroglycérine et de 6 à 7 p. o/o de fulmicoton soluble ou de collodion. Au moyen d'un artifice de fabrication, le mélange intime des deux substances donne un produit solide d'aspect gélatineux.

La puissance de ce nouveau produit dépasse celle de la nitroglycérine, mais il jouit des avantages caractéristiques des dynamites.

Il est parfaitement stable; la nitroglycérine ne s'en sépare pas sous les plus fortes pressions, et sa qualité la plus remarquable est d'être entièrement insensible à l'action de l'eau. Cette substance n'était pas encore dans le commerce à l'époque de l'Exposition de Paris, mais la Société générale exposait d'intéressants dessins relatifs à des expériences auxquelles elle avait déjà donné lieu.

L'épreuve comparative de la force de ces produits s'est faite, d'après ces dessins, de la manière suivante: dans un bloc de plomb, on pratique une chambre de 1 centimètre de diamètre et de 4 centimètres de profondeur: on y charge 2 grammes de la matière à éprouver, le vide restant est rempli d'eau, et on le recouvre d'un bloc pesant donnant passage à la mèche munie de l'amorce détonante.

La gélatine explosible comparée de cette manière à la dynamite n° 1 a donné les résultats suivants :

Augmentation du vide produit

1° Par la dynamite n° 1 . . . . 43^{cc}.55
2° Par la gélatine explosive . . . . 61 .20

Un autre dessin indiquait de la manière suivante la comparai-

son des effets de la gélatine explosive, de la dynamite et de la **Gr. VI.**
poudre dans l'avancement d'une galerie :

Cl. 50.

	GÉLATINE EXPLOSIVE.	DYNAMITE.	POUDRE.
Nombre de trous..........	16	24	80
Profondeur des trous.......	$1^m,20$	$1^m,20$	$0^m,90$
Diamètre des trous.........	0 ,020	0 ,022	0 ,070
Poids de la charge par volée..	10^k	16^k	34^k
Volume de rocher broyé dans la perforation..........	1	2	30

Tandis qu'à l'époque de l'Exposition on n'entrevoyait encore que les applications militaires de la gélatine explosible, cette substance paraît aujourd'hui appelée à remplacer la dynamite n° 1 dans un grand nombre de cas, comme elle a déjà remplacé la dynamite n° o par suite de sa propriété d'être absolument inaltérable sous l'eau. Elle est très employée dans les travaux du chemin de fer du Gothard. L'économie dans le nombre et le diamètre des trous y a été reconnue telle qu'on y a payé la gélatine explosive 43 p. o/o plus cher que la dynamite n° 1, qui est d'ailleurs peu coûteuse en Suisse.

On arrive à atténuer la violence de l'explosion et la sensibilité au choc de ce produit en y mélangeant des substances résineuses inertes. Le dernier terme de ces mélanges est cette curieuse matière qui a fait son apparition à l'Exposition sous le nom de *celluloïde*, et dont on fait des bijoux, en attendant qu'on utilisât ses propriétés remarquables dans la construction des appareils scientifiques.

Nous ne pouvons reproduire ici les nombreux détails contenus dans les brochures publiées à l'occasion de l'exposition par la Société générale sous le titre : *La dynamite, ses caractères et ses effets*, et par M. J. Mahler sous le titre : *La technique du sautage*.

L'une et l'autre s'occupaient longuement des règles à suivre pour déterminer les charges de dynamite. La brochure autrichienne contient, à cet égard, toute une série de tableaux très instructifs.

Gr. **VI.**
—
Cl. **50.**

On y trouve également un extrait du décret ministériel autrichien
du 2 juillet 1877 sur l'emballage, le transport et l'emmagasinage
de la dynamite. Ce décret est d'autant plus intéressant que l'Autriche est l'un des pays qui a marché le premier dans la voie du
progrès relativement à l'emploi des explosifs modernes, grâce à
l'expérimentation dont ils ont été l'objet de la part du Comité technique du génie militaire autrichien, et aux facilités offertes à cette
nouvelle industrie par les chemins de fer, qui en ont des premiers
admis les produits au transport. C'est encore à ce pays qu'est due
l'initiative pleine de promesses de l'emploi de la dynamite dans
l'agriculture [1], sur laquelle l'une et l'autre brochure donnaient
d'intéressants détails.

De nombreux exemples comparatifs des effets obtenus par l'emploi des dynamites et de la poudre dans les mines et les travaux
du génie civil étaient exposés et témoignaient des nombreux services que ces corps explosifs nés d'hier rendent à l'industrie.

Les procédés d'amorçage spéciaux aux dynamites étaient également figurés avec un soin tout spécial par les deux exposants
qui nous occupent. L'un et l'autre insistaient sur l'utilité d'employer de fortes capsules pour faire éclater les dynamites, surtout
pour celles à faible titre; à part cette remarque, les procédés d'amorçage préconisés par les représentants de M. Nobel ne différaient
pas de ceux qu'ils présentaient à Vienne, depuis les mèches de sûreté ordinaires jusqu'aux mèches instantanées et à l'amorçage électrique.

Les fabricants de mèches de sûreté ordinaires étaient représentés à Paris par MM. Davey, Bickford, Watson et Cie à Rouen,
ainsi que par MM. Brunton, William et Cie, qui ont des usines à
Wrexham (Nord du pays de Galles) et à Redruth (Cornwall), et par
don Faustino Caro, à Linarès (Espagne).

M. Mac-Nab, de Londres, présentait, dans la section anglaise,
un procédé de son invention pour rendre le tirage à la poudre sans
danger dans les mines à grisou. Ce système consiste à placer une
cartouche remplie d'eau dans le trou de mine au-dessus de la

---

[1] Voir la *Dynamite en agriculture*, par G. de Hamm, conseiller aulique, chef de
département au Ministère de l'agriculture d'Autriche.

poudre et en dessous du bourrage. L'amorçage se fait au moyen d'un inflammateur à aiguille percutante et à ressort agissant sur une capsule de fulminate. Cet inflammateur, qui se manœuvre à distance au moyen d'un fil métallique, est projeté à 3 ou 4 mètres. L'amorçage électrique est, dans tous les cas, plus sûr et plus pratique.

M. Mac-Nab emploie aussi les cartouches à eau en dessous de de la poudre dans le but de faire agir l'eau comme coin.

Ce procédé a été, en Angleterre, l'objet d'expériences qui, paraît-il, ont donné des résultats satisfaisants. On ne peut en nier l'originalité; mais la pratique seule pourrait prononcer sur son efficacité, et les expériences qui en ont été faites à Blanzy n'ont pas été concluantes à cet égard.

M. Ruggieri, artificier du Gouvernement français, exposait, entre autres procédés d'amorçage, une mèche destinée aux mines à grisou et communiquant le feu à un mélange fulminant au moyen de la chaleur développée par le frottement d'une pièce de cuivre, comme dans les étoupilles à friction de l'artillerie. La traction s'opère à distance au moyen d'une ficelle.

Ce système ne nous paraît pas réaliser de progrès sur les mèches de Bickford, qui n'offrent pas d'inconvénient sérieux, à condition de prendre toutes les précautions voulues dans les mines à grisou. M. Ruggieri emploie, de plus, les cartouches de poudre comprimée imaginées et exposées concurremment par la maison Davey, Bickford, Watson et Cie.

Cette dernière maison exposait encore une nouveauté: c'étaient ses mèches instantanées au bichromate de potasse, avec enveloppe de gutta-percha.

Des mèches instantanées étaient également exposées par MM. Mahler et Eschenbacher; mais leur emploi industriel n'a pas fait de progrès depuis l'Exposition de Vienne [1], à cause des soins tout spéciaux et de la prudence que cet emploi réclame.

Il en est de même en ce qui concerne l'emploi de simples tubes de fer pour transmettre l'inflammation d'une charge de dynamite

[1] Voir *Revue universelle des mines*, t. XXXIII, 1874, p. 72.

à une autre. Ce système, exposé par MM. Mahler et Eschenbacher, ne réussit que dans des conditions spéciales, pour des charges de 1 kilogramme au moins de dynamite contenue dans des cartouches dont la section a au moins 5 centimètres de côté. Les tubes doivent avoir 23 millimètres de diamètre intérieur.

Lorsque l'instantanéité est désirable, on la réalise avec plus d'économie par l'amorçage électrique. Ce dernier système n'a pas fait non plus de grands progrès depuis l'Exposition de Vienne; cependant l'expérience a amené depuis lors certain classement parmi les appareils présentés très nombreux à cette Exposition. Ces appareils l'étaient beaucoup moins à Paris.

On y retrouvait l'exploseur magnéto-électrique de M. Bréguet, dit *coup de poing*, remarquable par sa simplicité et son faible poids de 7 kilogrammes. Cet appareil, très convenable dans les circonstances ordinaires, manque de la tension nécessaire pour les mines simultanées dans lesquelles l'électricité joue le rôle le plus avantageux.

Il en est sans doute de même de l'exploseur magnéto-électrique de M. E. Bürgin, de Bâle, qui figurait à l'Exposition, mais sans aucun renseignement.

La faveur est aux exploseurs à électricité statique. La Société générale pour la fabrication de la dynamite, ainsi que MM. Mahler et Eschenbacher, ont adopté pour les mines l'exploseur de M. J. Mahler, qui dérive de l'appareil de Bornhardt.

L'appareil Mahler en diffère surtout par l'emploi de deux plateaux en caoutchouc durci, au lieu d'un seul, et par la disposition des organes servant à provoquer la décharge. Cette disposition est telle qu'avant de se servir de l'appareil, on peut éprouver sa puissance en provoquant le départ d'une étincelle de longueur déterminée entre les deux conducteurs. Pour que l'appareil fonctionne bien, il faut pouvoir obtenir une étincelle de 1 centimètre après 10 à 20 tours de manivelle, de 2 centimètres après 20 à 40 tours, de 3 centimètres après 30 à 60 tours.

L'appareil Mahler pèse 9 kilogrammes.

Lorsqu'on veut être absolument certain du succès, on isole les conducteurs positif et négatif; mais, s'il s'agit seulement d'un petit groupe de mines simultanées, le fil positif ou de retour peut **Gr. VI.** ne pas être isolé.

Cl. 50.

Ces conducteurs sont enveloppés de gutta-percha ou ce sont de simples fils métalliques fixés aux parois des galeries au moyen d'isoloirs.

Les amorces sont celles du système Trawniczek, déjà exposées à Vienne. Elles sont disposées au bout de baguettes en bois ou de bandes en tissu sur lesquelles sont fixés les fils de cuivre. Ces amorces, où l'étincelle jaillit au milieu de la matière fulminante entre les extrémités des conducteurs, ne conviennent qu'aux sources d'électricité à grande tension, telles que les machines à friction. Elles ne doivent pas cependant être rendues trop sensibles, de crainte d'accidents semblables à ceux qui se sont produits au tunnel Sutro en Amérique.

L'une des plus remarquables applications des mines simultanées est celle qui a été faite à la destruction des récifs de gneiss de Hallet-Point, près de New-York. On voyait, à l'Exposition de Vienne, le plan que l'on se proposait de suivre pour ce travail gigantesque. Toute une surface de près de 12,000 mètres carrés a été minée de galeries rayonnantes et concentriques à 33 pieds sous le niveau moyen des eaux.

Pour faire sauter la roche comprise sur cette immense surface, il ne fallut pas moins de 3,680 fourneaux, dont l'explosion simultanée a eu lieu le 24 septembre 1876.

C'était un problème difficile et sans précédents de provoquer l'explosion simultanée d'un si grand nombre de mines. On ne pouvait en effet songer à disposer ces fourneaux en circuit continu.

MM. J. Striedinger et Dœrflinger ont résolu le problème en se basant sur la théorie physique des courants, telle qu'elle a été donnée par Ohm et par Pouillet. Le succès de leur opération a été une éclatante confirmation de cette théorie.

L'analyse mathématique les a conduits à cette importante conséquence que, pour faire partir simultanément un très grand nombre de mines, la disposition la plus avantageuse était de les grouper sur le circuit général en plusieurs circuits continus indépendants les uns des autres.

Chacun de ces circuits doit être fermé simultanément, c'est ce qui a été réalisé par MM. Striedinger et Dœrflinger, au moyen d'une bascule dont ils exposaient le modèle. Cette bascule se compose d'un plateau horizontal suspendu par un câble sur une poulie. Ce plateau est muni d'autant de pointes métalliques qu'il y a de circuits. À chacune d'elles correspond un godet rempli de mercure. Lorsque le plateau s'abaisse, tous les circuits sont fermés simultanément: pour déterminer avec précision le moment de la fermeture de ces courants, le câble est interrompu par une cartouche de dynamite dont on provoque l'explosion à distance au moyen d'une petite batterie et d'un manipulateur Morse. Les batteries principales peuvent, par conséquent, être rapprochées beaucoup des mines, et l'on peut employer des batteries moins puissantes et des conducteurs moins longs et sans raccords compliqués. Un autre avantage de ce système, c'est qu'un accident arrivé à l'une des séries est entièrement localisé et n'affecte pas les autres. Une explosion colossale peut être ainsi provoquée à grande distance par des moyens très simples. À New-York, la petite fille, âgée de trois ans, du général Newton, le promoteur de l'entreprise, fut chargée d'établir ce contact électrique qui devait provoquer l'écroulement de plus de 48,000 mètres cubes de roche.

L'opération réussit au delà de toute espérance, et le succès confirma l'excellence des dispositions prises par MM. Striedinger et Dœrflinger.

L'explosion a été obtenue au moyen de 23 circuits indépendants, sur chacun desquels se trouvaient placés 8 groupes de 20 mines chacun. La source d'électricité devait être fournie par des batteries voltaïques pour pouvoir employer des fusées à faible tension. Des fusées à haute tension auraient nécessité un soin particulier dans l'isolement des fils conducteurs, soin auquel on ne pouvait songer avec des circuits aussi étendus et aussi compliqués.

Les batteries principales, au nombre de deux, comprenaient chacune 480 éléments au bichromate de potasse, disposés de manière à n'y faire plonger les zincs et les charbons qu'au moment voulu. Ces batteries étaient divisées en 23 piles correspondant aux 23 circuits indépendants.

L'ignition des fusées était déterminée par l'incandescence d'un fil d'argent platiné enfoui dans du fulminate de mercure.

Les calculs de MM. Striedinger et Dœrflinger ont fait faire un progrès réel à l'art des mines, en précisant les conditions dans lesquelles on doit avoir recours à l'électricité pour faire sauter un grand nombre de mines simultanées.

Gr. VI.
—
Cl. 50.

V

EMPLOI DE L'AIR COMPRIMÉ.

L'Exposition de Paris montrait le grand développement qui s'est produit, depuis l'Exposition de 1867, dans les applications de l'air comprimé comme force motrice. De grands perfectionnements n'ont pas cependant été réalisés depuis l'Exposition de Vienne dans la production de ce moteur si utile; mais il en est autrement en ce qui concerne sa consommation.

Les études de M. Mekarski, en France, et de M. Cornet, en Belgique, ont conduit, dans des voies différentes, à réaliser l'emploi de l'air comprimé à détente.

Production de l'air comprimé.

Il est juste de rappeler ici le rôle important qu'a joué l'industrie belge dans l'une des applications qui ont le plus contribué à généraliser l'emploi de ce moteur, la perforation mécanique. On sait que c'est à la Société Cockerill, à Seraing, que furent étudiés tous les engins mécaniques appliqués à la perforation du mont Cenis. C'est à Seraing que fut construit, en 1863, le premier compresseur Sommeiller à piston liquide. MM. Dubois et François, de Seraing, ont successivement perfectionné cet appareil jusqu'à lui donner les deux dispositions figurant à Paris, en 1878, sous les noms de *compresseurs Dubois et François à moyenne et à grande vitesse.*

On sait que le principal avantage des compresseurs à piston liquide est de supprimer entièrement l'espace nuisible.

L'inconvénient du compresseur Sommeiller était de ne pouvoir recevoir une grande vitesse à cause des masses d'eau mises en mouvement. MM. Dubois et François ont appliqué, en 1874, au charbonnage de Wérister, près de Liège, une disposition très simple, qui permet de réduire énormément ces masses[1]. C'est leur compresseur à moyenne vitesse qui permet de marcher à 30 tours par minute, tandis que l'ancien compresseur Sommeiller ne pouvait fonctionner qu'à 15 tours. Cet appareil nouveau permet donc de réduire l'importance des installations pour une même production d'air comprimé.

Voici le résultat des expériences faites sur cet appareil pour déterminer la vitesse la plus convenable :

Vitesse au piston par seconde...	$0^m,60$	$0^m,80$	$1^m,00$	$1^m,20$	$1^m,40$
Nombre de tours par minute...	15	20	25	30	35
Volume que doivent engendrer les pistons compresseurs pour produire 1 mètre cube d'air comprimé sous la pression absolue de 5 atmosphères..	$5^{mc},320$	$5^{mc},430$	$5^{mc},555$	$5^{mc},814$	$6^{mc},410$
Le volume engendré par les pistons étant l'unité, le volume réel d'air aspiré à la pression atmosphérique et à la température initiale est de......	0.94	0.92	0.90	0.86	0.78

On s'en tient à la vitesse de 30 tours pour ne pas augmenter les pertes qui, lorsqu'on marche à grande vitesse, sont dues à ce que les clapets d'aspiration ne se ferment pas assez vite. De là la nouvelle disposition des compresseurs Dubois et François à grande vitesse, qui a fait son apparition à l'Exposition de Paris et qui permet de marcher à 45 tours. Les auteurs y ont remplacé les clapets par deux soupapes d'aspiration reliées l'une à l'autre par une tige rigide, de telle sorte que l'ouverture de l'une d'elles provoque immédiatement la fermeture de l'autre et s'oppose ainsi à toute perte d'air comprimé. Cette disposition augmente, à vrai dire, un peu la quantité d'eau formant le piston liquide, mais non dans des proportions capables de nuire à la vitesse.

Un grand point dans la compression de l'air est de s'opposer à l'échauffement. Les diagrammes produits à l'Exposition par

[1] Voir *Revue universelle des mines*, t. XXXVIII, 1875.

MM. Dubois et François démontrent que leurs appareils donnent un résultat très supérieur, à ce point de vue, à ceux du compresseur Sommeiller.

Cependant l'échauffement n'y est combattu que par le contact de l'eau formant piston et par une injection d'eau provenant du réservoir à air comprimé et s'arrêtant, par conséquent, au moment où l'air atteint la pression de ce réservoir.

Dans un compresseur Dubois et François construit par les ateliers de Fives-Lille pour les charbonnages de Béthune, compresseur dont les dessins étaient exposés, on n'a pas craint, au risque de compliquer l'installation de l'appareil par l'adjonction d'une pompe, de prolonger l'injection d'eau pendant toute la course du piston, pour rendre le refroidissement plus énergique.

Afin d'augmenter la vitesse dans des proportions plus grandes, plusieurs constructeurs ont renoncé au piston liquide et ont cherché à accroître les moyens de refroidissement. C'est dans cet ordre d'idées qu'a été construit le compresseur Colladon, employé au percement du Saint-Gothard, dont un modèle figurait déjà à l'Exposition de Vienne. M. Colladon refroidit l'air en enveloppant d'eau le cylindre du compresseur, en même temps qu'il fait circuler de l'eau dans l'intérieur de la tige et du piston, et introduit, pendant toute la durée de la course, de l'eau *pulvérisée* au moyen d'un appareil spécial à l'intérieur du cylindre.

Le compresseur Colladon est construit en France par MM. L. Sautter, Lemonnier et Cⁱᵉ, qui lui ont fait subir quelques modifications. Cette maison exposait un des fonds du compresseur Colladon de 200 chevaux qu'elle a construit pour les mines de Lens. Chaque fond présente trois orifices d'injection. L'eau se pulvérise en débouchant d'une busette à jets croisés qui se rencontrent. Un robinet à trois voies permet de reconnaître aisément si les orifices d'injection sont libres. L'eau injectée provient du réservoir à air comprimé. Les expériences faites au Gothard ont prouvé qu'il suffit d'injecter un volume d'eau égal à 1/800 du volume d'air pour que ce dernier ne s'échauffe pas de plus de 20 degrés. Le volume engendré par minute par les deux cylindres est de $41^{m3},20$, le diamètre des pistons étant de $0^m,54$ et leur course de 1 mètre.

Gr. VI.
——
Cl. 50.

4.

Cela correspond à une vitesse de 45 tours par minute ou de 1^m,50 par seconde.

MM. L. Sautter, Lemonnier et Cie construisent également des compresseurs à piston sec plus simples, mais moins parfaits, dont ils exposaient le plus grand type à piston de 0^m,30 et course de 0^m,40. Ces appareils ont pour caractère leur légèreté, leur déplacement facile. Le refroidissement s'y fait simplement au moyen d'une circulation d'eau autour du cylindre et au moyen d'une introduction d'eau par les soupapes d'aspiration. La température de l'air ne dépasse pas ainsi 60 degrés, tandis qu'elle est de 30 à 40 degrés au Gothard, l'air étant pris à 15 degrés. Les soupapes d'aspiration sont disposées comme dans le compresseur de Lens, de manière que l'air pénètre dans le cylindre presque parallèlement à la face de l'orifice; elles sont, de plus, rendues paresseuses par un frottement sur la tige, afin d'éviter le clapotement des soupapes pendant l'aspiration. Les soupapes de refoulement sont munies d'un ressort extérieur, de manière qu'on peut toujours s'assurer de leur bonne marche. Le poids de cet appareil est de 2,900 kilogrammes, avec machine et volants. Il fait 60 tours par minute, soit 0^m,80 par seconde, et nécessite une force de 23 chevaux pour comprimer à 5 atmosphères absolues. Les deux cylindres peuvent d'ailleurs fonctionner indépendamment l'un de l'autre.

Dans les compresseurs qu'il a établis au charbonnage du Levant du Flénu et dont les dessins étaient exposés, M. Cornet a eu recours, pour refroidir l'air, à une injection d'eau pulvérisée qui se continue pendant toute la durée de la course. Elle est obtenue par des busettes à jets multiples, qui se pulvérisent en frappant un cône solide placé en avant de la busette.

Les compresseurs du Levant du Flénu rappellent, dans leur disposition, celle du compresseur Burleigh, exposé à Vienne en 1873. Ils sont verticaux, à simple effet, et la compression ne s'y opère que pendant l'ascension du piston. L'aspiration de l'air se fait à travers le piston pendant la descente de cet organe. Le refoulement s'effectue par des soupapes posées sur le couvercle du cylindre.

L'eau injectée suffit, au bout de quelques tours, pour remplir

l'espace nuisible, de sorte que ces compresseurs participent des
avantages des compresseurs à piston liquide, bien qu'ils présentent
tous ceux des compresseurs à piston sec. Une couche d'eau recouvre
le piston, qui reste parfaitement étanche. Une couche d'eau de
0^m,04 d'épaisseur passe également au-dessus des soupapes de refoulement et s'oppose à toute rentrée d'air. Les compresseurs sont
attaqués directement par des cylindres verticaux inférieurs. Chaque
machine comprend deux compresseurs à simple effet et deux cylindres à vapeur, activant, par l'intermédiaire de manivelles à angle
droit, un arbre inférieur portant un fort volant.

Voici les données numériques relatives à ces compresseurs :

MACHINE MOTRICE.

Diamètre des pistons. . . . .   0^m,43
Course des pistons. . . . .   1 ,00

COMPRESSEUR.

Diamètre des pistons. . . . .   0^m,60
Course des pistons. . . . .   1 ,00
Nombre de tours par minute. . . . .   30 à 40
Vitesse des pistons par seconde. . . . .   1^m,00 à 1^m,33
Volume engendré par minute. . . . .   16^{m3},9 à 22^{m3},6
Pression de l'air . . . .   4 à 5 atmosphères.

Des expériences ont été faites en 1877, sur ces appareils, par
une commission désignée par l'*Association des ingénieurs sortis de
l'école de Liège*. Ces expériences ont démontré que les compresseurs
de M. Cornet réalisent les promesses de la théorie [1]. La compression
s'y effectue, à peu de chose près, suivant la loi de Mariotte : le
refroidissement de l'air est donc aussi complet qu'on peut l'espérer.
Les fuites à travers le piston et les soupapes sont nulles, et l'espace
nuisible est réduit à la cavité ménagée dans le couvercle du cylindre pour recevoir l'écrou de la tige du piston [1].

Les compresseurs Cornet seraient, d'après ces expériences, les
appareils les plus parfaits de ce genre ; mais cette perfection est
rachetée par une installation très considérable en égard à la quantité d'air comprimé produite.

[1] Voir *Revue universelle des mines*, t. III, 2ᵉ série, 1878.

Gr. **VI.**
—
Cl. **50.**

C'est probablement la crainte d'augmenter les frais de premier établissement qui conduit les Anglais à renoncer à tout perfectionnement pour construire des compresseurs peu coûteux d'installation et d'entretien, sans avoir égard à leur rendement et à leur consommation de combustible.

Tels étaient tous les compresseurs exposés au Champ de Mars dans la section anglaise : le compresseur Ingersoll, exposé par MM. Le Gros, Mayne, Leaver et C⁰ (de Londres), le compresseur de MM. Salmon, Barnes et C⁰ (d'Ulverston), le compresseur *Reliance* de MM. Hathorn et C⁰ (de Londres), et le compresseur Sturgeon exposé par MM. Mahler et Eschenbacher dans le compartiment autrichien. Le seul mode de refroidissement employé dans ces appareils est l'immersion du cylindre à air dans une bâche à eau froide plus ou moins bien renouvelée. Les différences qui les distinguent procèdent de la disposition des cylindres à air par rapport aux cylindres à vapeur ou bien de l'arrangement des soupapes.

M. E. Brunin de Wasmes (Belgique) cherchant aussi à remédier à l'inconvénient des grandes installations, exposait à Paris un compresseur à colonne d'eau et à distribution automatique fondé sur un principe tout différent. L'air y est comprimé par l'action directe d'une colonne d'eau dans un réservoir. L'eau pénétrant dans ce réservoir comprime et expulse l'air qui y est contenu : en montant, l'eau agit sur un système de flotteurs qui ouvrent et ferment alternativement l'admission et l'écoulement de l'eau motrice. On obtient ainsi un appareil intermittent à faible effet utile, mais qui se distingue par une grande simplicité et par l'ingéniosité des détails de la distribution [1]. Dans bien des mines on pourrait utiliser ainsi des venues d'eau provenant des étages supérieurs qu'on laisse aujourd'hui s'écouler au puisard sans utiliser leur force motrice. Un système analogue était appliqué à Paris en 1867 pour la transmission des dépêches au moyen de tubes pneumatiques : mais la hauteur motrice étant faible, l'écoulement de l'eau était très lent, et ces appareils ont été supprimés en 1872 pour être remplacés par des moteurs à vapeur.

[1] Voir *Revue universelle des mines*, t. III, 2ᵉ série, 1878.

Il nous reste, pour compléter cette revue des compresseurs exposés au Champ de Mars, à signaler le compresseur Mekarski exposé par MM. L. Sautter, Lemonnier et Cie, qui permet d'obtenir industriellement de l'air comprimé à une pression de 25 à 30 atmosphères. Ce compresseur a été créé dans l'intention d'appliquer l'air comprimé à la traction mécanique. Il se compose de deux pompes à simple effet, à action successive : la première de 0^m,28, la seconde de 0^m,13 de diamètre. Leur course commune est de 0^m,32. Les deux pistons sont fixés sur une tige commune aboutissant à une bielle et à un volant. L'air comprimé par la première pompe se rend dans un réservoir à pression constante de 5 à 6 atmosphères, où il est repris par la seconde qui porte sa pression à 30 atmosphères. La face antérieure du piston de cette pompe est toujours en communication avec ce réservoir, de sorte que les pressions exercées sur les deux faces du second piston sont sensiblement dans le même rapport que sur les deux faces du premier, et que les conditions d'étanchéité sont les mêmes. L'échauffement est prévenu dans le grand cylindre par un pulvérisateur Colladon. Le petit cylindre était simplement immergé, faute de hauteur de chute suffisante pour y injecter de l'eau.

L'échauffement n'atteint pas de la sorte plus de 25 degrés. L'air comprimé sort à 40 ou 45 degrés. Avant d'arriver au réservoir à 30 atmosphères, l'air traverse une série de disques perforés de trous de 5 millimètres, où il se sépare de l'eau qu'il entraîne. Le compresseur exposé rendait 78 à 80 p. o/o en volume; à 60 tours par minute, il consommait 10 chevaux de force, et débitait, dans ces conditions, 60 kilogrammes d'air à 25 atmosphères par heure de marche.

L'air comprimé à 30 atmosphères est destiné à être emmagasiné dans un réservoir et consommé à une pression fort inférieure. Au tunnel du Saint-Gothard, on a établi des compresseurs Colladon destinés à comprimer l'air à 14 atmosphères pour l'emmagasiner dans le réservoir d'un appareil de traction dont les dessins étaient exposés. La machine motrice de ce dernier consomme l'air à la pression ordinaire au moyen d'un détendeur du système Ribourt.

M. Mekarski a perfectionné ce dernier appareil. Il décrit ainsi son système de détendeur. L'air comprimé, venant d'une bouillotte dont nous verrons le rôle ci-après, n'est admis dans les conduites qu'après avoir passé par une soupape conique; l'ouverture plus ou moins étranglée de cette soupape est réglée par le mouvement d'un piston sur les deux faces duquel s'exercent deux actions qui doivent se faire équilibre, d'une part la pression à laquelle l'air s'écoule et qui tend à fermer la soupape, de l'autre l'action d'un ressort qui tend à l'ouvrir. La pression de débit se maintient ainsi égale à la tension du ressort dont elle suit les variations. Ce ressort se compose d'une petite quantité d'air comprimé, confiné dans une chambre où l'on fait refluer de l'eau par l'action d'un piston plongeur manœuvré au moyen d'une vis à volant. Un très faible déplacement du piston suffit pour augmenter ou diminuer la pression d'une quantité notable.

Consommation de l'air comprimé.

L'Exposition de Paris nous montrait pour la première fois deux tentatives des plus intéressantes pour consommer l'air comprimé avec plus d'économie qu'on ne le fait généralement. Jusqu'aujourd'hui l'on n'emploie l'air comprimé qu'à pleine pression, et il en résulte que le travail restitué est extrêmement faible comparativement au travail consommé pour comprimer l'air. Il ne dépasse pas en effet 15 à 20 p. o/o de ce dernier. Le moyen d'obtenir un rendement plus satisfaisant serait d'employer la détente; mais, pour le faire, il faut s'opposer au refroidissement qu'elle provoque. Le refroidissement agit d'une part en sens inverse de la détente, en réduisant le travail qu'elle est susceptible d'effectuer, lorsque la température est maintenue constante; il congèle de plus l'eau contenue dans l'air, ainsi que les huiles et les graisses, et empêche le fonctionnement de la machine. M. Mekarski et M. Cornet ont trouvé deux solutions satisfaisantes du problème. Le premier mélange l'air comprimé au moment de son emploi avec une certaine proportion de vapeur d'eau dont la condensation au fur et à mesure de la détente restitue au fluide la chaleur absorbée par le travail. Le mélange s'effectue en faisant traverser à l'air, avant

Gr. VI.
—
Cl. 50.

d'arriver au détendeur, une bouillotte remplie d'eau chauffée à une température de 150 à 160 degrés, et dont le volume est calculé par rapport à celui de l'air, de telle sorte que les proportions du mélange restent constantes pendant toute la période de travail. La proportion de vapeur dans le mélange varie d'un cinquième à un sixième, ce qui est facile à réaliser parce que, pendant la période de dépense, la pression de l'air diminue dans le réservoir tandis que la température de l'eau, et, par suite, la tension de sa vapeur, diminuent dans la bouillotte. Ce système, essayé sur les tramways Nord de Paris, et employé, depuis le mois de février 1879, sur les tramways de Nantes, se trouvait également appliqué à une locomotive de mines exposée à Paris, sur laquelle nous aurons à revenir.

Le procédé employé par M. Cornet dans une machine à air comprimé appliquée au transport souterrain au puits n° 17 du charbonnage du Levant du Flénu [1] est plus simple. Il consiste en une simple injection d'eau pulvérisée à la température ordinaire de la mine, soit à 18 ou 20 degrés dans le cylindre où l'air comprimé agit avec une détente de $\frac{4}{5}$. En calculant la quantité d'eau à injecter pour que la température de l'air ne descende pas au-dessous d'un certain degré pendant la détente, on voit que cette quantité reste dans les limites pratiques. Le diagramme exposé montrait que la détente se fait, au Levant du Flénu, suivant une courbe très peu différente de celle de la loi de Mariotte.

Ce résultat est très important. En effet, nous avons vu ci-dessus qu'à l'aide des pulvérisateurs la compression de l'air s'effectue aujourd'hui très approximativement suivant la loi de Mariotte, c'est-à-dire sans échauffement. Si, d'autre part, la consommation s'effectuait suivant la même loi, le travail restitué deviendrait égal au travail utilisé à comprimer l'air, en faisant abstraction des autres causes de perte. En supposant que l'effet utile du compresseur soit de 80 p. o/o par rapport au travail de la vapeur, et que le travail utile effectué dans la mine soit de 70 p. o/o du travail produit par la machine consommant l'air comprimé, le travail utile effectué

---

[1] Voir *Revue universelle des mines*, t. IV, 2ᵉ série, p. 449.

dans la mine s'élèverait à 56 p. o/o, dans les conditions les plus favorables. Le procédé de M. Cornet nous paraît, au point de vue des mines, plus pratique que celui de M. Mekarski. Il se distingue surtout en ce qu'il n'exige pas d'organes spéciaux autres que les pulvérisateurs. Exposé théoriquement en 1875 dans une brochure intitulée *Considérations sur la production et l'emploi de l'air comprimé dans les travaux d'exploitation des mines*, on peut dire que sa première application pratique date de l'Exposition de Paris. La machine dont les dessins étaient exposés a été mise en marche dans les premiers jours du mois de mai 1878.

VI

PERFORATION MÉCANIQUE.

La perforation mécanique apparaissait à l'Exposition de 1867 comme une nouveauté dont l'application n'était pas encore consacrée par l'expérience. L'Exposition de Vienne nous a montré la première étape des perfectionnements successifs introduits dans ces appareils, ainsi que quelques tentatives plus ou moins heureuses pour substituer les outils à rodage aux outils à percussion. L'Exposition de Paris nous en a fait parcourir la seconde, et les faits les plus remarquables qui s'en dégagent sont, d'une part, le grand nombre d'appareils à percussion imaginés en France en prenant pour type la perforatrice de MM. Dubois et François, et, d'autre part, le développement nouveau de l'application des perforatrices à rodage.

Perforatrices à percussion.

La perforatrice Dubois et François peut être considérée comme le type des outils de ce genre dont la grande masse assure la stabilité et dont la vitesse ne dépasse pas 200 à 250 coups par minute. Elle jouit d'une série d'avantages qui ne se présentent pas toujours réunis au même degré dans les autres systèmes. Ces avantages dérivent surtout de l'indépendance des mouvements. Les organes du mécanisme de la distribution y sont indépendants du mouvement de frappe, et ne reçoivent pas de chocs nuisibles.

L'échappement s'opère au retour du fleuret, quelles que soient la course et la vitesse du piston. Le mouvement de rotation est également indépendant du piston percuteur, et s'effectue complètement, quelle que soit la course de celui-ci. De plus, ce mouvement s'arrête automatiquement dès que le fleuret s'ébrèche, se cale, ou dévie, ou dès que la nature de la roche vient à changer.

Le mouvement de translation s'effectuant à la main, la course du piston peut être variée comme on le désire.

Les types présentés à Paris par MM. Dubois et François ne se distinguent d'ailleurs de leurs anciennes perforatrices que par les détails de la construction. Celle-ci a été simplifiée au point qu'un ouvrier mineur intelligent peut procéder à tous démontages et aux réparations ordinaires. Le piston percuteur est d'une seule pièce et muni de petits cercles extensibles en acier; le mouvement de distribution du tiroir est également d'une seule pièce; l'écrou fixant la vis d'avancement est remplacé par une frette, le cylindre percuteur est d'une seule pièce avec son châssis, etc. Ainsi construit, un perforateur Dubois et François reste quatre mois en travail dans la mine sans devoir être remonté au jour.

Les modifications introduites en France dans cet appareil ont eu précisément pour but cette réduction des frais d'entretien que les inventeurs ont réalisée dans leur nouveau modèle, sans y introduire de modification essentielle. La principale que l'on rencontre dans les perforateurs exposés par les compagnies françaises est la transformation du mouvement de rotation. Ce mouvement se fait ordinairement dans les perforateurs français par une disposition analogue à celle de la perforatrice Burleigh, exposée à Vienne en 1873. Une rainure hélicoïdale pratiquée sur la tige du piston reçoit une saillie solidaire d'une roue à rochet, qui ne peut effectuer sa rotation que dans un sens. Pendant le mouvement de frappe, la rainure hélicoïdale fait tourner la roue à rochet, tandis qu'au retour c'est la saillie de la roue à rochet qui fait tourner la tige et le fleuret. On conçoit que ce mouvement de rotation a l'avantage de réduire beaucoup le nombre de pièces mobiles du perforateur. MM. Dubois et François ont également fait breveter, en 1877, une disposition fort simple où ce mouvement était appliqué. Cependant c'est à dessein qu'ils n'en présentaient pas la réalisation parmi les perforateurs qu'ils exposaient à Paris. En effet, l'expérience qu'ils en ont faite leur en a démontré les inconvénients. Ceux-ci résultent surtout de ce que, dans ce système, la rotation se fait incomplètement, lorsque la course est réduite. D'un autre côté, en s'astreignant à donner toujours à l'outil sa course complète, on perd le grand avantage de l'avancement à la main, qui est de permettre de réduire la course, lorsqu'on commence le trou ou lorsqu'on rencontre des roches dures, ou encore lorsque le fleuret venant à dévier on cherche à redresser le trou en frappant à petits coups avec un taillant frais. De plus, le nouveau système de rotation exige une pression plus élevée. Dans le système Dubois et François ordinaire, le perforateur s'arrête à la moindre résistance : il suffit pour cela que le fleuret s'ébrèche ou que le trou dévie, tandis qu'avec le nouveau système de rotation il faut, pour obtenir l'arrêt, une résistance beaucoup plus grande, de sorte que l'outil continue à fonctionner. Si le fleuret est ébréché, le diamètre du trou diminue et ne permet plus l'emploi des fleurets qui doivent servir à le prolonger. Si le fleuret dévie et continue à frapper, il ne s'arrête qu'après l'enclouage complet. Il résulte de là que, si l'on parvient d'une part à diminuer l'entretien de l'appareil par la suppression d'une vingtaine de pièces mobiles, on augmente d'autre part la consommation de fleurets.

Nous ne nous étendrons pas sur les résultats pratiques obtenus par le système Dubois et François. Il nous suffira de rappeler les coupes de travers-bancs percés au moyen d'un affût à quatre perforatrices exposées par la Société de Marihaye (Belgique), dont M. Dubois est le directeur-gérant, et accompagnées des renseignements suivants : « L'avancement d'une bancure de 5 mètres carrés de section atteint $1^m.80$ par vingt-quatre heures dans les schistes, et 1 mètre environ dans les grès et psammites durs. La vitesse est trois fois plus grande que dans le percement des trous de mine à la main. »

Nous passerons rapidement en revue les perforateurs Dubois et François modifiés figurant à l'Exposition de Paris.

La Compagnie d'Anzin exposait un perforateur modifié par
M. L. Daumont, ingénieur-directeur de la division d'Hérin. La
modification porte sur le mouvement de rotation qui se produit
au moyen d'un rochet à rainures hélicoïdales calé sur la tige du
piston. Un taquet en acier et à ressort pénètre dans une des rainures de ce rochet; pendant le mouvement de frappe, la rainure
comprime simplement le ressort; à la fin de la course, le taquet
échappe, et, au retour, il s'introduit dans la rainure suivante; mais,
pressé de haut en bas à son tour, il reste fixe et force le rochet à
tourner; celui-ci entraîne avec lui la tige du piston. Les autres
modifications sont moins importantes et portent sur le renfor-
cement de certaines pièces et sur des détails de construction qui
d'ailleurs ne nous ont pas paru préférables aux modifications introduites récemment par MM. Dubois et François dans la construction de leurs appareils.

Le poids de la perforatrice Daumont est de 242 kilogrammes,
celle de MM. Dubois et François ne pèse que 225 kilogrammes.

La Société d'Anzin attirait de plus l'attention sur les perfectionnements qu'elle aurait introduits dans la construction des affûts
pour faire disparaître les porte-à-faux, existant dans les anciens
affûts de Marihaye.

Ces porte-à-faux ont également disparu depuis longtemps dans
les affûts de MM. Dubois et François.

La Compagnie d'Anzin faisait connaître les résultats très remarquables obtenus au moyen de sa perforatrice à la fosse d'Haveluy.
Malheureusement la période considérée, du 9 au 28 mai 1878,
est de trop courte durée pour pouvoir tirer des conclusions dé-
finitives de ces résultats. Pendant cette période, on a obtenu en
schistes un avancement de $3^m,32$ par vingt-quatre heures de travail
effectif avec quatre perforatrices, en trois postes de huit heures,
et le prix de revient du mètre d'avancement n'a pas dépassé
66 fr. 68 cent., non compris les intérêts et l'amortissement des
installations. Il est juste de faire remarquer que, si l'on déduit
l'avancement moyen du nombre de jours de travail, cet avancement n'est plus que de $2^m,65$. Il est néanmoins difficile de comprendre comment les modifications introduites à Anzin ont pu

Gr. VI.
—
Cl. 50.

augmenter à ce point l'avancement moyen ordinaire. Nous ne pouvons attribuer ce fait qu'à des circonstances spéciales qui n'ont pas été consignées.

La perforatrice Guénez, appliquée par la Société de Vicoigne-Nœux, présente des modifications plus profondes. Elle diffère de la perforatrice Dubois et François, non seulement par le mouvement de rotation produit par une rainure hélicoïdale, mais encore par le mouvement de distribution qui est situé à l'arrière. La distribution diffère essentiellement de celle de la perforatrice Dubois et François, en ce que l'air comprimé est constamment admis à l'avant du piston. Au retour, le piston, en choquant contre une pièce solidaire du tiroir et faisant saillie sur le fond du cylindre, ouvre brusquement l'admission. L'admission se ferme et l'échappement s'ouvre par suite de l'équilibre qui s'établit de de part et d'autre d'un piston, solidaire du tiroir par un conduit capillaire, et en vertu des sections différentielles exposées à l'action de l'air comprimé. Ce perforateur se distingue surtout parce qu'il est dépourvu extérieurement d'organes délicats : tous les mécanismes se trouvent à l'abri des chocs et des détériorations auxquelles ces organes sont exposés dans les mines, lorsqu'ils sont placés à l'extérieur. Si l'on attache une grande importance à la réduction du nombre de pièces, on reconnaît qu'elle est plus grande encore que dans le perforateur d'Anzin, par rapport à l'ancien modèle Dubois et François. Le mouvement de distribution se trouve dans de bonnes conditions, car il n'est solidaire du piston qu'au moment du retour de celui-ci, et s'opère quelle que soit sa course. Seulement on ne peut, aussi facilement que dans la perforatrice Dubois et François, faire marcher la distribution à la main, ce qui est précieux dans certaines circonstances, par exemple lorsque le fleuret se cale. L'avant du piston étant constamment en communication avec l'air comprimé, il n'y a pas de dépense d'air pour le retour du piston, et la dépense reste toujours proportionnelle à la course.

Sans annoncer des résultats aussi brillants que la Compagnie d'Anzin, la Compagnie de Vicoigne déclare que la perforatrice Guénez lui donne un avancement un peu supérieur à celui des anciennes perforatrices Dubois et François employées à Nœux, **Gr. VI.** depuis 1875, avec des frais d'entretien beaucoup moindres.   **Cl. 50.**

Nous trouvons encore la perforatrice Dubois et François modifiée dans les expositions de MM. Crozet et Cie et de la Compagnie des mines de Blanzy. Le perforateur Crozet, employé aux mines de Bézenet, et celui des mines de Blanzy, ne diffèrent de la perforatrice Dubois et François que par l'application de la rotation par rainure hélicoïdale.

La Société des fonderies, forges et mines d'Alais exposait deux types du perforateur Chodzko, l'un avec avancement à la main, l'autre avec avancement automatique. Ces appareils diffèrent de plus en plus de la perforatrice Dubois et François; la distribution y est rendue solidaire du mouvement de frappe sans qu'il en résulte les inconvénients ordinaires. L'échappement s'ouvre par l'inertie d'un manchon qui continue à progresser le long de la tige lorsque le fleuret s'arrête.

La distribution ne peut par conséquent se renverser qu'après que le choc a eu lieu. Le mouvement de rotation est pris sur une rainure hélicoïdale, mais au moyen de pièces rapportées et faciles à changer, sans faire porter l'usure sur la tige même du piston.

L'avancement automatique est produit par un cylindre propulseur analogue à celui des perforatrices Ferroux, mais avec interposition d'eau. La perforatrice Chodzko était l'une des plus intéressantes qui figurât au Champ de Mars, par l'originalité de ses dispositions.

Avant de quitter la nomenclature des perforatrices à grande masse et à vitesse moyenne exposées à Paris, nous devons mentionner la perforatrice Ferroux-Mercier, dont un dessin était exposé par la Société du Levant du Flénu, qui a récemment introduit l'application de cet appareil dans ses travaux. La perforatrice Ferroux dérive également de la perforatrice Sommeiller. Elle en a conservé l'avancement automatique, dont les avantages sont toutefois contestables dans les galeries. La distribution y dépend entièrement du mouvement du piston qui effectue toujours sa course complète, et la rotation se produit par rainure hélicoïdale. Cette perforatrice a donné des résultats très remarquables dans la période des essais auxquels elle a été soumise au Levant du Flénu. Elle a donné 3^m.16 d'avancement moyen par vingt-quatre heures pendant une période de 48 jours 1/2 de travail dans une galerie donnant 1/3 de grès et 2/3 de schiste [1].

A Blanzy, on a été conduit, dans certaines circonstances, à renoncer au type Dubois et François, parce que ses grandes dimensions ne permettent de faire que des trous à peu près horizontaux, ce qui augmente la consommation de poudre et de dynamite. Aussi n'applique-t-on le type Dubois et François que dans les galeries rectilignes et les foncements de puits, où la considération de la vitesse l'emporte sur celle de l'économie. Partout ailleurs on emploie un appareil plus léger et à grande vitesse, modification d'une des meilleures perforatrices anglaises (la Darlington), qui date déjà de plusieurs années. Dans cet appareil, la distribution dépend complètement du mouvement du piston sans nécessiter toutefois des organes intermédiaires dont le mouvement soit solidaire de celui du piston. La distribution est produite par un fourreau fixé au piston, qui démasque alternativement l'admission et l'émission. La distribution s'arrête dès que la course est réduite à 0^m,05. La rotation y est obtenue par une bielle et un rochet solidaires d'une barre carrée qui pénètre dans la tige du piston. Dans le mouvement de frappe, la bielle n'actionne pas le rochet qui reste fixe; dans le mouvement de recul, au contraire, le rochet entraîné par la bielle tourne avec la barre carrée et la tige du piston. Ce mouvement de rotation a sur la rainure hélicoïdale l'avantage de se produire même à faible course et de donner lieu à moins de frottement. L'avancement se produit à la main.

Le perforateur Blanzy-Darlington se monte sur une colonne de fonte, perpendiculairement à laquelle il est libre de prendre toutes les orientations possibles. Le diamètre du piston est de 88 millimètres. La course peut varier de 50 à 100 millimètres. Il bat jusqu'à 600 coups par minute et dépense 400 litres d'air. Ce perforateur ne pèse que 90 kilogrammes, ce qui facilite beaucoup son maniement.

[1] Voir *Revue universelle des mines*, t. III et IV, 2e série, 1878.

Parmi les perforatrices légères et à grande vitesse qui ont obtenu le plus de succès, il faut citer la perforatrice Schram, exposée à Paris par MM. Mahler et Eschenbacher. Cette machine, originaire de Suède, est très répandue aujourd'hui en Autriche, en Allemagne et en Angleterre. Elle est construite sous deux types de 83 et de 110 kilogrammes [1].

La distribution s'y effectue, comme dans la Darlington-Blanzy, par le mouvement du piston, mais sans organes rigides touchés par le piston; la rotation est produite par une barre carrée tordue et un rochet dont le cliquet est pressé par un ressort d'air comprimé. L'avancement se fait à la main. La perforatrice Schram donne 3 à 400 coups par minute. Aux mines de Przibram, en Bohême, cette perforatrice est adoptée à l'exclusion de tout autre système. Dans un *Rapport sur les machines de mines à l'Exposition de Paris* publié dans le *Journal des mines et usines autrichiennes*, M. E. Jarolimek, conseiller supérieur des mines à Vienne et membre suppléant du jury international, rend l'hommage suivant à cette perforatrice : « Elle présente une construction si bien appropriée au travail des puits et des galeries, qu'on ne peut supposer qu'elle puisse être notablement surpassée par aucune des perforatrices à percussion connues jusqu'ici; en ce qui concerne son entretien ou son effet utile, cette machine (ajoute-t-il) s'est le mieux comportée de toutes celles qui ont été essayées à Przibram dans des roches très dures [2]. »

La perforatrice Schram est montée sur un affût à deux perforatrices, qui présente la particularité de ménager dans son axe un espace vide permettant au wagonnet d'arriver jusqu'au front de taille et d'y continuer l'enlèvement des déblais pendant la perforation.

On voyait dans le compartiment hongrois les dessins des perforatrices de M. Richter et de M. Broszmann, qui ont puissamment contribué à l'achèvement de la galerie Joseph II, à Schemnitz, commencée depuis près d'un siècle et terminée pendant l'Exposi-

---

[1] Voir la description de cette perforatrice dans la *Revue universelle des mines*, t. III, 2ᵉ série, 1878, p. 69.

[2] *OEsterreichische Zeitschrift für das Berg-und Hüttenwesen*, t. XXVII, 1879.

tion, le 5 septembre 1878. Ces perforatrices sont voisines du type Schram par le mode de distribution et de rotation, sans présenter toutefois la même simplicité. L'avancement s'y fait à la main. La perforatrice Richter se distingue par un affût très bien étudié pour permettre toutes les orientations, mais non exempt de complications.

Les perforatrices américaines ou anglaises exposées dans le compartiment anglais doivent aussi être rangées dans la classe des perforatrices légères et à grande vitesse. On y voyait, à côté de la perforatrice Ingeroll, qui est bien connue, la perforatrice *Éclipse*, exposée par MM. Hathorn et Cie (de Londres), et la perforatrice *Roanhead*, exposée par MM. Salmon, Barness et Cie (d'Ulverston). La perforatrice *Éclipse* est entièrement automatique, et ses organes sont soigneusement mis à l'abri des détériorations, ce qui a toutefois l'inconvénient de rendre les démontages plus difficiles. La perforatrice *Roanhead* se distingue précisément par des caractères opposés. La distribution y est seule automatique, la rotation et l'avancement se faisant à la main. Ce perforateur est employé dans les mines de fer du Cumberland.

Le compartiment belge nous montrait aussi quelques types anglais plus ou moins modifiés pour s'approprier au travail des carrières : telles étaient la perforatrice Cranston, exposée par M. Tacquenier (de Lessines), et la perforatrice Dunn, modifiée par M. A. Beernaert, exploitant de carrières à Savonnières-en-Perthois et à Saint-Joire (Meuse). La rotation étant supprimée, la perforatrice débite des blocs en creusant une rainure. Cet outil est notamment employé dans les carrières souterraines de Savonnières, où il fait en une heure le travail de dix hommes.

Nous venons de voir que la perforatrice *Roanhead* était dépourvue du mouvement de rotation automatique. Elle ménage ainsi la transition aux perforatrices entièrement mues à bras, telles que la perforatrice Jordan, exposée dans le compartiment français par MM. A. Burton et fils. Cette perforatrice à bras repose sur le même principe qu'une machine de MM. Cassart et Lepourcq, essayée au tunnel du charbonnage du Hasard, près de Liège, dès 1859, à une époque où l'on entrevoyait à peine l'application future de la perforation mécanique dans les mines [1]. Un ou deux ouvriers font tourner, au moyen de manivelles, un arbre à cames, qui sert à comprimer l'air contenu dans un cylindre. Le fleuret solidaire du piston de ce cylindre est projeté deux fois par tour contre la roche par la détente de ce ressort d'air comprimé. Cette perforatrice est surtout ingénieuse, parce que la rotation et l'avancement du fleuret sont produits par la rotation même de l'arbre à cames; le frottement de celles-ci imprime en effet un mouvement de rotation à la tige du fleuret dont l'extrémité postérieure est filetée. L'avancement peut être réglé comme on veut, en maintenant plus ou moins fixe l'écrou de la partie filetée, ce qui s'obtient au moyen d'un frein très simple. Tout cet appareil se distingue d'ailleurs par une grande simplicité d'organes, c'est ce qui explique la vogue que cette perforatrice a obtenue récemment. Bien qu'il faille trois ouvriers à la machine, dont un pour régler le mouvement de translation, on obtient un avancement plus grand que par l'emploi de deux mineurs. Or les ouvriers employés à la perforation sont de simples manœuvres; de là une économie notable. De plus, l'affût de cette perforatrice est disposé de manière à permettre son maniement facile dans les galeries, pour percer des trous à toute hauteur et de toute orientation.

Nous clôturons ici la nomenclature des nombreuses perforatrices à percussion exposées à Paris. Le nombre même des perforatrices exposées démontre l'immense extension de la perforation mécanique depuis les dernières expositions internationales. L'Exposition de Vienne ne nous montrait pas plus de 7 ou 8 perforatrices, tandis que nous en pourrions compter le double à l'Exposition de Paris. Ces appareils paraissent tendre vers deux ou trois types qui ne tarderont pas sans doute à devenir définitifs. Il est remarquable que, de toutes les perforatrices exposées, deux seules présentent l'avancement automatique : ce sont la perforatrice Ferroux et la perforatrice *Éclipse*. L'avancement automatique était précédemment considéré comme un desideratum dans toute perforatrice prétendant à la perfection. MM. Dubois et François n'ont pas peu contribué

Gr. VI.

Cl. 50.

---

[1] Voir Ponson. (Supplément au *Traité d'exploitation des mines de houille*, t. I, p. 49.)

5.

à détruire cette idée, qui a conduit à compliquer inutilement des appareils dont le premier mérite doit être la simplicité.

Perforatrices à rodage.

L'Exposition nous montrait les progrès nouveaux accomplis dans l'application du principe du rodage à la perforation mécanique. Ce problème a depuis longtemps préoccupé les mécaniciens. En 1867 déjà on voyait fonctionner à l'Exposition de Paris la perforatrice de M. de la Roche-Tolay, fondée sur l'application de la bague à diamants inventée par l'horloger suisse Leschot. En 1869, un ingénieur suédois, M. Stapff, auteur d'un excellent ouvrage sur la perforatrice mécanique, concluait aux avantages mécaniques du rodage sur la percussion, avantages indiscutables si l'on réfléchit aux pertes de travail inhérentes au choc au retour du fleuret, au broyage des petits fragments détachés de la roche et restant au fond du trou, et si l'on considère qu'elle ne se prête pas à l'emploi des moteurs hydrauliques qui pourrait être si avantageux dans les mines.

L'Exposition de Vienne ne nous apprenait rien de nouveau sur ce sujet si intéressant; l'Exposition de Paris nous a montré en revanche deux tentatives pleines de promesses : celle de M. Taverdon en Belgique, et celle de M. A. Brandt représenté par la maison Sulzer en Suisse.

M. Taverdon s'efforce, depuis 1872, d'appliquer la perforatrice par rodage aux charbonnages du Horloz, près de Liège. Il se sert pour cela du moteur Braconier, qui est une machine à rotation directe, placée sur l'axe même de l'outil perforateur. Elle ne fait pas moins de 2,500 à 3,000 tours par minute. M. Taverdon en exposait deux types; l'un à cylindre fixe, l'autre à cylindre tournant.

Son système de perforatrice est, au surplus, indépendant du système du moteur. L'outil perforateur se compose d'une mèche à quatre taillants d'acier pour forer dans le charbon, et à bague de diamant pour les roches dures; ces diamants sont sertis par la méthode spéciale dont nous avons parlé ci-dessus. La forme des taillants est étudiée de telle sorte que les débris enlevés par le taillant creusant son sillon soient immédiatement expulsés; ces débris sortent par l'intérieur de la tige creuse de la mèche; celle-ci présente quelques trous par où ils sont rejetés à l'extérieur, et une hélice fixée à l'extérieur de la tige les dirige jusqu'à l'orifice.

A l'intérieur de la tige creuse se trouve une vis par laquelle se règle l'avancement à la main. L'exposition de M. Taverdon présentait un grand nombre de détails ingénieux; ses appareils cependant ne sont pas encore sortis de la période des essais; mais on ne peut se dissimuler que ces essais n'aient déjà conduit à des résultats qui promettent pour l'avenir. L'intérêt qu'ils présentaient a conduit M. E. Jarolimek, conseiller des mines à Vienne, à présenter, dans son *Rapport sur les machines de mines à l'Exposition* une disposition de la perforatrice Taverdon appropriée à l'emploi de la force hydraulique, souvent disponible dans les mines. M. Jarolimek propose de substituer au moteur à rotation directe une simple turbine Jonval tournant à 3,200 tours, et de régler l'avancement de la perforatrice au moyen de la pression même de l'eau sur un piston propulseur solidaire de la tige.

L'avancement par pression hydraulique se trouvait réalisé dans la perforatrice de M. Alfred Brandt, ingénieur à Hambourg, exposée par MM. Sulzer frères, de Winterthur (Suisse); au point de vue de l'outil, cette perforatrice n'est pas sans analogie avec la perforatrice Taverdon. Mais elle en diffère beaucoup si l'on considère son fonctionnement. La perforatrice Taverdon agit à faible pression et à grande vitesse. Elle désagrège la roche surtout en l'usant, tandis qu'au contraire la perforatrice Brandt travaille à grande pression et à faible vitesse. La pression, qui varie de 50 à 200 atmosphères, fait pénétrer les taillants d'acier trempé dans la roche par écrasement, et la rotation n'a pour but que de renouveler les surfaces en contact. La roche n'est pas usée, mais elle est désagrégée par une pression qui l'emporte sur sa résistance et la réduit, non en poussière, mais en petits fragments. C'est, en un mot, la résistance à l'écrasement et non pas seulement la résistance à l'usure qui est ici mise en jeu. Or il n'y a pas de roche qui présente une résistance à l'écrasement plus grande que l'acier trempé; tout dépend donc de la pression avec laquelle l'outil agira sur le fond du trou de mine. La perforatrice Brandt a été imaginée en 1876, pour servir dans la construction du chemin de fer du Gothard, où elle n'a pas été employée jusqu'ici sur une grande échelle, par suite de la fâcheuse situation financière de cette entreprise; mais elle a été appliquée avec un succès complet au percement du tunnel du Sonnstein dans les roches dolomitiques et calcaires du lac de Gemund, sur le chemin de fer du Salzkammergut, en Autriche, puis au percement du tunnel d'Altwasser en Silésie dans le porphyre, et au percement des galeries dans cette même roche, à Zankeroda dans le bassin houiller de Plauen (Saxe). Dans cette machine, la pression hydraulique est utilisée aussi complètement que possible. C'est elle qui cale contre les parois, ou entre le toit et le mur, l'affût composé simplement d'une colonne creuse dans laquelle pénètre un piston plongeur. La perforatrice est fixée sur cette colonne, de manière à pouvoir tourner autour de l'axe de celle-ci. Le mouvement d'avancement est produit par la pression hydraulique, au moyen d'un piston propulseur qui appuie constamment la bague contre le fond du trou; la rotation est produite également par une petite machine à colonne d'eau. Un jet d'eau, provenant de la décharge de cette machine, est introduit dans l'axe de la tige et expulse les débris en refroidissant l'outil. La petite machine à colonne d'eau est à deux cylindres; elle est fixée sur la perforatrice et participe à son mouvement d'avancement; elle fait tourner une vis sans fin engrenant avec une roue dentée fixée sur la tige; cette petite machine fait 2 à 300 tours, tandis que la perforatrice ne fait pas plus de 5 à 7 tours par minute. La couronne dentée a 80 millimètres de diamètre extérieur; elle est maintenue contre la roche par une pression qui varie selon la nature de celle-ci. Dans les calcaires dolomitiques du Sonnstein, on dut aller jusqu'à 100 atmosphères, tandis que, dans le gneiss du Gothard, il suffisait de 60 atmosphères. Dans les porphyres du bassin de Plauen, on dut porter la pression à 120 atmosphères.

La pression est produite au moyen de pompes et d'un accumulateur; dans certaines mines, on pourrait simplement prendre les petites quantités d'eau nécessaires sur les colonnes montantes des pompes d'épuisement et se passer de moteur spécial. La consommation d'eau n'a pas dépassé, au Sonnstein, 1,8 à 2 mètres cubes par heure.

La perforatrice Brandt était certainement une des plus intéressantes nouveautés de l'Exposition, au point de vue de l'art des mines; car elle permet d'utiliser une force trop négligée aujourd'hui. Même dans les cas où l'on doit recourir aux pompes, les installations sont moins coûteuses que pour la production de l'air comprimé, et l'effet utile produit est bien plus considérable; car, dans les perforatrices à air comprimé, on ne peut songer à travailler à détente, même avec les perfectionnements réalisés par M. Mekarski et M. Cornet.

L'avantage souvent assigné à l'air comprimé d'assainir les galeries par sa décharge n'est pas aussi grand qu'on pourrait le croire, si l'on réfléchit notamment que les perforatrices ne travaillent pas immédiatement après le tirage des mines, c'est-à-dire au moment où il serait le plus nécessaire de chasser les fumées. On arrive, au contraire, très bien à ce résultat en projetant dans la galerie, près du fond de taille, une pluie d'eau à haute pression finement pulvérisée, qui condense et absorbe rapidement les fumées. Au Sonnstein, on pouvait ainsi reprendre le travail de la perforation dix à vingt minutes après le tirage.

La simplicité de l'affût de la perforatrice Brandt contribue aussi à augmenter la vitesse du travail, parce que la colonne, qui ne pèse que 140 kilogrammes, peut être transportée au delà des déblais, tandis qu'avec les affûts sur roues il faut attendre que le déblai soit enlevé pour les approcher du front de taille.

Voici dans quelles circonstances on fut conduit à employer la machine Brandt au Sonnstein. Ce tunnel de 1,430 mètres avait été commencé par les moyens ordinaires et attaqué par les extrémités et par deux galeries latérales. Le travail marcha d'abord dans de bonnes conditions de vitesse; mais, lorsqu'on rencontra les calcaires dolomitiques à la fois dans le tunnel et dans l'une des galeries latérales, on reconnut qu'il serait impossible d'achever le percement à temps pour inaugurer la ligne dans les délais prescrits : il restait 629 mètres de tunnel et 139 mètres de galerie à percer; on ne pouvait songer, dans ces conditions, à de grandes installations mécaniques. Les essais faits à cette époque avec la perforatrice Brandt au tunnel de Pfaffensprung (chemin de fer du Gothard) attirèrent l'attention de l'entreprise sur ce système nouveau, qui permettait de réduire considérablement les installations. L'avancement des fleurets de 22 millimètres était dans le travail ordinaire de 9 à 15 millimètres par minute. L'avancement de la couronne annulaire de 80 millimètres de la perforatrice Brandt fut de 20 à 50 millimètres dans les mêmes roches. Il suffisait de trois à cinq trous de mine de cette dimension pour un front de taille de 6^{mq},50 de section; on put en faire jusqu'à trois sans déplacer l'affût. Les trous avaient en moyenne 1^{m},30 de profondeur et étaient chargés de 3 à 4 kilogrammes de dynamite. On faisait deux attaques avec une seule perforatrice par poste de douze heures.

Ce travail peut se diviser en plusieurs périodes :

La première, du 11 avril au 16 mai 1877, dans une galerie latérale, doit être considérée comme une période d'essai, et ne donna qu'un avancement moyen de 0^{m},66 par jour dans le calcaire dolomitique, alors que l'avancement par les procédés ordinaires était de 0^{m},86.

Du 16 mai au 4 juin, continuation du percement de la galerie latérale, jusqu'à la rencontre de l'axe du tunnel; on obtient un avancement moyen de 2 mètres dans le calcaire compacte et le calcaire dolomitique.

Pendant ce temps, c'est-à-dire du 12 avril au 4 juin, on avait continué le percement par les procédés ordinaires aux deux extrémités du tunnel, et l'on avait obtenu 0^{m},89 d'avancement moyen dans le calcaire et 1 mètre dans le calcaire dolomitique. La perforation mécanique continua ensuite dans le tunnel avec un avancement moyen de 2^{m},05 dans le calcaire dolomitique; l'avancement maximum fut de 2^{m},70. Le prix par mètre courant s'est élevé à 266 florins; mais il est à remarquer que ce prix contient une somme de 83 fl. 50 pour frais de premier établissement.

En résumé, la perforation mécanique par la machine Brandt a doublé la vitesse du travail à la main et a permis d'inaugurer la ligne du Salzkammergut dans les délais prescrits. Les frais d'installation, comprenant un ventilateur, se sont élevés à 38,000   **Gr. VI.**

florins.   **Cl. 50.**

A Zankeroda, le problème était différent : il s'agissait, non pas de gagner du temps, mais de réaliser des économies dans le percement des galeries dans le porphyre, où le travail ordinaire était très coûteux. Les premiers résultats ont été très satisfaisants, et ont décidé l'essai de cette perforatrice dans les roches très dures de Przibram (Bohême). Il est toutefois impossible de déduire des essais de Zankeroda un chiffre relatif à l'avancement moyen et au prix par mètre courant de galerie, parce que la perforation mécanique y a été combinée au travail ordinaire.

Perforation verticale.

La perforation mécanique des puits a fait quelques progrès depuis l'Exposition de Vienne, où cette méthode fit sa première apparition ; ces progrès sont principalement dus aux travaux de MM. Dubois et François. Des résultats remarquables furent obtenus par ces habiles ingénieurs, en 1873-74, au puits du charbonnage de Wérister, près de Liège [1].

Depuis lors ils ont continué l'expérience de leur système au charbonnage du Val Benoît à Liège, aux Charbonnages unis de l'Ouest de Mons ; à ceux de Bonne-Espérance, à Wasmes ; aux mines de Sarre-et-Moselle, à Carling (Alsace-Loraine) ; aux ardoisières de Truffy et Pierka, à Rimogne (Ardennes), etc. La conclusion de l'expérience qu'ils ont acquise de ces travaux est la suivante :

Pour qu'il y ait un avantage appréciable sur le creusement à la main, il faut que les roches présentent une certaine dureté, parce que l'avantage porte principalement sur le temps réclamé par la perforation proprement dite : cela dépend, au surplus, des moyens dont on dispose pour l'extraction des déblais.

Voici, d'après MM. Dubois et François, quel serait le rapport du temps employé d'une part à la perforation, et d'autre part au tir,

[1] Voir *Revue universelle des mines*, t. XXXVIII, 1875, p. 444.

au déblai, au boisage, etc. etc., suivant la nature des roches tra-
versées :

ROCHES.	PERFORATION.	TIR, DÉBLAI, BOISAGE.
Schiste { tendre...............	0.30	0.70
{ dur...................	0.35	0.65
Psammite, grès tendre...........	0.40	0.60
Grès. . { dur.................	0.50	0.50
{ très dur, quartzite.........	0.65	0.35

C'est surtout l'extraction des déblais qui retarde le travail, car
l'amorçage électrique ne laisse rien à désirer au point de vue de la
rapidité, et le boisage est souvent sans importance. MM. Dubois
et François préconisent, pour accélérer le travail, l'installation
de cages ou de tonneaux avec guidonnage provisoire.

Le tableau suivant résume la moyenne des résultats déduits des
travaux de MM. Dubois et François :

| | SCHISTE. | GRÈS | | |
		ORDINAIRE.	DUR.	TRÈS DUR et quartzite.
Avancement à la main en un mois de travail...............	20	10	5	3
Avancement mécanique. *id*.....	30	25	18	12
Prix de revient par rapport à celui du travail à la main pris pour unité.....................	0 90	0 80	0 65	0 50

MM. Dubois et François exposaient les derniers types de leurs
affûts pour la perforation verticale appliquée dans des puits ronds
ou rectangulaires. Ces affûts présentent de notables simplifications
par rapport aux affûts primitivement employés aux puits de
Wérister. L'affût pour puits ronds est disposé de manière que les

différentes pièces qui le composent se ramènent dans un même **Gr. VI.** plan vertical pendant l'enlèvement des déblais. **Cl. 50.**

La perforation verticale a aussi été essayée aux mines de Blanzy au moyen d'affûts spéciaux qui étaient exposés à Paris. Ces affûts se composent de quatre traverses en bois perpendiculaires deux à deux, reliées à une tige centrale et pouvant se caler contre les parois. Quatre bras en fer creux, susceptibles chacun de prendre différentes positions autour de l'axe de rotation, servent à donner l'inclinaison voulue aux quatre perforatrices.

Cet affût est simple, mais moins bien combiné que les affûts Dubois et François, au point de vue du passage qu'ils doivent laisser aux tonnes chargées de déblais. La perforation verticale ne paraît pas d'ailleurs être sortie à Blanzy de la période des essais.

MM. Mahler et Eschenbacher préconisent l'emploi d'un affût analogue, pour la perforation verticale au moyen des perforatrices Schram.

Agrandissement et perforation des galeries sans le secours de la poudre.

La Société de Marihaye (division de l'Espérance) exposait le type d'*aiguilles-coin* ou d'*aiguilles infernales* employées depuis 1853 aux charbonnages de l'Espérance, à Seraing, pour supprimer l'usage de la poudre dans l'agrandissement (*bosseyement*) des galeries en veines et même dans le percement de certaines galeries à travers bancs, où la présence du grisou empêche d'employer les matières explosives.

C'est de cet outil si utile que dérive la *bosseyeuse,* exposée par MM. Dubois et François. Cet appareil n'est autre chose qu'une perforatrice de gros calibre, montée sur un affût spécial. Cette machine permet de faire, dans toutes les parties du front de taille, des trous de 8 à 10 centimètres de diamètre et de 80 centimètres de profondeur, où s'introduit une aiguille-coin. Le fleuret étant remplacé par une masse de 30 à 40 kilogrammes, la perforatrice agit ensuite à la manière d'un mouton pour faire pénétrer le coin d'acier entre les deux mâchoires de fer et faire ainsi éclater la roche.

Voici les principales dimensions de cette machine :

$$
\begin{aligned}
&\text{Diamètre } \begin{cases} \text{du piston percuteur.} \dots \dots \dots \dots & 0^{m},140 \\ \text{de la tige percutrice.} \dots \dots \dots \dots & 0\ ,100 \end{cases} \\
&\text{Poids de la partie frappant sur le coin.} \dots \dots \dots\ 140^{k} \\
&\text{Pression sur le piston de l'air comprimé à 3 atmos-} \\
&\qquad \text{phères.} \dots \dots \dots \dots \dots \dots \dots \dots \dots \dots\ 450 \\
&\text{Poids total.} \dots \dots \dots \dots \dots \dots \dots \dots \dots\ 1{,}900
\end{aligned}
$$

D'après les expériences faites sur cet appareil à la Société de Marihaye, on a obtenu les résultats suivants pour le bosseyement d'une veinette de 30 centimètres de puissance en terrains très durs (psammites et grès). Le creusement d'un trou de 70 centimètres de profondeur et de 10 centimètres de diamètre a demandé 15 minutes y compris le déplacement du fleuret; l'introduction et l'enfoncement de l'aiguille-coin ont duré 10 minutes, soit en tout 25 minutes; l'effet obtenu était le même que pour un coup de mine ordinaire de 70 centimètres de long. Dans les cas les plus difficiles, on peut achever en 5 heures le coupage d'une voie de dimensions ordinaires dans une couche de 30 centimètres et pour des tailles dont l'avancement est de 1^{m},80 par jour.

Dans beaucoup de cas, l'abatage peut se faire en deux ou trois opérations, et il est souvent préférable de creuser les trous de toute la longueur de l'avancement.

L'emploi de cet appareil dans les couches à dressants a donné d'excellents résultats ; dans les plateures, on a reconnu que le mètre d'avancement coûtait le même prix qu'à la poudre et beaucoup moins qu'à l'outil.

La Société de Marihaye exposait la coupe de plusieurs galeries à travers bancs entièrement percées avec cet outil, à cause du danger provenant de la présence du grisou; cette application est nouvelle et le succès en a été complet. On fait un trou de déchaussement au milieu du front de taille, puis on procède par rangées de trous concentriques. On fait ainsi 8 mètres d'avancement par quinzaine, soit, à raison de douze jours par quinzaine, 66 centimètres par jour, ce qui est l'avancement ordinaire dans le travail à la poudre sans perforatrices. On se propose, pour accélérer le

travail, d'employer deux bosseyeuses de front. On espère arriver
ainsi à 1 mètre par jour.

Gr. VI.
—
Cl. 50.

Grâce à cet appareil nouveau, l'emploi de la poudre a été entièrement supprimé, depuis le 1er janvier 1880, dans l'une des concessions les plus grisouteuses du bassin de Seraing.

Cet appareil doit donc être considéré comme l'une des plus intéressantes nouveautés de l'Exposition, car il résout un problème très important pour les mines à grisou, où la plupart des coups de feu sont dus à ce que l'on a imprudemment employé la poudre dans le coupage des voies ou dans certaines galeries dangereuses.

La Société des mines de Blanzy exposait le coin hydraulique de M. Levet, destiné à remplacer l'aiguille-coin dans les mêmes circonstances. Cet appareil se compose d'un coin relié au piston d'une petite presse hydraulique et d'une pompe de compression à bras. Le coin est disposé dans un trou de mine entre deux mâchoires, et la presse hydraulique agit pour extraire le coin du trou. L'avantage de cette disposition est que la pression la plus forte agit au fond de la mine. Cet appareil travaille toujours avec la même quantité d'eau, celle-ci passant par l'intermédiaire de la pompe, de l'avant à l'arrière du piston. Il coûte 500 à 700 francs, suivant dimensions. Il a été principalement essayé à Blanzy pour l'abatage du charbon; dans ces conditions, l'emploi de l'appareil est coûteux, comparativement au travail à la poudre, mais là n'est pas la question, lorsque la présence du grisou empêche l'emploi des matières inflammables. Il faut ajouter que, dans tous les essais qui en ont été faits à Blanzy, le rendement en gros charbon a été plus considérable que dans le travail ordinaire. Cet outil nous paraît appelé à un certain avenir dans les mines où l'emploi de la poudre est interdit.

La Société des charbonnages des Bouches-du-Rhône exposait à Paris le fac-similé d'un front de taille attaqué en une fois par une machine inventée en Angleterre par M. Brunton, pour le percement du tunnel projeté sous la Manche; elle se propose d'en faire l'application au percement d'une galerie de 15 kilomètres, destinée à l'écoulement des eaux et au transport de ses produits vers Marseille. La machine de M. Brunton n'était pas

Gr. VI.

Cl. 50.

exposée : elle supprime complètement l'emploi de la poudre, en perforant la galerie sur un diamètre de $2^m,10$. Le principe est très analogue à celui de la machine américaine de MM. Talbot et Wilson, décrite dans le *Voyage de M. G. Lambert dans l'Amérique du Nord* (1853-54). Ce sont des disques à arêtes tranchantes inclinés à 45 degrés sur la face du front de taille et animés simultanément d'un mouvement de rotation et de translation. Des précautions sont prises pour enlever automatiquement les déblais à mesure qu'ils se produisent, pour les conduire dans des wagonnets, à l'arrière de la machine.

La machine de M. Brunton a été soumise à des essais très sérieux aux charbonnages des Bouches-du-Rhône ; on y a obtenu un avancement de 70 centimètres par poste de sept heures. Les rapports d'une commission d'ingénieurs français et belges ont conclu à poursuivre ces essais après avoir fait subir diverses modifications à la machine [1].

A moins que le grisou ne s'oppose à l'emploi de la poudre, nous croyons que les moyens mécaniques qui attaquent toute la section de la galerie ne présentent d'avenir que pour autant qu'ils puissent donner un avancement plus rapide que les perforatrices mécaniques.

Cette preuve reste à faire.

VII

HAVAGE MÉCANIQUE.

Le havage mécanique n'était représenté que par deux machines : celle de la Société de Blanzy et par une haveuse d'origine américaine. La question du havage mécanique n'est pas entrée jusqu'ici dans une phase pratique, malgré les efforts très louables des nombreux inventeurs qui s'en sont occupés. En Angleterre même, les résultats sont peu concluants ; sur le continent, ils sont nuls, ce qu'il faut d'ailleurs attribuer à la nature des gisements houillers. C'est à la Société de Blanzy que l'on doit les plus grands efforts

[1] *Revue universelle des mines*, 2ᵉ série, t. V, 1879, p. 236.

faits pour appliquer le havage méanique sur le continent. Les
haveuses bien connues de Winstanley et de Baird y ont été
essayées en 1873-74 pour les dépilages. On dut bientôt y renoncer par suite de l'éboulement fréquent des tailles. Aussi les
essais se sont-ils concentrés depuis lors sur des haveuses employées
au traçage des galeries dans le charbon sans le secours de la
poudre. C'est là un travail tout différent de celui qu'effectuent
les haveuses anglaises qui se meuvent généralement sur des
rails le long du front de taille, et dont le travail est d'autant
plus avantageux que le front de taille est plus développé. Ici c'est
tout autre chose : le front de taille ne présente qu'une section de
2 à 3 mètres de large sur 2 mètres de hauteur, dans laquelle
il s'agit de creuser une ou plusieurs rainures, de manière à pouvoir agir ensuite sur le bloc dégagé, au moyen de coins ordinaires
ou du coin hydraulique de M. Levet.

C'est ainsi que la Société de Blanzy a été amenée à disposer un
appareil qui creuse simultanément cinq trous de mine de 9 centimètres de diamètre, alignés suivant une direction unique pouvant successivement occuper différentes positions dans la section
du front de taille. Les trous étant écartés l'un de l'autre de 8 centimètres, un faible déplacement latéral des outils permet de compléter la rainure sur une longueur totale de 75 centimètres; un
nouveau déplacement latéral de 75 centimètres permet ensuite de
prolonger cette rainure.

Cette machine est donc une *traceuse* plutôt qu'une haveuse pro-
ment dite.

L'outil est entièrement semblable à celui de la perforatrice
Taverdon. Il se compose d'un tube en acier armé de dents. Les
cinq tubes jumeaux sont portés sur un châssis qui repose par
deux axes sur une table en fonte roulant sur rails. Le charbon sort
par des tubes intérieurs; l'arrosage se fait par l'espace annulaire de
1 à 2 millimètres ménagé entre les deux tubes concentriques. Sur
les cinq tubes se trouvent des roues dentées qui engrènent deux à
deux. Une petite machine à trois cylindres, à air comprimé, placée
à l'arrière sur un chariot indépendant, transmet le mouvement à
un axe de rotation au moyen d'un arbre d'accouplement et de

deux joints universels. L'axe de rotation porte un pignon qui engrène avec une roue dentée fixée sur l'un des tubes. Les cinq tubes tournent donc deux à deux en sens inverse. Ils font 100 à 150 tours par minute. Les mouvements d'avancement et de recul sont obtenus d'une manière très simple, au moyen d'une vis sur laquelle avance le châssis. Cette vis peut recevoir son mouvement de l'un ou de l'autre des deux tubes voisins, de manière à produire le mouvement d'avancement ou de recul ; la transmission par courroie est ici avantageuse, parce que cet organe glisse dès que l'outil rencontre un obstacle. On obtient, dans le charbon, 0ᵐ,85 d'avancement en cinq minutes. Le temps nécessaire pour faire un havage et deux coupures verticales est d'une heure. Il faut autant de temps pour les changements de dents et les déplacements de la machine. En occupant au même travail les deux ouvriers nécessaires aux manœuvres de la machine, il leur faudrait au moins douze heures.

Le havage et la coupure étant faits, on peut substituer à la machine un tube unique qui fera le trou destiné à loger le coin hydraulique de M. Levet.

L'appareil de M. Lechner, de Columbus (Ohio) est une haveuse proprement dite, appropriée aux couches puissantes de l'Amérique du Nord. Elle creuse sa rainure par la rotation d'un arbre horizontal, carré, muni de taillants sur deux de ses faces opposées.

Cet arbre est mis en mouvement par une petite machine verticale à deux cylindres et par quatre chaînes de Galles ; il est animé d'un mouvement d'avancement au moyen d'une vis sur laquelle avance toute la machine.

La principale particularité de cette haveuse est de ne pas être montée sur chariot ; elle se pose sur le sol devant le front de taille pour faire sa rainure de 0ᵐ,90 de long, 0ᵐ,10 de haut, et de 1ᵐ,80 de profondeur, puis doit être déplacée de 0ᵐ,90 pour prolonger cette rainure. Cette disposition ne nous paraît pas heureuse, et, en général, cette machine se distingue par une complication d'organes peu propre à assurer son fonctionnement régulier dans les couches de houille.

Pour terminer ce qui a rapport au havage mécanique, nous mentionnerons encore une application de la perforatrice Schram, exposée par MM. Mahler et Eschenbacher. Pour s'appliquer au havage, cette perforatrice est munie d'un fleuret plat, à plusieurs dents, sans mouvement de rotation ; elle agit obliquement par rapport au front de taille, et se meut parallèlement à celui-ci sur une vis.

Gr. VI.
—
Cl. 50.

Cette haveuse a été essayée à Polnisch-Ostrau, mais sans résultats concluants.

Aux haveuses se rapporte encore une machine exposée par M. O. Leroy, constructeur-mécanicien, à Auxerre, et employée pour l'exploitation des carrières de Charentenay, dans l'Yonne. Ces carrières sont ouvertes dans un calcaire du coral-rag très dur et très résistant. Cette pierre ayant été adoptée dans la reconstruction de l'Hôtel de Ville de Paris, on a dû rechercher des moyens mécaniques pour forcer la production. Ces carrières s'exploitent sur une hauteur de 8 à 10 mètres, par galeries d'une largeur de 10 mètres, laissant entre elles des piliers de 5 mètres. La galerie d'avancement présente une hauteur de $3^m,30$. C'est cette galerie que les machines de M. Leroy exécutent, en creusant des rainures au toit, au mur et aux deux parois. Les deux premières rainures se creusent simultanément par portions de $1^m,80$, au moyen de deux machines montées sur un même bâti. Les deux dernières se font au moyen d'une machine spéciale. L'outil agit à la manière d'une raboteuse ; il est animé d'un mouvement de va-et-vient par bielle et manivelle ; sa course est de $0^m,60$, mais l'entaille qu'il exécute est, en réalité, de $1^m,20$, parce qu'il porte deux rabots tournés en sens inverse et écartés de $0^m,60$; le premier agit dans la course en avant, et le second dans la course en arrière. La force est produite par une locomobile de 6 chevaux installée à l'entrée de la carrière, et transmise, par câble, à un arbre de couche fixé au toit de la galerie. La machine y prend son mouvement par courroie. La carrière se compose de trois chantiers, dont un en abatage et deux en tranchage. L'avancement des outils est de 1 mètre carré à $1^{mq},20$ à l'heure ; un homme suffit par machine, et celle-ci fait le travail de 8 à 10 carriers. Un ouvrier ne fait pas plus de $1^m,50$ de travail par jour: sa tranche a $0^m,12$ à $0^m,15$ de largeur, tandis que celle de la machine n'a que $0^m,027$ à $0^m,030$.

La machine exposée pouvait se prêter à faire les rainures horizontales et verticales; mais M. Leroy préfère, dans une exploitation importante, avoir une machine spéciale pour les rainures verticales, afin d'éviter les pertes de temps. Ces machines, très simples, donnent une solution pratique d'un problème intéressant, mais très spécial.

VIII

OUTILLAGE DES CARRIÈRES.

L'Exposition faisait connaître quelques intéressantes machines propres à l'outillage des carrières, soit pour les entailles à faire au gisement, soit pour le travail de la pierre.

A la première catégorie appartient la machine à débiter les roches de M. Grégoire Wincqz à Soignies (Belgique). Cette machine est encore une application des perforatrices; cinq fleurets agissent à la fois verticalement pour creuser une rainure qui peut atteindre $3^m,50$ de profondeur. En un jour, on fait, avec cet appareil, une entaille de 1 mètre de profondeur sur 10 mètres de longueur, dans un calcaire très dur. Le déchet, qui était de 50 p. o/o a été réduit, par l'emploi de cette machine, à 25 p. o/o.

MM. Mahler et Eschenbacher présentaient à l'Exposition une perforatrice Schram, montée sur affût, de manière à effectuer un travail analogue.

Le fleuret y est remplacé, comme dans la haveuse Schram, par un outil plat à plusieurs dents, et le mouvement de rotation est supprimé; la perforatrice avance le long d'une vis, au-dessus de la rainure verticale qu'il s'agit de creuser. Après avoir percé des trous plus ou moins écartés, on y introduit des coins pour détacher les blocs.

Parmi les machines à tailler et à ciseler les pierres dures et le marbre, nous devons citer en première ligne celle de M. Nestor Rolland, de Mons, exposée par M. Berten-Nolf, de Roulers (Belgique).

Cette machine, employée aux carrières de M. J. Lacroix, à **Gr. VI.**
Feluy, se compose de six outils, mis en mouvement par un arbre
à cames et agissant sur la pierre par percussion verticale, de ma- **Cl. 50.**
nière à imiter le travail de la boucharde du tailleur de pierres. La
disposition de la machine permet de faire voyager les outils sur
la pierre longitudinalement aussi bien que transversalement, la
pierre restant immobile sur un wagonnet. La surface d'appui de
la pierre est mobile dans le sens vertical, de manière que des
pierres de toute épaisseur peuvent être taillées sans changer la
course des outils. Une installation complète demande trois wagonnets semblables; pendant que l'un se trouve sous l'appareil, l'autre
est prêt à recevoir les blocs provenant de l'exploitation, et le troisième est placé sur une petite grue servant à retourner les blocs
déjà travaillés sur une face. Un tailleur de pierres est nécessaire
pour parachever le travail de la machine.

Le prix du mètre carré de pierre taillée et ciselée est évalué par
les exposants à 1 fr. 40, tandis que le prix à la main est, en Belgique, de 4 fr. 75. Une machine fait, par jour, $16^{mq},50$. Si ces
résultats se vérifient, il n'y a pas de doute que cet appareil ne
trouve bientôt de fréquentes applications.

Dans le compartiment anglais, nous trouvons deux machines
destinées à un travail analogue. La plus remarquable est celle de
MM. Brunton et Trier (de Londres). Cette machine agit sur la
face verticale de la pierre, au moyen d'une couronne portant des
disques de fonte ou d'acier, inclinés sur la face à tailler. La couronne a $2^m,20$ de diamètre et porte 12 disques. Elle est animée
d'un mouvement de rotation. A l'intérieur se trouve une grande
roue dentée, sur laquelle viennent engrener des pignons fixés sur
l'axe de chacun des disques. Cette roue restant fixe, les pignons
exécutent autour d'elle un mouvement planétaire en vertu de la
rotation de la couronne. Si la roche résiste ou si le taillant s'use,
on peut augmenter la vitesse de rotation des disques, en faisant
tourner avec plus ou moins de vitesse la roue dentée intérieure, en
sens inverse de la couronne. L'avancement dans le sens de l'axe
s'obtient à la main. Cette machine présente des dispositions très
ingénieuses, et paraissait donner de bons résultats dans les expé-

riences qui se faisaient journellement à Paris dans l'annexe de l'agriculture anglaise. Ces expériences se faisaient, à vrai dire, sur des pierres relativement tendres. Le prix de cette machine est de 1,200 livres avec moteur.

Non loin d'elle fonctionnait une machine de MM. Western et C⁰, à dresser la pierre et à y faire des moulures. Dans cette machine, la pierre est mobile et l'outil reste fixe. La pierre est placée sur un chariot semblable à celui d'une machine à raboter. L'outil se compose de six séries de dix ciseaux superposés et disposés suivant la forme de la moulure à obtenir. Ces six séries sont en retraite les unes sur les autres, de manière à agir successivement sur la pierre. Une lame ayant le profil définitif de la moulure, corrige les petites irrégularités. Cet appareil est simple et paraît bien approprié à son but, à condition que la pierre ne soit pas trop dure. Elle façonnait en un quart d'heure une moulure droite ordinaire sur $1^m,20$ de longueur dans une roche de dureté moyenne.

Un accessoire important des carrières à pavés est aujourd'hui la fabrication du ballast et du macadam au moyen des déchets. M. Al. Andry, administrateur délégué de la Société anonyme des ateliers de construction de Boussu (Belgique), a construit récemment en Belgique plusieurs installations destinées à élaborer ces produits. L'initiative de cette fabrication a été prise en 1868 par la Société Tacquenier, à Lessines, qui n'a pas tardé à voir disparaître ainsi d'immenses dépôts de déchets.

L'installation la plus considérable est celle des carrières de Quenast. Elle se compose d'une chaîne flottante amenant les wagonnets chargés de déchets de carrières aux culbuteurs situés au-dessus de trémies dont le fond est muni de volets régulateurs. Ces trémies déversent les déchets dans six concasseurs Blake, modifiés par M. Andry par la substitution d'un ressort de vapeur au ressort en caoutchouc servant à ramener la mâchoire mobile. A la suite de ces concasseurs se trouvent trois trommels donnant trois classes :

1° Les *graviers* fournis par des trous de $0^m,012$ de diamètre ;

2° Le *macadam* fourni par des trous rectangulaires de $0^m,12$ sur $0^m,02$;

3° Le *ballast* fourni par des trous de $0^m,07$ à $0^m,08$ de diamètre.

Les refus des trommels remontent aux concasseurs. Chacun de ceux-ci peut broyer chaque jour environ 250 tonnes de déchets. Il faut un moteur de 110 chevaux par groupe de trois concasseurs. Cette fabrication a eu un grand succès en Belgique, par suite des excellents produits qu'elle donne et des avantages qui en résultent pour les exploitants de carrières qui se débarrassent ainsi de déchets encombrants.

Gr. VI.
—
Cl. 50.

IX

MÉTHODES D'EXPLOITATION.

Mines de houille.

Au point de vue des méthodes d'exploitation, l'exposition française était très riche en modèles se rapportant principalement à l'exploitation des couches puissantes; l'exploitation des couches peu puissantes était cependant représentée dans l'exposition d'Anzin et de Bessèges, en France, et dans celle du charbonnage de Marihaye, en Belgique.

Anzin. — Le modèle en relief exposé par la Société d'Anzin montrait des exploitations par tailles de chassage, dans des plateures et dans un dressant incliné de 45 degrés et appartenant à une couche de 1 mètre, divisée par un havage médian de $0^m,20$: chacune des tailles droites de ce dressant était divisée en deux parties de 15 mètres de haut, qui se présentent en gradins renversés. La taille supérieure communique avec un plan incliné automoteur par une voie intermédiaire.

Le système des tailles droites en dressant n'est plus appliqué depuis longtemps en Belgique, où il a été remplacé par le système des gradins renversés.

Marihaye. — La Société de Marihaye nous montrait en modèle le type le plus perfectionné de ce système, tel qu'il a été appliqué depuis de nombreuses années à la division des charbonnages de l'Espérance, à Seraing. Cette méthode, également suivie dans le bassin de Charleroi, consiste dans la suppression des cheminées, au moyen de tôles qui se placent sur des boisages au-dessus du plan incliné formé par les remblais. Ces tôles servent à faire glisser le charbon du haut en bas de la taille jusqu'à une petite cheminée établie au premier gradin, et le remblai se fait simplement en basculant les pierres à la voie supérieure en dessous du plancher.

Le remblai peut ainsi se faire jour et nuit sans interruption. On relève tous les jours ou tous les deux jours le plan incliné de tôle pour lui faire suivre l'avancement de la taille.

Cette méthode donne une économie de 30 p. o/o sur les frais d'exploitation par cheminées. Elle supprime les accidents qui résultent de celles-ci, et augmente la production de gros.

Sans être précisément une nouveauté, cette méthode présente donc un intérêt réel [1].

Bessèges. — La Compagnie houillère de Bessèges (Gard), exploite des couches qui varient de 0^m,35 à 2^m,20 de puissance. L'exploitation se fait par piliers repris de 15 mètres sur 15, ménagés entre des voies en direction espacées de 40 à 50 mètres en verticale. Les travaux de dépilage suivent immédiatement le traçage; on exploite sans remblai en aval de la vallée et on remblaye en amont. La particularité de ce système est que les transports se font des tailles à la voie de roulage sur des pentes moyennes de 20 à 25 degrés au moyen de paniers en bois de châtaignier, armés de patins ferrés. Ces paniers ont plus ou moins de capacité suivant la force de l'ouvrier, mais la moyenne est de 300 kilogrammes de charbon. Ce système est très avantageux au point de vue du poids mort, car ces paniers ne pèsent à vide que 30 à 35 kilogrammes. Le transport s'achève dans les voies de roulage au moyen de wagonnets chargeant 900 kilogrammes, dont le poids à vide est de 400 kilogrammes.

La Compagnie des houillères de Bessèges exposait un album dans lequel se trouvait indiqué l'état de ses travaux préparatoires, qui lui donnent un aménagement de travaux d'exploitation pour une longue série d'années, sans compter les travaux de recherches

[1] Voir *Annales des Travaux publics de Belgique*, t. XXXIII. p. 379; 1875.

entrepris dans l'intention de réunir les deux îlots houillers qu'elle **Gr. VI.** exploite. Les faits représentés par cet album traduisaient aux yeux des visiteurs l'habileté de la direction technique de M. Marsaut, **Cl. 50.** ingénieur en chef de ces mines.

L'exploitation des couches puissantes était représentée par les mines de la Grand'Combe (Gard), de Commentry (Allier), de Montrambert (Loire), de Blanzy (Saône-et-Loire), et d'Aubin (Aveyron.)

Grand'Combe. — La Compagnie des mines de la Grand'Combe exploite des couches dont la puissance varie de $0^m,40$ à 10 mètres, et l'inclinaison de 10 à 50 p. o/o.

Pour les couches inférieures à $2^m,50$, l'exploitation se fait par piliers repris avec remblais plus ou moins complets, fournis par la couche ou les travaux à la pierre.

Les couches de plus de $2^m,50$ sont exploitées au moyen de remblais amenés de la surface. Elles sont prises par tranches successives, parallèles au toit et au mur, en partant du mur et en s'élevant sur les remblais. Les tranches superposées sont exploitées simultanément à 8 mètres de distance de front à front. L'exploitation de chaque tranche se fait par doubles tailles de chassage de 25 à 40 mètres séparées par des voies de roulage qui aboutissent à des plans inclinés établis suivant la pente de la couche et distants les uns des autres de 100 à 200 mètres. Dans le seul cas où le toit est difficile à maintenir, on substitue à ce système celui des piliers repris. Ce qui caractérise l'exploitation de la Grand'-Combe, c'est l'utilisation de la pesanteur pour le transport des remblais et des charbons. Cette utilisation est la plus complète dans les quartiers de la mine exploités au-dessus du niveau des vallées, comme c'est le cas à Champclauson. Là, les wagons chargés de remblais provenant d'une carrière voisine des affleurements de la couche, descendant dans la mine par une galerie en pente, se rendent aux différents chantiers, échangent les remblais contre du charbon et continuent à descendre jusqu'à ce qu'ils arrivent à la galerie dite de *sortage,* établie en pente vers le jour. La place

Gr. VI.
—
Cl. 50.

de chargement se trouve à 200 mètres en dessous de l'œil de cette galerie.

C'est ici qu'il a été, pour la première fois, fait usage des plans inclinés bisautomoteurs inventés par M. Bourdaloue, sur lesquels nous aurons à revenir.

On s'occupe actuellement de préparer l'exploitation, en avalpendage de la galerie de sortage, qui continuera à être utilisée au moyen d'un puits d'extraction intérieur.

Dans un autre quartier de la mine, l'exploitation se fait par le puits du *Ravin;* mais les mêmes principes ont été conservés. Les wagons à remblais introduits par une galerie en pente ou par une balance sèche vont se distribuer par des plans inclinés ou par des balances sèches aux divers chantiers d'exploitation pour revenir chargés de charbon par une galerie de sortage qui aboutit au pied du puits d'extraction. On estime qu'il faut deux bennes de remblais pour un peu moins de quatre bennes de charbon; de sorte qu'avec les remblais doivent descendre un certain nombre de wagons vides.

Ces deux types étaient représentés, à l'Exposition, par d'intéressants modèles en relief.

A Champclauson, les wagons portent une tonne, et la pente des galeries est de 12 millimètres.

Au Ravin, on se sert de bennes de 350 kilogrammes, et la pente est de 16 millimètres. Un seul ouvrier conduit un train de 40 véhicules. On extrait au Ravin 3,500 bennes, soit environ 1,000 tonnes par jour, sans chevaux ni machines dans le fond. Le prix du transport intérieur du charbon et des remblais, y compris l'entretien des voies, est au maximum de 1 fr. 59 par tonne de charbon.

Ce système est très économique dans les conditions locales où il est établi. Le but principal était de faire des remblais aussi soignés que possible pour éviter les incendies et les explosions de grisou. Ce système a été inauguré à la Grand'Combe en 1856, d'après une notice autographiée distribuée à l'Exposition. Le remblayage y est, depuis cette époque, l'objet d'une surveillance au moins aussi active que l'abatage du charbon.

Commentry. — L'exploitation des couches puissantes par rem- **Gr. VI.**
blai paraît avoir été inaugurée en 1848 aux houillères de Com- ——
mentry pour échapper aux incendies qui ont obligé plusieurs fois **Cl. 50.**
à inonder la mine.

L'exploitation se fait en travers par tranches horizontales prises
en montant, dès que la couche a plus de 12 mètres de puissance
horizontale; elle se fait par tranches inclinées pour les puissances
moindres. La Société des houillères de Commentry mettait sous les
yeux des visiteurs un atlas qui faisait connaître, dans tous leurs
détails, ces méthodes qui ont été, pour les houillères françaises,
l'école de l'exploitation par remblais appliquée aux couches puissantes. Ce qui caractérise spécialement cette exploitation, c'est la
réduction à un minimum des galeries de traçage.

L'exposition de Commentry présentait un intérêt plus général
par les intéressantes études de M. Henri Fayol. son ingénieur en
chef, sur la préparation des bois de houillères. Les résultats d'une
expérience de dix ans ont conduit cette Société à sulfatiser les bois
qu'elle emploie dans les mines. Ces expériences méritent qu'on s'y
arrête, et nous en donnons ci-dessous les conclusions.

TRAITEMENT AU GOUDRON.

Chêne. — Le goudron augmente sensiblement la durée du
chêne et arrive quelquefois à la doubler. A la température ordinaire, il produit à peu près les mêmes effets qu'à la température
de 140 degrés.

Sapin. — Le goudron augmente peu la durée du sapin.

TRAITEMENT AU SULFATE DE FER.

Chêne. — 1° Les premières expériences ont montré que les
bois non préparés ne durent que 2 ans, tandis que les bois sulfa-
tisés paraissent devoir durer plus de 30 ans. Dans les expériences
suivantes, la durée passe de 5 à 6 ans à plus de 30 ans.

On peut donc dire *que le sulfatisage décuple la durée des étais en
chêne.*

2° Ces expériences ont établi qu'une immersion de 24 heures dans une dissolution à 200 grammes par litre produit d'aussi bons effets que les immersions plus longues dans des dissolutions plus concentrées.

3° Une expérience spéciale a démontré que le traitement au sulfate de fer est aussi efficace sur les bois secs que sur les bois mouillés.

Sapin. — Le sulfate de fer décuple la durée des étais en sapin.

En résumé, le goudron *double* à peine la durée des étais en chêne ou en sapin, tandis que le sulfate de fer la *décuple*.

L'installation de Commentry se compose simplement d'une grue roulante et d'un chariot amenant sous la flèche de la grue les cages remplies de boisages à sulfatiser. Ces trucs circulent au-dessus d'un bassin à sulfate; la grue enlève la caisse et la fait descendre dans le liquide.

Les dépenses d'installation sont les suivantes, pour sulfatiser 100 étais par jour :

Grue roulante............................	700^f
Chariot..................................	60
5 cages.................................	600
Chemin de fer et divers..................	200
Bassin de 10 mètres de longueur..........	300
TOTAL...........	1,860

Le prix de revient du sulfatisage par mètre courant d'étai se chiffre comme suit :

0^k,110 de sulfate de fer à 0^f 17 le kilogramme...	0^f 0187
Main-d'œuvre.............................	0 0150
Frais généraux et amortissement..........	0 0163
TOTAL........	0 0500

Des observations faites à Commentry depuis le mois d'août 1871,

sur différentes préparations appliquées à différentes essences, ont **Gr. VI.**
donné les résultats suivants :

Cl. 50.

| ESSENCES. | SANS PRÉPA- RATION. | EAU de MINE [a]. | CARBO- NISA- TION [b]. | GOU- DRON [c]. | CRÉO- SOTE [d]. | SULFATE | | CHLO- RURE de ZINC [g]. |
						de CUIVRE [e].	de FER [f].	
	Ces diverses préparations conservent le bois dans le rapport de 1 à							
Chêne.....	1	1.04	1	1.44	3.6	3.84	28.8	14.4
Sapin.....	1	1	1	{ 50 / 2.33 }	40	5.33	2.66	8
Verne.....	1	1	1	2.11	40	4	10	40
Hêtre.....	1	1	1.37	6	1.75	50	7.5	50
Acacia....	1	1.2	7.22	5.33	2.2	8	26.6	40
Charme...	1	3	2.5	7	15	//	12	50
Érable....	1	2.6	3	6	12	7.5	//	//
Cerisier...	1	1.66	//	3.16	//	2.5	1.83	//
Tremble...	1	1	//	2.5	//	2.5	8	//
Bouleau...	1	1	//	//	//	2.66	13.33	50
Peuplier...	1	1	//	2.2	//	11.38	2.61	//
Alisier....	1	//	//	1	//	//	50	20

[a] Plongés pendant dix jours dans un bassin qui reçoit les eaux au sortir de la mine.

[b] Brûlés sur une épaisseur de 1 à 2 millimètres sur un feu de bois ardent.

[c] Secs, chauffés modérément dans une étuve, puis plongés une heure dans du goudron à 20 ou 30 degrés de température, puis chauffés de nouveau.

[d] Plongés deux jours dans la créosote impure du commerce.

[e] Plongés deux jours dans un bain à 100 grammes par litre.

[f] Plongés deux jours dans un bain à 200 grammes par litre.

[g] Plongés deux jours dans un bain à 100 grammes de chlorure desséché par litre.

Les préparations ci-dessus se classent dans l'ordre suivant d'après leurs effets sur la durée moyenne du bois :

Sans préparation. 1.00
Eau de mine. 1.40
Carbonisation. 2.44
Goudron. 7.42
Sulfate de cuivre. 9.77
Sulfate de fer. 11.11
Créosote. 16.36
Chlorure de zinc. 34.00

Les bois non préparés se classent comme suit, suivant leur ordre de durée:

Chêne............................ 4 ans 2 mois.
Hêtre............................. 2 ans.
Verne......................... ⎫
Sapin......................... ⎪
Cerisier...................... ⎪
Tremble....................... ⎬ 18 mois.
Bouleau....................... ⎪
Peuplier...................... ⎪
Alisier....................... ⎭
Acacia........................... 9 mois.
Charme......................... ⎫ 6 mois.
Érable......................... ⎭

Des expériences spéciales ont encore été faites à Commentry pour comparer le sulfate de fer et la chaux au point de vue de la conservation des bois. Elles ont donné les résultats comparatifs suivants, la durée du chêne immergé un jour dans le sulfate de fer étant prise comme unité.

ESSENCES.	IMMERSION							
	DE 1 JOUR.		DE 2 JOURS.		DE 4 JOURS.		DE 8 JOURS.	
	Sulfate de fer.	Chaux.	Sulfate de fer.	Chaux.	Sulfate de fer.	Chaux.	Sulfate de fer.	Chaux.
Chêne.....	1	0.72	1.31	0.72	1.40	0.83	1.38	0.97
Sapin.....	0.62	0.71	0.72	0.32	1.05	1.34	1.38	0.72
Hêtre.....	0.14	1.12	0.52	0.72	0.74	0.54	1.38	0.25
Charme...	0.43	0.65	0.72	0.71	1.38	1.22	1.16	0.72
Totaux..	2.19	3.20	3.27	2.47	4.57	3.93	5.30	2.66

On voit que, pour le chêne, le sulfate de fer est toujours préférable à la chaux, quelle que soit la durée de l'immersion. Sur les autres bois, la chaux a donné de meilleurs effets que le sulfate de fer pour l'immersion d'un jour, mais elle ne vaut pas le sulfate de fer pour des immersions plus longues.

Ces recherches, dont les résultats étaient exprimés graphiquement dans l'album exposé par la Société de Commentry, font connaître des faits nouveaux, et méritent de fixer l'attention des praticiens.

L'exposition de Commentry tirait aussi un intérêt spécial des moyens de combattre les incendies souterrains dont cette mine est pour ainsi dire la terre classique. M. H. Fayol s'est livré à une intéressante étude des feux spontanés et des moyens de les combattre par étouffement, refroidissement et défournement.

M. Fayol a exposé le résultat de ses études sur la combustion spontanée de la houille devant le congrès de la Société de l'industrie minérale, réuni à Paris pendant l'Exposition. Ces études viennent seulement d'être publiées [1]. Des expériences minutieuses ont conduit M. Fayol à conclure que la cause première de la combustion spontanée des charbons est une absorption de l'oxygène de l'air par la houille et que toutes les houilles exposées à l'air absorbent de l'oxygène. Ces expériences sont les plus complètes qui aient été instituées sur cette matière.

M. Fayol a étudié ensuite la combustion spontanée de la houille en dehors des mines et les incendies observés dans les mines de Commentry que le feu a pour ainsi dire disputé aux exploitants jusqu'en 1865, époque à laquelle ces derniers purent envisager l'avenir avec moins d'inquiétude grâce à l'expérience acquise. Cette expérience a conduit à créer à Commentry une organisation spéciale et un matériel nouveau propre à combattre et à prévenir les incendies. Ce sont cette organisation et ce matériel que M. Fayol a fait connaître dans tous ses détails pendant l'Exposition.

Ces études personnelles, si intéressantes et si utiles, ont été jugées dignes de la plus haute récompense que le jury de la classe 50 ait accordée à un collaborateur.

Montrambert et la Béraudière. — La Société anonyme de Montrambert et de la Béraudière exposait un modèle des plus instructifs de ses méthodes d'exploitation avec toutes les modifications qu'elles présentent suivant les circonstances. L'introduction de

____

[1] *Bulletin de la Société de l'industrie minérale*, t. VIII, 2ᵉ série, 1879.

Gr. VI.
—
Cl. 50.

l'exploitation par remblais complets date, à Montrambert, de 1849, c'est-à-dire à peu près de la même époque qu'à Commentry. Ces méthodes, bien connues par les traités d'exploitation des mines, sont :

1° *La méthode par rabattage* appliquée en 1849 à la *Grande-Couche*, puissante de 20 à 25 mètres et inclinée à 45 degrés;

2° *La méthode par tranches inclinées*, appliquée à la couche de *Littes*, de 10 à 12 mètres de puissance et de 25 à 45 degrés d'inclinaison.

En 1866, les couches, devenant tout à coup moins propres et moins puissantes ou plus tendres et plus puissantes, on adopta définitivement les méthodes par tranches horizontales, qui, modifiées suivant les cas, donnèrent naissance à des types nouveaux qui étaient figurés dans tous leurs détails et soigneusement décrits dans une brochure distribuée par les exposants.

Blanzy. — La Société de Blanzy (J. Chagot et Cie) n'est entrée que plus tard dans la voie de l'exploitation par remblais. C'est seulement en 1863 que les premiers essais y furent faits dans cette voie. Le système auquel on s'est arrêté est celui des tranches horizontales, qui seul n'a pas donné lieu à des échauffements et à des incendies. Ce système est assez semblable à celui de Commentry; mais la présence du grisou en grande abondance créait à Blanzy des difficultés spéciales qui ont été résolues, en perçant, non plus dans la couche elle-même, mais dans les rochers du mur, à 10 mètres environ de distance de la couche, toutes les galeries et les plans inclinés nécessaires au transport et à l'aérage. Cette méthode est très coûteuse, mais elle offre le grand avantage d'assurer l'indépendance complète des chantiers de la mine et de mettre toutes les voies principales à l'abri des feux et des accidents. La sécurité prime ici la question d'économie, et c'est malheureusement après de terribles épreuves que la Société de Blanzy reconnut la nécessité de recourir à ce moyen extrême. Le puits *cinq-sols* de Blanzy est tristement célèbre dans les fastes des accidents dus au grisou, et cette compagnie s'était appliquée à mettre en relief les nombreux moyens qu'elle a utilisés depuis les dernières explosions de 1867 et de 1872 pour diminuer le danger que présente l'exploitation des couches de houille grisouteuses.

Nous avons vu précédemment quels étaient les moyens essayés à Blanzy dans l'intention de supprimer l'emploi de la poudre dans le traçage des galeries au charbon. Un autre moyen d'arriver à combattre ce terrible ennemi du mineur est cet emploi systématique des galeries au rocher qui mesurent déjà à Blanzy plus de 12 kilomètres pour les étages en exploitation, et qui grèvent le prix de revient de la tonne de charbon de 0^f,20 à 0^f,30.

Decazeville. — La méthode par rabattages et remblais complets a été aussi appliquée par M. Rendu, ingénieur aux mines de la régie d'Aubin, dans le bassin de Decazeville, pour échapper aux désastres des incendies qui ne cessaient de se renouveler dans ces mines.

La Société de Decazeville a eu recours à un moyen héroïque pour les combattre : ce moyen consiste à exploiter la grande couche de la Vaysse, puissante de 30 mètres, à ciel ouvert, en enlevant les terrains superposés qui, vers le sommet de la colline, atteignent une épaisseur de 60 mètres. On estime à 12 millions de tonnes la quantité de terrains stériles à remuer pour exploiter 3 à 4 millions de tonnes de charbon gisant sous 18 hectares de superficie. Cet immense travail se poursuit depuis dix ans de manière à exploiter environ 100,000 tonnes par an. On attaque les terrains superposés par trois gradins de 15 à 17 mètres de hauteur; un quatrième gradin reste sur la couche pour n'être enlevé qu'au moment de l'exploitation.

Le prix de revient du découvert est de 4 fr. 26 cent. par tonne de charbon qui s'exploite à raison de 2 fr. 13 cent.; ce qui ne fait que 6 fr. 40 cent. pour le prix de revient total.

C'est probablement le plus vaste exemple d'exploitation à ciel ouvert qui existe, si l'on en excepte peut-être la mine de Rio Tinto en Espagne, représentée à l'Exposition par de grands dessins dépourvus malheureusement de toute explication.

Dombrowa. — Pour terminer la nomenclature des modèles

Gr. VI.
—
Cl. 50.

relatifs à l'exploitation des couches puissantes, nous devons encore citer le modèle d'exploitation de la couche de 12 mètres de Dombrowa en Pologne, exposé par la Banque française et italienne. Ici l'on n'a pas à lutter contre les mêmes difficultés qu'en France; le charbon n'est ni inflammable ni grisouteux; il est dur, compact et se maintient pendant plusieurs années, en formant les parois et le toit de galeries de traçage de 3 à 4 mètres de largeur. Aussi peut-on y employer une méthode qui partout ailleurs serait désastreuse. On divise la couche de 12 mètres en deux tranches de 6 mètres, et l'on prend en premier lieu celle du dessus par la méthode des piliers repris avec boisages en *orgues*, usitée dans les exploitations de la Silésie. Quand tout le charbon est enlevé dans un chantier et que le toit de la couche est supporté sur les orgues, on fait sauter simultanément ces derniers au moyen de la dynamite; le toit composé de grès s'éboule en gros fragments, et peu de temps après on peut reprendre l'étage inférieur sous les éboulements, de la même manière, avec la seule différence que les roches éboulées doivent être soutenues au moyen de chapeaux placés sur les boisages en orgues.

En résumé, les méthodes d'exploitation exposées témoignaient du progrès qu'a fait depuis 1867, dans les couches puissantes du centre et du midi de la France, l'exploitation par remblais complets amenés de la surface. Ce système est devenu aujourd'hui tout à fait général, au grand avantage des exploitants, qui n'ont plus à lutter dans la même mesure contre les feux souterrains.

De plus, ce système se perfectionne peu à peu et se modifie suivant les exigences locales, comme nous en avons vu des exemples dans les expositions de Commentry, de Blanzy et de Montrambert.

Mines métalliques.

Les mines métalliques étaient peu représentées à l'Exposition, si nous les considérons au point de vue de l'exploitation proprement dite.

Almaden. — Nous devons toutefois une mention au célèbre gi-

Gr. VI.
—
Cl. 50.

sement de mercure d'Almaden dans la Manche, dont les plans d'exploitation étaient exposés par le Gouvernement espagnol.

Nous avons eu l'occasion de visiter ces mines au mois de novembre 1878. Ce qui frappe le plus dans cette visite, c'est la grande richesse de ces mines eu égard à leur peu d'étendue. En effet, les trois filons *San Nicolas*, *San Francisco* et *San Diego y Pedro* ne s'étendent en direction que sur 180 mètres au maximum, mais ont montré une richesse et une puissance de plus en plus grandes au fur et à mesure de l'approfondissement, qui est aujourd'hui arrivé à près de 300 mètres. La production de la mine est actuellement de 18,000 tonnes de minerai, et le rendement a été, en 1877, de 40,000 bouteilles de mercure à 34^k.5, ce qui correspond à 7 p. o/o environ de rendement. La dépense annuelle s'élève à 1,600,000 francs y compris 350,000 francs pour l'achat de bouteilles en fonte; la recette est d'environ 6 millions de francs.

Au point de vue technique, le système d'exploitation est bien connu par le mémoire de M. José de Monasterio, inséré dans la *Revue universelle des Mines* en 1871, mémoire dont la seconde partie n'a jamais été publiée par suite de la fin tragique de l'auteur, assassiné, en 1874, à Almaden, par les grévistes. On sait que la particularité de l'exploitation d'Almaden consiste dans la substitution au minerai, de piliers de maçonnerie en guise de remblai. Ce système se poursuit d'étage en étage et n'a subi d'autres modifications que celles qui résultent d'une application de plus en plus méthodique et d'un meilleur aménagement des transports. Le minerai, étant très riche et de grande valeur, peut supporter des frais considérables qui se résument en ce fait que la production d'un ouvrier ne dépasse pas 210 décimètres cubes par jour. Les mines d'Almaden sont pourvues de machines construites en Belgique, et leurs installations font honneur au Corps des mines espagnol et spécialement à feu M. de Monasterio et à leur directeur actuel M. Oyarzabal. Almaden possède, de plus, une école de mineurs dirigée par le Gouvernement, qui rend à l'industrie minière espagnole de grands services, en formant un personnel d'ingénieurs et de contremaîtres aux pratiques rationnelles de l'exploitation des mines.

Gr. VI.
—
Cl. 50.

Consolidation des réservoirs de Montrouge. — Le mode de soutè-nement employé aux mines d'Almaden n'est pas sans analogie avec le système de consolidation souterraine employé, de 1868 à 1874, dans les anciennes carrières de pierres à bâtir, au-dessous des réservoirs des eaux de la Vanne à Montrouge, dont les dessins à grande échelle se trouvaient dans l'exposition spéciale de la ville de Paris et du département de la Seine.

Ces réservoirs sont installés au-dessus de carrières de calcaire grossier exploitées souterrainement, il y a plus d'un demi-siècle, à 20 mètres de profondeur sous le sol. La surface à consolider n'avait pas moins de 3 hectares 60 ares, et ces réservoirs contiennent 300.000 mètres cubes d'eau en deux étages. La consolidation du sous-sol s'est faite au moyen de murs d'enceinte et de piliers en maçonnerie correspondant aux piliers des réservoirs.

Le toit des excavations présentait des cloches ou *fontis* de 10 à 15 mètres de hauteur.

Lorsqu'ils atteignaient la surface du sol, ces fontis ont été remplis, suivant leur situation, par-dessus, au moyen de béton reposant sur une voûte, ou par-dessous au moyen de maçonnerie avec cheminée centrale. Lorsque les fontis n'atteignaient pas la surface du sol, on les a remplis de maçonnerie par-dessous. Ces intéressants travaux, exécutés dans des conditions toutes particulières, ont été décrits dans tous leurs détails par M. Keller, ingénieur ordinaire, dans les *Annales des mines* (1877, t. II, 8ᵉ série).

Gr. VI.
—
Cl. 50.

X

AÉRAGE.

—

Ventilateurs.

Les machines d'aérage n'étaient, pour ainsi dire, pas représentées à l'Exposition; mais on y rencontrait partout la trace des grands progrès accomplis depuis dix ans dans l'augmentation de puissance de ces appareils.

C'est le ventilateur à force centrifuge qui domine aujourd'hui dans les exploitations charbonnières.

Le ventilateur Guibal notamment était mentionné par presque toutes les compagnies exposantes, comme faisant partie de leur matériel. Cet appareil jouit, en effet, de nombreuses qualités qui le font souvent préférer, à moins que les volumes d'air à extraire et les dépressions à produire n'entraînent à lui donner des dimensions et des vitesses exagérées. Les dimensions ordinaires des ventilateurs Guibal sont 9 mètres de diamètre et 2^m,50 de largeur.

Le ventilateur Guibal, de 12 mètres de diamètre, établi vers 1868 aux charbonnages de l'Espérance à Seraing, n'a pas tardé à être surpassé, comme dimensions, par un ventilateur Guibal, de 13^m,72 de diamètre et de 3^m,66 de largeur, établi dans le bassin de Newcastle, et par un appareil semblable, de 14 mètres de diamètre et de 4^m,50 de largeur, à Wigan (Lancashire). Ces grandes dimensions, inspirées par le désir de faire rivaliser, comme volume extrait, les ventilateurs avec les foyers si répandus en Angleterre, n'ont pas été imitées sur le continent.

Cependant la Société de Marcinelle et Couillet exposait à Paris un ventilateur Guibal de 12 mètres de diamètre et de 2^m,50 de largeur aux ailes, destiné à la Société de Sacré-Madame à Dampremy.

La construction de cet appareil a été dirigée de manière à répondre aux principales objections que soulève l'application des grandes vitesses aux appareils de grand diamètre. Le construc-

7·

teur assure que la stabilité de la charpente permet d'atteindre sans inconvénient la vitesse de 80 tours à la minute. Le débit de ce ventilateur doit s'élever à 50 mètres cubes. sous une dépression de 215 millimètres d'eau.

La machine motrice est horizontale, à soupapes et à détente automatiquement variable, selon les indications du baromètre. Elle possède, de plus, un régulateur de pression automatique, afin que les variations qui, à Sacré-Madame. sont d'autant plus sensibles que la vapeur est prise aux chaudières de la machine d'extraction, n'influent pas sur la vitesse. Cet élément de variation étant éliminé, la vitesse est uniquement réglée par le baromètre, qui transmet directement ses mouvements au mécanisme réglant le moment où se ferme la soupape d'admission. L'idée de ce régulateur barométrique est due à M. Timmermans. ingénieur à la Société de Marcinelle et Couillet.

L'application en a été faite pour la première fois au charbonnage de Sacré-Madame. Le jury de la classe 50 n'a pu que louer l'ingéniosité des dispositions appliquées par M. Timmermans, tout en émettant certaines craintes au sujet de la délicatesse des organes qui établissent la liaison entre la vitesse et la pression barométrique.

Tandis que la Société de Marcinelle et Couillet a cherché dans les grandes dimensions l'excès de la puissance qu'il faut donner au ventilateur Guibal pour le faire répondre à tous les besoins des mines à grisou, la maison Beer de Jemeppe s'efforce d'arriver au même but en augmentant la vitesse de ses appareils et en réduisant leur diamètre. La maison Beer exposait les dessins d'un projet de ventilateur Guibal de 4ᵐ,20 de diamètre. activé à raison de 187 tours par minute par un moteur Beer à trois cylindres, marchant à 5/10 d'admission de vapeur à 4 atmosphères. A cette vitesse, ce ventilateur donnera, d'après MM. Beer, un volume de 23 mètres cubes avec 148 millimètres de dépression, si le tempérament de la mine s'y prête.

Cet appareil est caractérisé par sa construction économique.

L'enveloppe est en tôle, ce qui permet d'installer le ventilateur en toute saison et de le déplacer à peu de frais; les conséquences

Gr. VI.

Cl. 50.

des mouvements du sol sont ainsi atténuées, et le ventilateur occupe moins de place: y compris fondation, bâtiment, enveloppe, cet appareil monté en Belgique ne coûterait que 15,000 francs, tandis qu'un ventilateur Guibal, de 9 mètres de diamètre avec enveloppe en maçonnerie, en coûte 45,000.

Nous constatons ainsi un essai de retour aux faibles dimensions usitées dans les premiers ventilateurs à force centrifuge, tels que nous en montrait entre autres l'album du matériel des mines de la Grand'Combe.

Ce qui distingue la tentative de MM. Beer est surtout l'application des grandes vitesses obtenues sans engrenages, au moyen d'un moteur spécial sans grande masse et à simple effet que la maison Beer a appliqué récemment dans diverses installations.

Les autres types de ventilateurs à force centrifuge sont beaucoup moins employés que le Guibal. Cependant on voyait figurer dans la collection de plans exposée par les Ateliers de construction de la Meuse, à Liège, le ventilateur E. Harzé, dans lequel la cheminée de M. Guibal est remplacée par le diffusoir de Rittinger.

Le ventilateur figuré a 7 mètres de diamètre et 1 mètre de largeur; il est commandé directement par une machine horizontale à détente Meyer, et donne, à raison de 60 tours par minute, 10 mètres cubes d'air par seconde. avec 25 millimètres de dépression. Il existe plusieurs ventilateurs de ce type dans le bassin de Liège.

M. E. Harzé avait produit, à l'exposition d'hygiène et de sauvetage à Bruxelles, en 1876, une disposition de ventilateurs conjugués de son système. L'un des ventilateurs aspirait dans le coursier de l'autre. Cette disposition était présentée dans l'intention d'augmenter la puissance des ventilateurs à force centrifuge, sans augmenter outre mesure leur diamètre et leur vitesse. Appliquée. en 1867, à la ventilation du Palais de l'Exposition universelle de Paris par M. Perrigault, elle n'avait pas été essayée jusqu'ici dans les mines.

Le charbonnage du Boubier à Châtelet, près de Charleroi, exposait la première application de cette disposition à l'aérage des mines. Un ventilateur à force centrifuge du système Lambert y aspire l'air dans la cheminée d'évacuation d'un ventilateur Guibal de 7^{m},50 de diamètre. Chacun des ventilateurs peut, d'ailleurs, aspirer isolément. Ce ventilateur double a été l'objet d'intéressantes expériences dues à M. J. Henin, ingénieur. Elles sont résumées dans le tableau ci-dessous :

MARCHE des APPAREILS.	NOMBRE DE TOURS par minute.	VOLUME d'air en mètres cubes.	DÉPRESSION en millimètres.	TRAVAIL de la machine en km.	TRAVAIL utile en km.	COEFFICIENT.	OBSERVATIONS.
Ventilateur Lambert marchant seul......	98	22.945	44,0	2 461	978,78	0.398	
Appareil Guibal fonctionnant seul et foulant l'air sur l'appareil Lambert......	69	20.931	42.5	1 691	889.56	0.526	Compression dans la chambre à air du ventilateur Lambert : 6 mill.
Les deux ventilateurs fonctionnant simultanément :							
Guibal...........	56	} 27.448	(42,5) 80,5	(1 925	1 091,00	0.54) 44	Compression : 6 mil.
Lambert...........	68		(38.0)	3 036	1 208.56	0.398)	

On voit que la dépression totale obtenue par l'action simultanée des deux ventilateurs est égale à la somme des dépressions produites par chacun d'eux, travaillant isolément, diminuée de 6 millimètres. Pour obtenir la dépression de 80,5 millimètres, il faudrait faire marcher isolément le ventilateur Guibal à 90 tours et le ventilateur Lambert à 100 tours au moins, vitesses qui ne sauraient être maintenues sans exposer les machines.

Le diffusoir de Rittinger a également été appliqué au nouveau *ventilateur-turbine*, installé en 1878 par la Société John Cockerill au siège Marie de ses charbonnages. Un dessin de cet appareil figurait à l'exposition. Il représente l'application aussi exacte que possible de la théorie des turbines à la construction des ventilateurs à force centrifuge.

Lors du percement du mont Cenis, alors qu'il s'agit d'établir un ventilateur à l'entrée Sud, à Bardonnèche, M. Kraft, ingénieur en chef de la Société John Cockerill, avait pensé qu'un ventilateur à force centrifuge, bien construit, devait donner un rendement semblable à celui d'une turbine hydraulique, tout en partageant les bonnes et les mauvaises qualités de ce moteur.

Gr. VI.

Cl. 50.

Les principes qui l'ont guidé dans l'étude du ventilateur du mont Cenis furent les suivants :

Amener l'air au ventilateur avec le moins de perte de travail possible, le faire entrer sans choc, et le faire sortir sans vitesse ou du moins avec une vitesse très réduite. La conduite d'arrivée de l'air était bien conditionnée et il entrait, en effet, sans choc, dans la roue du ventilateur du mont Cenis, bien qu'il n'y eût pas de directrices fixes. Mais ce ventilateur avait des ailes planes faisant un certain angle avec le rayon, et la section des canaux augmentait trop rapidement vers la circonférence extérieure. La conséquence en était que l'air ne suivait pas régulièrement ces canaux et qu'il se produisait des tourbillons et des remous nuisibles à l'effet utile, dans la partie des canaux s'évasant vers l'extérieur. La partie mobile du ventilateur était entourée d'un diffusoir sans ailes.

Les circonstances locales et la plus grande facilité d'établir le diffusoir avaient fait choisir à Bardonnèche un ventilateur à axe vertical. Il était activé par une turbine tangentielle. La présence de ce moteur n'avait pas été, d'ailleurs, étrangère à l'idée de faire un ventilateur répondant aux principes sur lesquels sont basées les turbines hydrauliques.

Le ventilateur de Bardonnèche a montré que les principes d'où partait M. Kraft étaient corrects, mais que la forme plane des ailes était une erreur, et que les formules théoriques basées sur la continuité du fluide n'y étaient pas applicables. Les principes sur lesquels était basé le ventilateur du mont Cenis devaient donc être maintenus, mais le tracé de l'appareil était à modifier.

L'occasion de le faire se présenta à propos de la construction du nouveau ventilateur de la fosse Marie, à Seraing. Pour être sûr que les filets d'air suivissent les ailes du ventilateur, M. Kraft diminua légèrement et graduellement les canaux de ce dernier vers l'extérieur. Après avoir essayé un grand nombre de tracés, il reconnut que toutes les conditions ne pouvaient être satisfaites sans directrices fixes à l'entrée de l'air dans le ventilateur. De plus, les canaux présentaient toujours, vers le milieu de la courbe de l'aile, un élargissement qu'il parvint à éviter en épaississant l'aile en cet endroit, et il obtint ainsi un canal de turbine allant graduellement en diminuant vers l'extérieur.

Le diffusoir étant plus facile à installer pour un ventilateur à axe vertical, cette disposition a été appliquée à la fosse Marie.

La mine demandait 20 mètres cubes d'air par seconde avec une dépression maximum de 70 millimètres d'eau.

C'étaient là les conditions de l'avenir: actuellement il n'y a qu'une dépression de 55 à 50 millimètres environ. Les calculs ont été faits pour 25 mètres cubes et pour 72 millimètres.

Ce ventilateur a un diamètre intérieur de 3 mètres; un diamètre extérieur de 7^m,50; une hauteur de 536 millimètres.

Il y a 32 directrices, et le ventilateur possède 16 ailes. Le diffusoir a un diamètre extérieur de 9 mètres.

Le ventilateur-turbine du puits Marie à Seraing clôt la série des appareils de mine à force centrifuge représentés à l'Exposition.

Parmi les appareils de ventilation figurant à l'Exposition, il ne nous reste plus à citer que le ventilateur Kœrting à jet de vapeur. L'idée d'utiliser directement la vapeur à l'aérage des mines est déjà ancienne; mais, à la suite d'un essai fait, en 1843, au Grand-Hornu par M. Méhu, ce moyen a été condamné, peut-être un peu trop légèrement. L'aérage par jet de vapeur séduisit cependant, à diverses reprises, les constructeurs, et, à l'Exposition de Vienne de 1873, on voyait, dans le compartiment anglais, un modèle de M. Scott, de Manchester, reposant sur ce principe. Presque en même temps firent leur apparition les appareils à jet de vapeur de MM. Kœrting frères, qui ne tardèrent pas à jouir d'une vogue méritée. Le ventilateur Kœrting est en effet le meilleur appareil de secours que l'on puisse imaginer, car il ne demande ni transmission, ni machiniste, ni entretien. Il suffit d'un jet de vapeur pour l'activer, et l'on en obtient des effets égaux à ceux des meilleurs ventilateurs, si, bien entendu, l'on n'a pas égard à la dépense de vapeur et de combustible, en déduction de laquelle doivent toutefois être comptés les frais de main-d'œuvre, d'huile, de graisse, etc., que cet appareil permet d'économiser.

Il ne faut pas, d'ailleurs, voir dans ce ventilateur autre chose qu'un appareil de secours, toujours prêt à fonctionner, ce qui est une qualité essentielle pour un appareil de ce genre. L'appareil Kœrting est, de plus, très économique d'installation; aussi son usage s'est-il rapidement répandu dans les mines à grisou.

MM. Kœrting frères, à côté de leur grand modèle, construisent également des appareils de petites dimensions, qui rendent les plus grands services comme ventilateurs de travaux préparatoires dans les mines qui sont pourvues de conduites d'air comprimé; ce fluide alimente alors ces appareils, qui fonctionnent dans des conditions économiques.

Les moyens de contrôler l'état de la ventilation d'une mine sont assez restreints. En Angleterre, on se borne à faire des mesures approximatives de vitesse au moyen de l'anémomètre Dickinson; en Belgique, on a installé dans quelques exploitations du Couchant de Mons des appareils enregistreurs de la dépression, analogues au *mouchard* des usines à gaz. M. Guibal exposait à Vienne. en 1873, et à Paris, en 1878, un appareil très ingénieux donnant une indication beaucoup plus complète et plus utile que les précédentes; c'est celle de la variation du tempérament de la mine, c'est-à-dire de la fonction $\frac{Q^2}{H}$ où Q représente le volume et H la dépression. Pour obtenir une indication proportionnelle au carré du volume, M. Guibal a eu recours à la dépression produite, en vertu de la force centrifuge. dans le liquide d'un vase tournant avec une vitesse proportionnelle à celle du courant d'air. Cette dépression vient se marquer à l'aide d'un siphon, dans un tube gradué, en regard de la dépression manométrique, marquée par un autre tube. Le machiniste a ainsi sous les yeux les variations des deux termes qui composent la fonction si heureusement appelée par M. Guibal *le tempérament de la mine.*

Cet ingénieux appareil a fonctionné pendant plus d'un an au puits Saint-Arthur des charbonnages de Mariemont. Parmi les résultats de ses indications, on peut signaler les variations très notables que le tempérament de la mine subit aux diverses heures de la journée et suivant la période du travail de l'exploitation. Il y a

Gr. VI.
—
Cl. 50.

Gr. VI.
—
Cl. 50.

là peut-être une circonstance dont il serait utile de tenir compte dans les mines à grisou.

Extraction par le puits d'aérage.

La fièvre charbonnière de 1871 à 1873 a fait éclore de nombreux moyens d'augmenter la production des charbonnages devenue momentanément insuffisante pour couvrir les besoins d'une consommation surexcitée. L'un des plus séduisants est l'utilisation du puits d'aérage pour l'extraction. La production à l'intérieur de la mine peut en effet se développer dans de vastes limites, tandis que l'écueil gît la plupart du temps dans les moyens d'amener au jour les quantités de charbon abattues.

Or tout charbonnage possède au moins deux puits. Combien ne serait-il pas désirable, dans les moments de presse, de pouvoir extraire par l'un et l'autre?

Le problème est posé depuis longtemps, et, dès 1865, M. J. Havrez [1] faisait connaître les dispositions appliquées dans ce but en Angleterre, où l'aérage par foyer ne crée d'ailleurs pas de difficultés spéciales. Il décrivait, en outre, la solution appliquée dès cette époque par M. Briart à Mariemont. Cette disposition consiste en un clapet mobile qui ferme le puits pendant que la cage y circule, tandis qu'au moment des manœuvres ce clapet est soulevé par le câble et le puits fermé par le plancher même de la cage qui glisse avec très peu de jeu dans une gaine en planche. Cette disposition est appliquée à plusieurs puits en Belgique et en Angleterre.

L'Exposition de Paris nous montrait de nombreuses tentatives faites dans une autre voie.

Le procédé consiste à fermer complètement le puits d'extraction d'une manière permanente, de telle sorte que les manœuvres se font dans un espace clos où règne la dépression produite par le ventilateur, puis à faire sortir les wagons par un sas. Ce système est plus coûteux d'installation que le précédent, qui a, en outre, l'avantage de dégager les abords du puits; mais il évite plus complètement les rentrées d'air et l'usure des câbles: de là son emploi

---

[1] *Revue universelle des mines*, t. XXI.

plus fréquent en Belgique et dans le nord de la France. Ce système n'est pas nouveau en lui-même; mais les applications multipliées qui en ont été faites récemment, ont donné lieu à quelques variantes qui ne sont pas sans intérêt. Les plus intéressantes de ces applications nouvelles étaient représentées à l'Exposition de Paris.

Gr. VI.

Cl. 50.

Le charbonnage de Poirier à Montigny-sur-Sambre, près de Charleroi, exposait les dessins de la disposition que M. Vilain établissait dès 1869 sur le puits Saint-Louis de ce charbonnage, pour le faire servir à l'aérage du siège Saint-André parvenu à la profondeur de 880 mètres.

Dans le but de faire servir simultanément le puits Saint-Louis à l'aérage et à l'extraction, ce puits a été surmonté d'une tour en tôle au pied de laquelle a été établi un sas en maçonnerie à trois portes disposées de manière à se fermer automatiquement. La tour est munie, au sommet, de deux clapets qui sont traversés par les câbles; si la cage était lancée aux molettes, elle viendrait butter avant ces clapets contre un ressort qui fermerait les taquets situés à l'orifice du puits; d'ailleurs, à quelques mètres en dessous de ce point, elle aurait déjà rencontré un taquet faisant l'office d'évite-molettes, en agissant par des leviers sur le modérateur et sur le frein. Ces précautions sont nécessaires pour éviter les accidents pouvant provenir de ce que, dans cette disposition, le machiniste ne voit pas l'orifice du puits. Le puits Saint-Louis est surmonté d'un châssis à molettes en fer, dont la charpente n'a toutefois pas été utilisée pour construire la tour.

M. Mendiaux, directeur du charbonnage d'Amercœur à Jumet, nous montre la disposition qu'il a appliquée plus récemment au puits Chaumonceau, profond de 500 mètres. La tour en tôle forme ici le revêtement de l'avant-carré d'un élégant châssis à molettes en fer de 19 mètres de hauteur. Cette tour, qui a une hauteur de 17 mètres, est fermée au-dessus par des trappes laissant passer les cordes qui sont guidées entre deux galets. Ces trappes sont simplement appliquées sur la tour par l'effet de la pression atmosphérique. A la base de cette tour se trouve, au niveau de recette, une chambre en tôle s'étendant de part et d'autre du puits. La partie antérieure forme sas et sert à l'extraction des wagons pleins. La partie postérieure entièrement libre communique directement avec le puits: elle est destinée à la manœuvre des wagons vides qui y parviennent à travers une galerie ménagée latéralement et pourvue de portes. L'ouvrier qui est chargé de la manœuvre des wagons vides peut ainsi communiquer par signaux avec le machiniste. Ces chambres sont établies sur un soubassement en maçonnerie dans lequel se trouve ménagé un sas pour l'introduction des cages, des pièces de bois, etc. En cas de réparations, l'orifice du puits peut être entièrement fermé par des clapets laissant passer les câbles. Les guides forment évite-molettes en se rapprochant, et des taquets empêchent la cage de retomber dans le puits. Toute cette construction se fait remarquer par son élégance.

M. Biernaux, ingénieur des charbonnages de Monceau-Fontaine et du Martinet, exposait la disposition qu'il a adoptée. C'est également une tour en tôle formant l'avant-carré du châssis à molettes réunie à deux sas à air situés l'un à l'avant du puits pour servir aux wagons pleins, l'autre à l'arrière pour servir aux wagons vides. La particularité de cette disposition consiste dans la fermeture automatique des portes du sas. La cage, en venant au jour, soulève un contrepoids relié à l'une des portes de fermeture du sas vers l'extérieur. Cette porte retombe, pendant que la cage sort à moitié du puits. Dès qu'elle est retombée, la cage soulève directement la porte qui ouvre le puits, et l'on peut faire les manœuvres dans un espace clos.

Lorsque la cage redescend, cette porte se referme d'abord; le contrepoids redescend ensuite, la porte extérieure s'ouvre de nouveau, et, pendant la marche des cages, les abords du puits sont complètement libres. En voyant se refermer la porte extérieure, le machiniste est averti que la cage arrive au jour. Les portes extérieures sont au nombre de deux pour une seule ouverture, chacune d'elles correspondant à l'un des deux compartiments du puits. La fermeture automatique des portes a l'avantage de supprimer jusqu'à la possibilité des fausses manœuvres qui pourraient influer fâcheusement sur l'aérage de la mine, mais elle a l'inconvénient de donner lieu à des chocs nuisibles aux câbles et aux cages.

Telles sont les dispositions d'extraction par puits d'aérage ex- **Gr. VI.**
posées dans le compartiment belge; elles s'accordent toutes au —
point de vue de la construction métallique de la tour. L'exposition **Cl. 50.**
française nous montrait deux dispositions analogues appliquées à
la Compagnie des mines d'Aniche, pour la descente du personnel
par le puits d'aérage la Renaissance et à la fosse Vallée-Carreau
de la Compagnie des mines de Marles.

A Aniche, la tour est en bois, et, pour remédier aux fuites qui
sont inhérentes à l'emploi de cette matière, la tour a été envelop-
pée d'un mélange de sable et de sciure de bois. Le puits de la
Renaissance étant destiné à la circulation du personnel, ses abords
devaient être complètement dégagés à la recette : c'est ce qui a été
réalisé. Les cages s'arrêtent au milieu d'une vaste chambre en maçonnerie dans laquelle les ouvriers ne peuvent pénétrer que par
un sas à quatre portes. Des glaces brutes placées dans les parois
de la tour permettent au machiniste de voir passer la cage dans
le cas où elle s'élèverait aux molettes, vers lesquelles les guides
vont en se rapprochant.

A Marles, la disposition, dont un modèle complet était exposé,
est un peu différente; elle présente deux recettes à l'air libre,
correspondant respectivement aux deux étages des cages. Le plancher de la cage fait ici l'office de porte fermant complètement le
puits, comme dans le système Briart, lorsqu'on ouvre la porte de
la tour. La tour est naturellement divisée en deux compartiments
faisant suite aux compartiments des cages.

Une précaution spéciale, qu'il faut louer, consiste ici à faire
communiquer le haut de la tour avec la galerie du ventilateur,
afin qu'il ne puisse s'y former de mélange explosif.

On peut se demander quelle influence l'extraction simultanée
par le puits d'extraction et par le puits de sortie d'air exerce sur
l'aérage de la mine.

Cette influence a été mesurée par M. Biernaux aux charbonnages de Monceau-Fontaine et du Martinet.

Voici les résultats moyens de ses expériences :

Les cages du puits d'extraction et du puits d'aérage étant immobiles, l'une au jour, l'autre au fond, on a obtenu un volume d'air par seconde de 18^{mc},14.

Les cages étant immobiles au puits d'aérage et en mouvement au puits d'extraction, on a eu 18^{mc}.19.

Les cages étant en mouvement au puits d'aérage et immobiles au puits d'extraction, on a eu 18^{mc},35.

Les cages étant en mouvement aux deux puits, on a eu 17^{mc},80.

On voit que l'influence est extrêmement faible.

Explosions de grisou et moyens préventifs.

Des catastrophes récentes ont attiré plus que jamais l'attention sur l'étude du grisou et sur celle des moyens de prévenir les explosions ou d'en conjurer les effets [1].

On voyait à l'Exposition de nombreuses tentatives pour atteindre ce but; mais, il faut le dire à regret, quelques-unes d'entre elles dénotent une ignorance profonde des conditions dans lesquelles s'exécute le travail des mines.

La science ne suffit pas en effet pour juger des conditions d'un tel problème : il faut, avant tout, être praticien pour en connaître les données extrêmement complexes.

A ce titre, nous devons une mention toute spéciale à l'*Étude sur le grisou et sur les moyens préventifs contre les explosions,* présentée à l'Exposition par M. F. Mathet, ingénieur en chef des mines de Blanzy.

M. Mathet a dirigé depuis plus de vingt-six ans des mines de grisou à la Grand'Combe, à Ronchamp et à Blanzy; il a assisté à dix-neuf explosions dont il a minutieusement analysé toutes les circonstances et recherché les causes.

Une visite au puits Jabin à Saint-Étienne, un mois après l'accident du 4 février 1876, ordonnée par l'administration des mines de Blanzy, lui a permis de se livrer au même travail sur cette terrible catastrophe, qui a fait 189 victimes, sinistre sans précédent en France.

[1] Voir le Rapport que nous avons présenté sur cet objet au congrès d'hygiène et de sauvetage, réuni à Bruxelles, en 1876.

La nomenclature des explosions étudiées est la suivante par **Gr. VI.**

ordre chronologique :

Cl. 50.

NUMÉROS D'ORDRE.	MINES.	DATES.	PUITS.	NOMBRE DE VICTIMES.	NOMBRE DE BLESSÉS.	CAUSES DIRECTES des EXPLOSIONS.
1	Grand'Combe.	1851.	Ravin.	3	»	Lampe ouverte.
2	Blanzy.	1851.	Cinq-Sols.	6	»	Lampe mal fermée.
3	Idem.	1848 à 1852.	Idem.	»	»	Coup de mine.
4	Idem.	Idem.	Idem.	»	»	Idem.
5	Idem.	Idem.	Idem.	»	»	Idem.
6	Idem.	1853.	Ravez.	9	»	Lampe écrasée par éboulement.
7	Idem.	1853.	Cinq-Sols.	13	»	Tissu de lampe porté au rouge.
8	Grand'Combe.	1854.	Abilon.	12	»	Idem.
9	Blanzy.	1855.	Ravez.	30	1	Idem.
10	Ronchamp.	1857.	Saint-Charles.	8	3	Idem.
11	Idem.	1857.	Idem.	2	»	Coup de mine.
12	Idem.	1859.	Saint-Joseph.	30	»	Lampe brisée par choc. Imprudence.
13	Idem.	1860.	Idem.	»	»	Tissu percé par coup de pic.
14	Idem.	1862.	Idem.	3	»	Lampe ouverte.
15	Blanzy.	1867.	Cinq-Sols.	89	»	Coup de mine.
16	Ronchamp.	1869.	Sainte-Marie.	7	»	Idem.
17	Blanzy.	1871.	Idem.	1	»	Idem.
18	Ronchamp.	1872.	Sainte-Pauline.	»	4	Idem.
19	Blanzy.	1872.	Sainte-Eugénie.	41	»	Idem.
20	Saint-Étienne.	1876.	Jabin.	189	»	Explosion de poudre destinée aux mines.

Un fait remarquable se dégage de ce tableau, c'est que, depuis 1862, tous les accidents considérés ont eu pour cause le tirage à la poudre, et que ces accidents ont été précisément les plus désastreux.

Gr. VI.
Cl. 50.

En répartissant les accidents considérés d'après leurs causes déterminantes, on obtient le tableau suivant :

CAUSES DÉTERMINANTES des EXPLOSIONS.	NOMBRE D'ACCI-DENTS.	QUANTITÉ de VICTIMES.	PROPORTION P. 0 0		CAUSES INDIRECTES des EXPLOSIONS.
			de chaque catégorie D'ACCI-DENTS.	de victimes par catégorie D'ACCI-DENTS.	
Coups de mine.. Explosions avec victimes....	6	349	50	74.30	
Explosions sans victimes....	4	"	"	"	
Tissus de lampe portés au rouge..............	4	63	20	14.20	Aérage insuffisant. Système défectueux de lampes de sûreté.
Lampes ouvertes par les ouvriers.............	2	6	10	1.35	Système défectueux de lampes de sûreté.
Lampes brisées par choc ou tissus percés.......	3	39	15	8.80	Imprudence des ouvriers.
Lampes mal fermées.....	1	6	5	1.35	Système défectueux de lampes de sûreté.
TOTAUX........	20	443	100	100,00	

Si l'on ne peut admettre que ces résultats statistiques, basés sur vingt observations, puissent être généralisés à l'ensemble des accidents qui se produisent dans les mines à grisou, il n'en est pas moins vrai qu'ils sont l'expression très approchée de la situation actuelle de ces mines.

Les explosions par aérage insuffisant deviennent de plus en plus rares avec l'augmentation de puissance des appareils d'aérage et avec l'augmentation de section des galeries. La généralisation de l'emploi de la lampe Mueseler a également diminué les explosions provenant des systèmes défectueux de lampes de sûreté, qui ont le grave inconvénient de créer une fausse sécurité, souvent plus dangereuse que l'absence complète de sécurité. Reste donc

le tirage à la poudre comme la cause la plus fréquente et la plus
meurtrière des explosions de grisou ordinaires. Nous ne parlons
pas ici de ces dégagements instantanés dont le bassin belge paraît avoir le triste privilège, et contre lequel se buttent jusqu'aujourd'hui tous les efforts de la science.

Nous avons vu dans ce qui précède les mesures hardies employées par M. Mathet aux mines de Blanzy pour supprimer l'emploi de la poudre dans les chantiers, et pour diviser l'exploitation
en quartiers indépendants par la création d'un réseau de galeries
au rocher.

En ce qui concerne l'emploi de la poudre là où il ne peut être
évité, M. Mathet est arrivé à adopter des mesures analogues à
celles qui sont prescrites en Belgique par les arrêtés royaux de
1850-1858, et qui consistent à ne laisser mettre le feu aux mines
que par des ouvriers spéciaux et après que les surveillants d'aérage les y ont autorisés.

Il existe, de plus, à la Compagnie de Blanzy, une catégorie spéciale d'ouvriers dits *chercheurs de grisou*, qui, chaque fois qu'ils rencontrent sur un point une accumulation importante de ce gaz,
le font extraire au moyen de petits ventilateurs et rejeter dans les
grands courants d'air.

Les observations de M. Mathet l'ont conduit à ne pas mettre
en doute l'influence sur les explosions de grisou des poussières,
ni celle des dépressions barométriques. Dès son entrée dans les
galeries dévastées par l'explosion du puits Jabin à Saint-Étienne,
ce qui l'a le plus frappé fut l'abondance des poussières de charbon
très ténues qui s'étaient partout déposées, et surtout des poussières transformées en coke à la surface des boisages et au toit
des galeries. Ces dépôts de coke ont été observés de même après
des explosions, à la Grand'Combe, à Ronchamp et à Blanzy. La
cause des effets désastreux de l'explosion du puits Jabin gît tout
entière dans l'effet de ces poussières. Comme le disait M. Verpilleux dès 1865 : « Le grisou a été l'amorce, mais les poudres explosives sont les poussières. » Faraday et Lyell ont signalé cette
influence dès 1845, et M. Galloway a démontré tout récemment,
en Angleterre, par des expériences du plus haut intérêt, qu'en

présence de poussières charbonneuses il faut moins de 1 p. o/o de grisou dans l'air de la mine pour rendre le mélange explosible. Cette observation donne peut-être l'explication d'un grand nombre de sinistres qui se sont produits dans des circonstances où l'on pouvait se croire à l'abri de tout danger. Le seul moyen de remédier à l'influence des poussières de charbon serait de les abattre par un arrosage fréquent. Ce moyen étant toutefois loin d'être toujours efficace, il faut chercher à localiser autant que possible les explosions, ce que se proposait M. Verpilleux au moyen de portes de sûreté qui devaient retomber lors d'une explosion et arrêter le courant de gaz enflammés. Ces portes se sont cependant trouvées en défaut au puits Jabin, et l'explosion a eu pour effet de les détruire en partie. Dans l'intention d'éviter cet inconvénient, M. Mathet a imaginé des portes de sûreté, dont un spécimen était exposé par la Compagnie de Blanzy. Ces portes, en treillis métalliques, ont pour effet d'arrêter les flammes en laissant passer les gaz en mouvement, comme le fait la toile métallique des lampes de sûreté.

M. Mathet a fait une série d'expériences très intéressantes pour déterminer les conditions dans lesquelles ces portes pourraient être établies. Les expériences en petit ont parfaitement réussi, et ont démontré l'aptitude d'une porte, formée de trois toiles métalliques juxtaposées, à ne pas laisser passer les flammes produites par une explosion de gaz d'éclairage : d'autre part, ces expériences ont démontré que ces toiles créaient une résistance au courant gazeux, telle que le volume était réduit de 5o p. o/o. On ne peut donc songer à laisser des portes en toiles métalliques fermées sur le passage du courant d'air ; ces portes devraient être suspendues à la manière des portes Verpilleux, de telle sorte que l'explosion même les fasse retomber. M. Mathet ne s'est pas contenté d'expériences de laboratoire. La Société des mines de Blanzy l'a autorisé à expérimenter l'effet de ses portes en toiles métalliques ou en treillis de fil de fer, dans la mine même, en y provoquant des explosions au moyen de la poudre et même au moyen du grisou et de l'étincelle électrique. Ces expériences, d'une hardiesse extrême, n'ont pas donné de résultats bien concluants, sans affaiblir

Gr. VI.

Cl. 50.

toutefois la confiance qu'il est permis d'accorder à ce moyen nouveau de limiter les effets des explosions. Dans les diverses expériences faites dans la mine, les flammes ne paraissent pas avoir traversé les toiles ni les treillis, qui ont assez bien résisté. Ces portes de sûreté peuvent, dans tous les cas, remplacer avec avantage la porte Verpilleux, qui est assez fréquemment employée dans le centre et le midi de la France.

Quant à l'influence des dépressions barométriques sur les explosions de grisou, M. Mathet ne la met pas en doute; de ce qu'elle se fait sentir d'une manière irrégulière, ce n'est pas une raison pour la nier complètement, comme le font quelques ingénieurs. Depuis 1872, l'observation des pressions barométriques a été l'objet de soins particuliers à Blanzy, et, depuis 1876, il y a été institué un service spécial pour prévenir chaque puits à grisou dès qu'une dépression d'un millimètre 1/2 se manifeste. Deux employés sont préposés dans cette intention, jour et nuit, à l'observation d'un baromètre placé à la surface, et communiquent télégraphiquement avec chaque mine à grisou. Un baromètre anéroïde enregistreur, construit par M. Bréguet, dont un exemplaire était exposé, sert à contrôler la vigilance des employés.

Les maîtres-mineurs sont tenus d'observer le baromètre de quatre en quatre heures dans la mine, et de consigner leurs observations dans un registre, en même temps que celles qu'ils font sur l'état de l'aérage.

Lorsqu'ils reçoivent la nouvelle télégraphique d'une dépression importante, ils doivent veiller tout spécialement aux points dangereux. Les dépêches leur sont transmises une demi-heure au maximum après l'observation faite au jour.

En résumé, l'exposition de la Compagnie de Blanzy présentait, comme caractère tout spécial, l'ensemble de précautions et de moyens préventifs que nous venons de signaler et qui sont destinés à faire école.

Les observations barométriques sont également en usage aux mines d'Anzin : un baromètre à mercure placé dans la chambre des machines indique au machiniste comment il doit régler la vitesse du ventilateur. En face de l'échelle barométrique se trouve, pour cela, l'indication des nombres de tours correspondants que doit faire la machine. Rappelons, enfin, le régulateur barométrique de M. Timmermans, appliqué au charbonnage de Sacré-Madame (Belgique), pour arriver à régler automatiquement la vitesse qui doit correspondre à la pression barométrique.

D'autres compagnies houillères avaient tenu à mettre sous les yeux des visiteurs de l'Exposition les efforts qu'elles font pour maintenir un excellent aérage dans leurs mines grisouteuses. La Compagnie de Bessèges, par exemple, montrait les plans spéciaux d'aérage qu'elle fait exécuter et tenir au courant, ainsi que des tableaux synoptiques indiquant le relevé trimestriel du volume d'air des courants généraux et partiels. Elle complétait cet ensemble de documents par ses règlements cités comme un exemple d'organisation bien entendue dans l'*Instruction générale relative à l'exploitation des mines à grisou*, publiée en France en 1872.

Les moyens de reconnaître la présence du grisou dans les mines sont depuis longtemps l'objet de recherches assidues. Malheureusement ces recherches sont souvent entreprises par des personnes peu au courant des conditions du problème. On peut, à ce propos, affirmer que tout système reposant sur une canalisation de l'air de la mine, pour en amener de petites portions à la surface, est condamné d'avance ; il faut, en effet, pouvoir éprouver l'air dans toutes les parties de la mine, et l'on ne peut recourir pour cela qu'à un appareil portatif. Le système le plus pratique reste toujours la lampe du mineur ; malheureusement cet appareil n'est pas assez sensible, et le moment où la lampe marque le grisou n'est pas éloigné de celui ou le mélange devient dangereux. M. Steavenson a essayé, sans grand succès, en Angleterre, de rendre l'indication plus visible par l'interposition d'un verre bleu de cobalt ; des lampes ainsi modifiées se voyaient dans l'exposition de MM. Jos. Cooke et Cie, de Birmingham. La première tentative pratique de faire une analyse quantitative du grisou contenu dans l'air d'une mine est due à M. J. Coquillon, professeur à Rouen, qui exposait à Paris ses appareils fondés sur la propriété que présente le grisou en mélange avec l'air de brûler au contact d'un fil de palladium rougi par le passage d'un courant élec-

trique. La réduction de volume du mélange contenu dans une
éprouvette graduée indique la proportion de grisou, pourvu
qu'elle soit contenue entre 1/2 et 10 p. o/o. Cet appareil a été
introduit dans la pratique aux mines de Blanzy. M. Coquillon le
présentait à l'Exposition sous forme d'appareil de laboratoire et
d'appareil portatif.

L'appareil portatif lui a permis, aux mines de Blanzy, de faire
20 à 30 dosages dans une tournée. Dans ces conditions, cet appareil présente des avantages pratiques au point de vue de l'étude
très peu avancée de la répartition du grisou dans l'air des mines.
Cette étude est rendue aujourd'hui d'autant plus utile, que les
expériences de M. Galloway ont démontré, comme nous l'avons dit,
qu'une explosion peut se produire avec 0,892 p. o/o de grisou,
lorsque l'air est chargé de poussières. Or il n'existe jusqu'à présent, à notre connaissance, que l'appareil de M. Coquillon pour
donner une indication aussi précise.

Gr. VI.
—
Cl. 50.

XI

ÉCLAIRAGE.

Éclairage des mines à grisou.

L'éclairage des mines à grisou a fait peu de progrès depuis
l'Exposition de 1867. Mais la supériorité de la lampe Mueseler
s'est affirmée partout depuis cette époque.

Une commission instituée en Belgique, par arrêté ministériel
du 20 janvier 1868, s'est livrée à des expériences prolongées sur
un grand nombre de systèmes de lampes[1], et ces expériences ont
toutes concouru à établir la supériorité de la lampe Mueseler et
de quelques-uns de ses dérivés, au point de vue de la sécurité
dans les courants d'air rapides et diversement inclinés. Ces résultats
ont donné lieu à un arrêté royal du 15 juin 1876, qui prescrit
l'emploi de la lampe Mueseler-type et de quelques modifications

---

[1] Voir le Rapport sur les travaux de cette Commission. (*Annales des trav. publ. de
Belgique*, t. XXXI, 1873.)

de ce système, connues sous les noms de lampes Joassin, Godin et Godin-Arnould. Le Gouvernement belge exposait ces différentes lampes, que nous retrouvons aussi dans l'exposition de la Société de Marihaye, dont l'un des ingénieurs, M. Godin, est l'auteur de plusieurs modifications admises par le Gouvernement belge.

La lampe Mueseler-type a des dimensions rigoureusement déterminées dans l'instruction annexée à l'arrêté royal de 1876, qui recommande toutefois la réduction du diamètre de la cheminée à son sommet, comme un moyen d'augmenter la sécurité de cette lampe dans les courants rapides.

La lampe Mueseler-Godin n° 1 se distingue par l'adjonction d'un second verre conique montant jusqu'à la cheminée, et laissant, à sa base, un passage au courant d'air alimentateur. Cette lampe peut être inclinée sans s'éteindre, ce qui la fait recommander pour le lever des plans.

Dans la lampe Mueseler-Godin n° 2, le verre intérieur est remplacé par un cône en toile métallique qui augmente la sûreté, mais diminue beaucoup la lumière.

La lampe Mueseler-Godin-Arnould comprend un cône de verre intérieur, comme la lampe Mueseler-Godin n° 1, prolongé à sa base par un cône en toile métallique, à travers lequel pénètre le courant alimentateur.

La lampe Mueseler-Joassin se distingue par l'adjonction d'un cône en toile métallique au-dessus de la toile horizontale. Elle est spécialement recommandée pour les travaux donnant lieu à beaucoup de poussière. Ces trois dernières lampes sont recommandées en général pour les travaux dangereux.

Il y a peut-être quelque inconvénient à prescrire avec autant de rigueur des types parfaitement définis, et l'on peut se demander si de telles prescriptions ne sont pas de nature à entraver le progrès. Il faut peut-être attribuer à cette circonstance le peu de lampes de sûreté nouvelles exposées en Belgique.

Nous ne pouvons citer parmi celles-ci que la lampe Hislaire, dans laquelle la forme du verre a été modifiée de manière à lui permettre de s'incliner sans s'éteindre et de résister aux courants ascensionnels.

Les grands fabricants belges, tels que M. Rosa, à Liège, et **Gr. VI.** M. Decamps, à Frameries, se bornent à exposer les types régle- **Cl. 50.** mentaires. M. Rosa présentait toutefois une lampe Mueseler à mèche surélevée, cheminée de verre et réflecteur, destinés à aug- menter la clarté. Il exposait aussi quelques essais de fermeture perfectionnée au moyen d'un ressort à crémaillère ou d'un électro- aimant.

Les fabricants français ne nous font pas connaître d'innovations de quelque importance. M. Cosset-Dubrulle exposait ses types bien connus consacrés par un usage presque général dans les mines du nord de la France. On y retrouvait les lampes à cheminée de verre, et cet ingénieux mode de fermeture, en vertu duquel on ne peut ouvrir la lampe qu'après l'avoir éteinte en faisant rentrer la mèche dans le réservoir.

La Société d'Anzin exposait la lampe Dinant, qui y est en usage. Cette lampe se ferme par une soudure et s'ouvre au moyen d'un fer rouge. M. Closson exposait une lampe qui ne peut s'ouvrir que par l'action d'un aimant agissant sur un fer doux contenu dans l'armature de la lampe. M. Bréguet exposait un système ana- logue reposant sur l'emploi d'un électro-aimant activé par une machine Gramme. Ces dispositions ont l'inconvénient d'augmenter beaucoup le prix des lampes, qui est déjà plus élevé en France qu'en Belgique.

En Angleterre, les prix sont encore beaucoup plus élevés. Parmi les lampes de sûreté anglaises, nous ne trouvons pas non plus de nouveautés marquantes. MM. J. Cooke et Cie, de Birmingham, exposaient, parmi les différents types usités en Angleterre, une lampe à éteignoir mécanique fonctionnant quand on ouvre la lampe. Cette lampe coûte 8 fr. 20 cent. La simple lampe Davy coûte de 5 francs à 5 fr. 65 cent., c'est-à-dire autant que les lampes Mue- seler fabriquées en Belgique. Munie d'un verre, mais sans cheminée intérieure, elle coûte de 7 à 9 francs. La lampe Steavenson, à verre bleu de cobalt, coûte 10 francs. La *Nottingham malleable iron Com- pany* exposait la lampe à fermeture Odling, qui ne peut s'ouvrir qu'au moyen d'une pression hydraulique de 400 livres par pouce carré exercée par une petite pompe à main.

Gr. VI.
—
Cl. 50.

L'exposition la plus complète des types usités en Angleterre était celle de la *Protector lamp and lightning Company*, à Manchester. Cette compagnie a adapté à tous les types un mode de fermeture tel que la mèche doive rentrer dans un tube-éteignoir, lorsqu'on ouvre la lampe. Elle a, de plus, modifié le réservoir pour l'emploi d'une huile spéciale à base minérale qu'elle fabrique sous le nom de *colzaline*. Cette huile s'emploie imbibant une éponge contenue dans le réservoir. Les lampes ainsi modifiées ont l'inconvénient d'être plus pesantes que les lampes ordinaires du même type; leur prix est aussi beaucoup plus élevé.

Il nous reste à citer la lampe Heinbach, exposée par la Société autrichienne des chemins de fer de l'État et employée par elle dans les mines très grisouteuses de Steyerdorff, en Hongrie. Cette lampe correspond au type Mueseler, avec une fermeture à baïonnette.

En résumé, l'Exposition ne nous montrait aucun progrès marquant réalisé dans l'éclairage des mines à grisou; çà et là tout au plus l'application d'un détail ingénieux. Le grand fait qui se dégageait de l'ensemble de ces expositions était la généralisation de la lampe Mueseler, justifiée par les nombreuses expériences dont cette lampe a été l'objet. Comme l'a fait récemment remarquer M. A. Burat, dans un rapport à la Société d'encouragement, la catastrophe de l'Agrappe a fourni une nouvelle confirmation de la supériorité de la lampe Mueseler. On sait que le torrent de grisou qui s'est échappé de cette fosse ne s'est enflammé qu'à la surface, où il a brûlé pendant plusieurs heures consécutives. Or, pendant les premières heures du dégagement, il ne s'est produit aucune explosion à l'intérieur, et les 220 lampes Mueseler qui y étaient employées se sont éteintes.

Éclairage électrique.

L'éclairage électrique, qui a fait de si grands progrès depuis les dernières Expositions universelles, n'a pas donné, jusqu'ici, les résultats qu'on en attendait, dans les applications industrielles. Quoi qu'on en ait dit, l'importante question de la divisibilité de la lumière électrique n'a été pratiquement résolue jusqu'ici qu'au moyen de réflecteurs qui empruntent divers faisceaux de lumière à une même source, pour les projeter dans les diverses parties d'un atelier, comme l'a réalisé d'une manière très heureuse M. J. Jaspar, constructeur mécanicien à Liège[1]. La lumière électrique convient particulièrement pour l'éclairage de vastes espaces peu encombrés, comme les abords des puits de mine. Son principal inconvénient est de donner des ombres trop tranchées, que l'on ne peut effacer qu'au moyen d'un second foyer de lumière, coûteux à établir, s'il ne peut être produit par la même source d'électricité.

MM. L. Sautter, Lemonnier et Cie, exposaient une installation complète d'éclairage électrique, propre à être employée à l'éclairage des puits et des halles de triage et de chargement. Cette installation comprend une machine Gramme, à courant continu, et un lampe à régulateur Serrin. Le coût est de 2,300 francs pour obtenir un foyer lumineux correspondant à 500 becs Carcel, brûlant au même point et suffisant pour éclairer un espace à l'air libre de 6 à 7,000 mètres carrés.

Le courant étant continu, ce foyer ou *cratère* est localisé à l'extrémité du charbon supérieur ou positif qui envoie le maximum de lumière sous un angle de 50 degrés avec l'horizontale. C'est pourquoi l'on peut suspendre les foyers lumineux à une grande hauteur, de manière à ne pas gêner la vue. Ce foyer s'abrite contre les intempéries au moyen d'une lanterne à verres dépolis. Cette lanterne porte un interrupteur, afin de pouvoir allumer ou éteindre sans toucher à la machine qui peut être placée à grande distance. La consommation de force est de 2 1/2 à 3 chevaux. Les crayons, dont la fabrication spéciale se fait chez MM. Sautter, Lemonnier et Cie, brûlent à raison de 0^m,10 par heure, y compris le déchet. Ils coûtent 2 fr. 25 le mètre, ce qui fait une dépense de 22 centimes 1/2 par heure. Les crayons de charbon de cornue sont plus économiques; la dépense n'est que de 16 centimes par heure.

[1] Voir *Revue universelle des mines*, 2e série, t. VI, p. 169.

XII

PÉNÉTRATION DANS LES MILIEUX IRRESPIRABLES.

Les appareils servant à pénétrer dans les milieux irrespirables (eau et gaz) sont depuis longtemps l'objet d'études persévérantes, qui, jusqu'aujourd'hui, n'ont pas fourni de solution complète du problème.

En ce qui concerne l'eau, cependant, les appareils plongeurs Rouquayrol-Denayrouze, qui ont subi de nombreux perfectionnements depuis 1867, ont rendu les plus grands services à l'art des mines, où ils sont devenus, depuis cette époque, d'un usage fréquent pour les réparations à exécuter sous une colonne d'eau, qui ne dépasse pas 30 mètres. Ces réparations se font aujourd'hui à coup sûr et d'une manière courante.

Quant aux appareils servant à pénétrer dans les gaz irrespirables, le problème n'est résolu qu'en partie. Nous retrouvons à l'Exposition l'appareil Galibert tel qu'il existait déjà en 1867. L'homme renvoyant les produits de la respiration dans le réservoir où il puise l'air respirable, cet appareil ne tarde pas à devenir inefficace. Avec un réservoir de 130 litres d'air à la pression ordinaire, l'homme peut vivre vingt-cinq minutes; mais, bien avant ce temps, la respiration devient si difficile, qu'il serait dans l'incapacité d'accomplir un sauvetage.

Les appareils aérophores de M. Denayrouze, objet d'études et de perfectionnements constants, mettent l'homme en communication avec l'air extérieur, avec une pompe à air ou avec un réservoir d'air comprimé à 25 ou 30 atmosphères.

Le respirateur à anches de M. Denayrouze est un excellent appareil, qui permet de s'aventurer à 40 ou 50 mètres de l'air respirable. Cet appareil peut rendre des services dans nombre de mines à grisou, lors de petits accidents se produisant dans les montages ou dans des parties de mines mal aérées; au moyen d'un simple soufflet, on peut prolonger la distance jusqu'à 150 mètres.

L'homme restant en communication avec une pompe à air et

portant avec lui un régulateur Rouquayrol, destiné à détendre **Gr. VI.** — **Cl. 50.** l'air respirable, peut s'aventurer à des distances plus grandes, comme c'est le cas dans les travaux à exécuter sous l'eau. Pour la plonge, l'homme se revêt d'un costume spécial avec un casque dans lequel aboutit un tuyau acoustique, fermé à la partie inférieure par un diaphragme métallique, sorte de tympan artificiel transmettant à l'oreille les ondes sonores avec d'autant plus d'intensité que la pression est plus forte. Muni enfin d'un réservoir à air comprimé, il peut s'aventurer à des distances qui ne sont limitées que par la provision d'air qu'il emporte avec lui. M. Denayrouze a disposé, de plus, pour les travaux de sauvetage, une lampe Mueseler à alimentation artificielle. Malheureusement, les réservoirs à air comprimé sont lourds, et l'on ne peut augmenter leur capacité au delà de 10 litres.

A cette capacité, le réservoir pèse déjà 11 kilogrammes. Il contient une provision d'air suffisante pour vingt minutes au maximum; on ne peut songer, dans ces conditions, à effectuer des sauvetages importants. Le principe même de ces appareils repose d'ailleurs sur deux conditions qui s'excluent : faire des réservoirs qui soient à la fois de grand volume et de faible poids. Aussi croyons-nous que la solution du problème doit être cherchée dans une autre voie, en ce qui concerne au moins les sauvetages.

Pour certains travaux à exécuter dans une atmosphère irrespirable, tels que les barrages à élever contre les incendies, les appareils aérophores peuvent cependant trouver un emploi utile.

M. Fayol exposait les appareils qu'il emploie pour atteindre ce but à Commentry, et qui se distinguent par leur simplicité et leur caractère pratique. Ils reposent d'ailleurs sur les mêmes principes que les appareils Denayrouze, et présentent les mêmes variétés. L'aérophore portatif de M. Fayol diffère de ces derniers, en ce qu'il reçoit une provision d'air de 180 litres à la pression ordinaire et ne pèse ainsi que 8 kilogrammes. Cet appareil ne permet de séjourner que quinze minutes dans l'air irrespirable; il alimente en même temps une lanterne. Ce réservoir portatif est d'un emploi fréquent dans les attaques de feu à Commentry.

Il est vrai de dire qu'un travail de ce genre, où l'on peut

prendre son temps, diffère essentiellement d'un travail de sauvetage, où toute minute perdue peut être cause d'un désastre.

Pour les travaux de sauvetage, nous avons plus de confiance dans les appareils *aérogènes* que dans les *aérophores*. Les appareils aérogènes régénèrent l'air après l'expiration par des moyens chimiques. Ces appareils nouveaux ont fait leur apparition à l'exposition d'hygiène et de sauvetage de Bruxelles, en 1876. et nous retrouvons, à Paris. les appareils aérogènes de M. Schwann, professeur de physiologie humaine à l'Université de Liège, sous deux formes nouvelles et perfectionnées.

La description de l'appareil primitif a été déposée, en 1854, sous pli cacheté à l'Académie des sciences de Belgique, qui venait de mettre le problème au concours.

Dans l'un des appareils exposés, l'homme respire dans un petit réservoir porté sur la poitrine et expire dans une caisse portée sur le dos et contenant un mélange de chaux et de soude absorbant l'acide carbonique. Avant de passer dans cette caisse, l'air expiré reçoit un mélange d'oxygène, venant de deux réservoirs d'une capacité totale de 15 litres, situés au-dessus et en dessous de la caisse d'absorption. L'oxygène y est comprimé à 4 atmosphères, et arrive au tuyau d'expiration après avoir traversé un détendeur.

Cet appareil, soumis à des expériences auxquelles nous avons assisté, a permis de respirer artificiellement pendant trois heures consécutives. C'est là un grand progrès, et l'on peut, dans ces conditions, songer à un sauvetage de quelque importance. Malheureusement, l'appareil est très lourd: il pèse 28 kilogrammes, dont 8 kilogrammes pour la chaux, et cela suffit pour limiter beaucoup les cas où il pourrait être employé dans la pratique.

M. Schwann a remédié à cet inconvénient dans un second appareil, basé sur la respiration directe de l'oxygène et ne pesant pas plus de 13 kilogrammes; il est à remarquer que ce poids pourrait encore être réduit en dirigeant la construction à ce point de vue spécial. Cet appareil se borne à une caisse d'absorption et à un sac en caoutchouc, d'une capacité de 30 litres, gonflé d'oxygène. L'homme aspire dans ce sac et y renvoie les produits de la respiration, après leur avoir fait traverser la caisse d'absorption.

La capacité du sac suffit pour vivre pendant une heure; mais
la force d'absorption de la chaux, imbibée de soude, n'étant pas
épuisée après ce temps, il est possible, au moyen d'un réservoir
à oxygène comprimé de 15 litres, qu'on peut emporter avec soi
et qui ne pèse que 3 kilogrammes 1/2, de renouveler d'heure en
heure la provision d'oxygène et de rester dans l'atmosphère irrespirable pendant trois ou quatre heures.

Gr. VI.
—
Cl. 50.

L'emploi de cet appareil est subordonné à la production rapide
de l'oxygène comprimé. Il ne faut pas s'exagérer toutefois cette
difficulté; la compression s'effectue par le dégagement même du
gaz, en ayant soin de chauffer le mélange de chlorate de potasse
et d'oxyde de cuivre dans une forte cornue métallique.

On a contesté la possibilité de respirer impunément de l'oxygène
pur. M. Schwann a fait des expériences répétées à ce sujet sur des
animaux d'abord, puis sur l'homme, et ces expériences lui ont
prouvé que la respiration de l'oxygène pur est sans inconvénient [1].

On ne peut, dans tous les cas, invoquer d'expériences con-
traires, et, si M. Paul Bert a conclu aux effets nuisibles de l'oxygène,
ce n'est que par hypothèse et à la suite d'expériences indirectes.
S'il y avait d'ailleurs des craintes sérieuses à émettre à ce sujet,
on pourrait augmenter le volume du sac et y introduire un mélange d'air à 50 ou 60 p. o/o d'oxygène, qui serait certainement
sans danger. Mais on réduirait ainsi de moitié le temps pendant
lequel l'appareil peut fonctionner.

L'avantage obtenu par les nouveaux appareils aérogènes sur les
anciens appareils aérophores gît tout entier dans la grande durée
qui peut être donnée à la respiration artificielle. Cet avantage est
tel, qu'on peut affirmer que, dans l'état actuel de nos connaissances,
ce sont les appareils aérogènes seuls qui présentent quelque avenir au point de vue des sauvetages à exécuter à la suite des explosions de grisou. La récente catastrophe de l'Agrappe a de nouveau
démontré combien il serait utile de pouvoir pénétrer dans les tra-

---

[1] Tout récemment encore (1880), la presse enregistrait les expériences faites
journellement à l'Aquarium royal de Londres par un plongeur muni d'un nouveau
scaphandre. La description de cet appareil permet de l'assimiler complètement en
principe à l'appareil à oxygène de M. Schwann.

vaux encore infectés de gaz irrespirable. Il y a là un intérêt humanitaire si évident, qu'on ne peut reculer à expérimenter les nouveaux moyens présentés par des savants dignes de toute confiance. Nous devons faire des vœux pour que les Gouvernements prennent en main la solution de ce problème et fassent expérimenter les nouveaux appareils avec tout le soin qu'ils méritent. Ces appareils ne sont pas parfaits, et ne font, jusqu'à présent, que réaliser des principes théoriques. Il appartient aux hommes de notre temps de ne pas laisser tomber dans l'oubli, mais, au contraire, de rendre entièrement pratique l'une des tentatives les plus dignes d'encouragement qui ait été faite pour résoudre un problème posé depuis de longues années.

XIII

TRANSPORT.

Matériel.

Il serait fastidieux de décrire tous les perfectionnements de détails du matériel de transport représenté à l'Exposition. Nous nous contenterons d'une revue rapide des principaux objets exposés.

En ce qui concerne le matériel fixe, nous n'avons guère à signaler que le développement pris par l'usage des traverses métalliques dans les mines. Plusieurs charbonnages emploient comme traverses de vieux fers qui conservent leur valeur de mitraille, après qu'ils sont mis hors d'usage. A Lens, on emploie, pour atteindre ce but, de vieux rails en fer avec coussinets en fer rivés; à Commentry, une barre de fer plat avec coussinets en fonte rivés.

L'une et l'autre Compagnie ont adopté le rail à double bourrelet en acier Bessemer. Voici le poids et le coût de la traverse de Commentry :

	Poids.	Prix.
Une barre de fer plat (vieux)............	8^k.00	0^f 96
2 coussinets en fonte................	4.35	0 65
4 rivets.....................	0.25	0 19
Main-d'œuvre..................	"	0 38
Totaux..........	12,60	2 18

C'est à peu près le double du prix d'une traverse en bois sul-
fatisée, avec deux coussinets, prix qui peut se chiffrer comme
suit :

Gr. VI.
—
Cl. 50.

Une traverse sulfatisée............................	0f 43
Sabotage.....................................	0 10
2 coussinets de 1k,40 chacun...................	0 42
4 boulons	0 28
Total...........	1 23

Mais la durée, l'absence d'entretien et la valeur conservée par
le métal compensent largement cette différence.

La mine de Commentry emploie des rails à double champignon en acier Bessemer, sur la durée desquels elle présentait
d'intéressantes études. Il résulte de celles-ci que la durée des
rails est beaucoup moindre dans les chantiers humides ; un rail à
double champignon, employé six ans et sept mois dans un chantier humide, présentait autant d'usure qu'un rail semblable, posé
pendant six ans et neuf mois dans un chantier se trouvant dans
des conditions moyennes, bien que le premier n'eût été parcouru
que par 327,850 bennes, et le second par 913,273 bennes.
L'usure du premier est donc trois fois plus grande que celle du
second, eu égard au nombre de bennes roulées.

Dans un chantier sec, un rail en service pendant six ans et dix
mois n'a présenté que la moitié environ de l'usure des précédents,
après avoir supporté le roulage de 1,096,750 bennes.

D'autres charbonnages exposaient les modèles de voies métalliques qu'ils ont adoptées ; mais ces voies ne présentent, en somme,
que des types connus.

En ce qui concerne le matériel roulant, nous devons citer les
collections de wagonnets en fer et en acier, exposés dans le compartiment belge par feu M. Libotte, de Gilly, et par M. Ch. Beer,
de Jemeppe. Ces types sont employés dans tous les charbonnages
de Belgique et se distinguent par le judicieux emploi de la matière. L'acier et la fonte malléable y jouent un grand rôle, et l'emploi de ces matériaux a permis de construire des wagons métalliques qui n'ont plus rien à envier aux wagons en bois, au point

Gr. VI.
—
Cl. 50.

de vue de la légèreté, comme on peut en juger par les chiffres suivants :

DÉSIGNATION.	CONTENANCE.	POIDS.	RAPPORT DU POIDS à la charge, en comptant l'hectolitre à 100 kilogr.
LIBOTTE.			
Wagon à caisse carrée en bois, avec châssis et fond en fer ou en acier...	$4^h,85$	198^k	40 p. o/o
Wagon en fer, sur châssis en fer ou acier (forme berlaine)...........	4 ,70	185	39 p. o/o
Wagon en acier (forme berlaine)....	4 ,70	165	35 p. o/o
Wagon en fer, sur châssis en fer ou acier (forme carrée)...........	5 ,00	210	42 p. o/o
Wagon en acier (forme carrée)......	5 ,00	182	36 p. o/o
CH. BEER.			
Wagon de Marihaye, en fer, essieux en acier, roues et canons de graissage en fonte malléable............	5 ,00	195	35 p. o/o
Wagon de Marihaye (Espérance), en acier, essieux en acier, supports et roues en fonte malléable, crapaudine de graissage (système Godin).....	5 ,50	200	40 p. o/o

Les constructeurs français n'avaient pas exposé leurs types; mais on les trouvait largement représentés dans les expositions des mines françaises, où les wagonnets en bois paraissent dominer. Nous avons relevé les poids morts suivants :

	Charge.	Poids mort.	Rapport.
Commentry (bois)............	370^k	270^k	72 p. o/o
Béthune (bois avec train en acier)..	450	170	38 p. o/o
Lens (bois avec train en acier)....	450	150	33 p. o/o

Nous empruntons à l'album de Commentry quelques chiffres

qui marquent le progrès réalisé, au point de vue de la diminution du poids mort :

	Poids.
Roue en fonte, avec coussinet en métal antifriction, type 1855..	$20^k,00$
Roue en fonte, avec boîte à huile, type 1868........	18,10
Roue en acier, avec boîte à huile, type 1878........	11,62

Le graissage est devenu l'objet de soins particuliers dans toutes les exploitations. Les wagons exposés se distinguaient tous par un mode de graissage spécial. En Belgique, les roues sont, en général, aujourd'hui calées sur les essieux. M. Libotte réunit les essieux au châssis au moyen de boîtes à graisse. Les essieux des wagons de la Société de Marihaye sont graissés au moyen de l'huile contenue dans un canon qui les enveloppe. Ceux de la division de l'Espérance sont munies de boîtes à huile spéciales du système Godin. Une boîte unique sert de crapaudine aux deux essieux entre lesquels se trouve un réservoir d'huile que les cahotements attirent sur les essieux. Ce système nouveau a l'avantage d'obliger à maintenir un même écartement entre les essieux de tout le matériel.

M. Godin exposait de plus une roue à réservoir intérieur pour wagons à essieux fixes, destinée à supprimer les quatre boulons d'attache de la roue *patent*.

Aux houillères de Commentry. on emploie les roues mobiles sur les essieux avec un petit godet à huile tournant avec la roue.

Une preuve de l'attention générale qu'on donne aujourd'hui au graissage est l'emploi, qui se répand dans les mines, des machines à essayer les huiles. La Compagnie des houillères de Blanzy exposait la machine construite dans cette intention par M. Graillot, ingénieur de ses ateliers. Cette machine trace un diagramme indiquant les efforts dus au frottement. Elle permet d'apprécier, au point de vue du graissage, la valeur d'une huile quelconque, et précise, en outre, le nombre de tours que peuvent faire les surfaces en frottement avant que leur température dépasse une limite donnée, par exemple 100 degrés.

L'appareil se compose d'un arbre vertical portant à la partie supérieure un plateau horizontal, auquel il imprime un mouvement de rotation de 120 tours par minute.

Gr. VI.
—
Cl. 50.

Un plateau supérieur appuie sur le premier avec une pression réglée par un levier à contrepoids.

C'est l'entraînement de ce plateau par frottement qui mesure le pouvoir lubrifiant : il transmet par une corde son mouvement d'entraînement à une lame de ressort, dont la dépression mesure le frottement en kilogrammes. Ces dépressions sont enregistrées à la manière ordinaire.

A Commentry, on emploie une machine un peu différente, dans laquelle on opère sur un tourillon ; on peut ainsi expérimenter à la fois sur la matière lubrifiante et sur la nature des surfaces en contact.

Ces machines sont assez simples pour pouvoir confier les essais à un ouvrier. Elles sont appelées à rendre des services sérieux aux consommateurs en présence de la falsification des huiles de graissage, qui se pratique sur une échelle de plus en plus grande.

Il nous reste à signaler une innovation introduite dans le matériel roulant par M. Garéneaux, mécanicien à Marles, et par M. Léonard, ingénieur aux charbonnages du Hasard près de Liège. Cette innovation consiste dans l'emploi d'un timon élastique. Tandis que M. Garéneaux obtient cette élasticité au moyen d'un simple ressort formé de lames en caoutchouc, agissant sur les deux accrochages du wagonnet, la Société du Hasard applique sous le wagon deux ressorts spiraux en acier. Ce dernier système est certainement préférable, au point de vue de la durée, mais il augmente beaucoup le poids mort du wagon, qui atteint 70 p. o/o de la charge. A vrai dire, il permet d'augmenter notablement le nombre de wagons que l'on peut faire traîner par un cheval.

Quelques compagnies avaient exposé des wagons d'un emploi spécial.

La Société des mines de Lens exposait un truc pour le transport des bois. Ce truc est chargé dans les chantiers de la fosse, puis descendu par la cage : parvenu au fond, il est attelé aux trains ordinaires, conduit par les chevaux aux voies d'exploitation et suivant les cas élevés par les plans automoteurs et mené jusqu'aux tailles sans subir aucun transbordement.

Un truc analogue était représenté dans l'album de Commentry.

On y voyait, de plus, le dessin d'un wagon à bascule de 5 hecto-litres, pouvant tourner sur un axe central et basculer par consé-quent dans tous les sens. Ce wagon est employé dans certains travaux de traçage qui se font par deux gradins, de telle sorte que les produits du gradin supérieur doivent être transbordés pour parvenir à la voie du roulage.

Gr. VI.
—
Cl. 50.

Transports mécaniques.

L'exposition française témoignait du développement qu'ont pris, dans certaines régions, les transports mécaniques presque inconnus sur le continent en 1867.

Le transport mécanique s'impose pour les grandes exploitations, et les progrès des systèmes suivent le développement des exploi-tations. L'exposition nous montrait que le système des machines fixes ne satisfait plus même aux conditions actuelles. On reprend, dans plusieurs mines, le problème des transports intérieurs par lo-comotive. et l'exposition présentait quelques essais remarquables de l'application de l'air comprimé à ce genre de moteur.

Locomotives souterraines. — L'exposition hongroise comprenait une locomotive à vapeur employée à l'extraction dans la galerie principale de la mine de houille liasique de Doman appartenant à la Société autrichienne I. R. P. des chemins de fer de l'État. Cette locomotive a été en service pendant deux ans dans la gale-rie *François-Joseph,* qui débouche dans l'usine de Reschitza. Cette galerie a une longueur de 2,320 mètres. Elle est muraillée, mais sa section est variable : les 455 premiers mètres ont 3 mètres de hauteur, sur $2^m,90$ de large ; le restant n'a que $2^m,50$ sur 2 mètres. La largeur de la voie est de $0^m,71$. Dans l'intention de réduire la dépense de la traction par chevaux sur une galerie d'aussi grande longueur, la Société décida, en 1876, de recourir au transport par locomotive, en modifiant l'aérage de la mine, de manière à aspirer les produits de la combustion sans leur donner accès dans les travaux. On établit pour cela un ventilateur Guibal de 9 mètres à l'orifice de la galerie avec laquelle il communique par une voie latérale de 50 mètres. La galerie est maintenue fermée par des portes. L'air entre dans la mine par un puits, dont l'orifice est situé à 160 mètres au-dessus de la galerie. Le ventilateur marchant à 30 tours aspire $10^{mc},5$ par seconde, dont 7.3 p. o/o proviennent de l'imperfection des joints de la clôture.

La locomotive exposée a été étudiée et construite à Reschitza. Voici ses dimensions principales :

1°	Diamètre des roues (avec bandages de 40 millimètres d'épaisseur)............	$0^{m},448$
2°	Écartement des essieux............	0 ,950
3°	Diamètre des cylindres............	0 ,160
4°	Course du piston............	0 ,220
5°	Diamètre de la chaudière............	0 ,650
6°	Épaisseur de tôle de la chaudière............	0 ,010
7°	Pression effective............	10 atmosphères.
8°	Nombre de tubes............	50
9°	Diamètre extérieur des tubes............	$0^{m},040$
10°	Diamètre intérieur des tubes............	0 ,035
11°	Longueur des tubes............	1 ,375
12°	Surface de chauffe des tubes............	$7^{mq},41$
13°	Surface de chauffe du foyer............	1 ,78
14°	Surface de chauffe totale............	9 ,19
15°	Surface de grille............	0 ,28
16°	Poids de la machine en feu, sur l'essieu d'avant.	$2,200^{k}$
17°	Poids de la machine en feu, sur l'essieu d'arrière.	2,200
18°	Poids total de la machine en feu............	4,400
19°	Poids de la machine vide............	3,850
20°	Rayon de la courbe minima facilement accessible.	10 mètres.
21°	Capacité des caisses à eau............	420 litres.
22°	Contenance des soutes à charbon............	130^{k}
23°	Longueur maxima de la locomotive............	$3^{m},670$
24°	Longueur minima de la locomotive............	1 ,30
25°	Hauteur au-dessus du rail............	1 ,92

La vitesse moyenne est d'environ 7,400 mètres à l'heure, le poids maximum remorqué, de près de 40 tonnes pour un train composé de 34 wagons pesant chacun 500 kilogrammes et portant une charge utile de 600 kilogrammes.

En 1877, les quantités extraites par locomotive furent de 52,900 tonnes, et les frais de traction ont été inférieurs de 92 p. o/o à ce qu'ils étaient par chevaux.

Les frais ne dépassent pas 4 centimes par tonne kilométrique. **Gr. VI.**
Le service se fait au moyen de deux machines. Cet exemple est des
plus intéressants, car il démontre la possibilité d'employer les loco- **Cl. 50.**
motives dans certaines galeries de section relativement faible, et le
type de Reschitza mérite toute l'attention des constructeurs.

Il existe à Cessous, dans le Gard, un autre exemple de transport par locomotives à vapeur dans une galerie de 3,000 mètres
de longueur sur une voie de 0^m,80 de largeur.

Au charbonnage du Carabinier, près de Charleroi, il existe
également au fond des travaux un transport par locomotive sur
une voie de 1,500 mètres de longueur et de 0^m,53 de largeur,
aboutissant à l'accrochage.

Lorsque les galeries aboutissent au pied des puits d'extraction, il est cependant rare que les conditions d'aérage puissent
permettre l'emploi des locomotives à vapeur. C'est pourquoi les
études se sont portées sur l'application de l'air comprimé au transport par locomotive.

La première application de ce genre a été faite au tunnel du
Saint-Gothard, et le Creusot exposait le dessin d'une locomotive
à air comprimé, construite dans ses ateliers pour l'entreprise
L. Favre et Cie.

L'emploi d'air comprimé à la pression exigée pour les perforateurs nécessitait de très grands réservoirs. Les premières locomotives du Gothard, qui recevaient l'air à 7 ou 8 atmosphères de
pression, avaient un réservoir de 16 mètres cubes de capacité
(8 mètres de long sur 1^m,60 de diamètre). Ce réservoir a été réduit à 7^{mc},60 dans la machine exposée par le Creusot, par suite
de l'emploi de l'air comprimé à la plus haute pression que l'on ait
pu obtenir au Gothard (14 atmosphères) et du système de détente Mekarski. L'air sortant du réservoir se rend dans une bouil-
lotte-réchauffeur du système Mekarski, puis dans un détendeur
ou régulateur automatique de pression du système Ribourt; cet
ingénieux appareil maintient l'air envoyé aux cylindres à une
pression de 4 atmosphères.

⁽¹⁾ Voir *Description raisonnée de quelques chemins de fer à voie étroite*, par M. Ch.
Ledoux. (*Annales des mines*, 7e série, t. V, 1874.)

Voici quelles sont les dimensions principales de la locomotive à air comprimé du Gothard :

Poids de la machine......................	6,400^k
Capacité { du grand réservoir...............	7^{mc},60
{ de la bouillotte Mekarski............	0 ,320
Maximum de pression du grand réservoir.......	12^k
Pression de l'air à son entrée...............	4
Diamètre { des cylindres....................	0^m,204
{ des roues au contact.............	0 ,760
Écartement des essieux....................	1 ,250
Hauteur totale de la machine au-dessus du rail...	2 ,80
Largeur de la voie......................	1 ,00
Effort de traction disponible...............	600^k
Poids de la machine.....................	7,400

Cet appareil est encore trop volumineux pour être utilisé dans les mines, où l'on ne dispose pas généralement d'une hauteur de 2^m,80 au-dessus du rail.

La Société anonyme de constructions mécaniques d'Anzin présentait à l'Exposition une locomotive de mine à air comprimé du système Mekarski construite d'après les mêmes principes que la machine de tramway essayée à Paris et à Nantes.

Cette locomotive avait les dimensions suivantes :

Largeur......................	1^m,10
Hauteur........................	1 ,55
Longueur totale...................	2 ,76
Largeur de la voie..................	0 ,60
Écartement des essieux................	0 ,80
Poids de la machine en charge.............	2.300^k

Cette machine peut circuler dans des galeries de dimensions ordinaires. Elle a pu être réduite à ces dimensions par suite de l'emploi d'air comprimé à 30 atmosphères fourni par le compresseur Mekarski décrit ci-dessus. Le réservoir en tôle d'acier est ainsi réduit à la capacité de 1,500 litres. Il reçoit 56 kilogrammes d'air à la pression de 30 atmosphères.

Cette locomotive est munie d'une bouillotte horizontale conte-

nant 75 litres d'eau chaude sous pression qui permet de réchauf- **Gr. VI.**
fer l'air de 100 ou 150 degrés, du détendeur de M. Mekarski ———
et d'un robinet modérateur placé entre le détendeur et les cy- **Cl. 50.**
lindres.

Les expériences faites sur les tramways ont démontré que la dépense d'air comprimé ne dépassera pas 1 kilogramme par tonne kilométrique sur une voie de mine dont la résistance à la traction est de $12^k,5$ par tonne. En supposant que la locomotive et 10 wagons pèsent 10 tonnes, elle pourra transporter cette charge à 5,000 mètres par chargement.

La machine de compression sera située au jour et enverra l'air comprimé à un réservoir placé dans la mine.

D'après M. Mekarski, la force de cette machine sera calculée à raison de 8 à 10 chevaux par chargement à faire en une heure. La dépense de combustible sera ainsi, au maximum, de 50 kilogrammes par chargement, soit de 1 kilogramme par tonne kilométrique. M. Mekarski compte arriver à un prix de traction variant entre 4 et 5 centimes par tonne kilométrique. La machine exposée est en service régulier, depuis le 15 septembre 1879, aux mines de Graissessac.

Ses dimensions restreintes la rendent très apte au service auquel elle est destinée; mais ces avantages sont achetés par des conditions difficiles à réaliser dans les mines. Pour conduire au fond des travaux la vapeur nécessaire à chauffer l'eau de la bouillotte et l'air comprimé à 30 atmosphères, il faudra établir un double tuyautage dans les puits, et l'on peut émettre des doutes sur la possibilité de maintenir étanches les joints de la conduite d'air sous des pressions aussi considérables, sans parler des joints du réservoir, qui présenteront la même difficulté. De plus, elle exige l'emploi de compresseurs spéciaux.

A ces différents titres, la locomotive de mine à air comprimé du système G. G. Petau, exposée par la Société anonyme des ateliers de construction de Passy, nous a paru d'une application plus pratique, bien qu'elle doive fonctionner dans des conditions d'effet utile beaucoup moins satisfaisantes. Cette locomotive s'alimente d'air à la pression des compresseurs ordinaires (4 à 5 atmosphères);

mais elle porte une petite pompe de compression à simple effet, actionnée elle-même par de l'air à faible pression et destinée à porter à 16 kilogrammes celui qui est refoulé dans le réservoir.

Il faut environ 1.450 coups de piston pour charger le réservoir, ce qui s'obtient en 7 à 8 minutes.

La seule précaution prise contre l'échauffement a été de plonger les cylindres dans une bâche à eau froide. Mais il est à remarquer que la compression s'effectuant au moyen d'air comprimé, le refroidissement produit par la détente à l'échappement y supplée dans une certaine mesure.

Cette machine ne porte pas de détendeur. Le machiniste règle la dépense d'air comprimé d'après les indications du manomètre, au moyen d'un modérateur.

Les dimensions principales sont les suivantes :

Poids de la machine { vide		$2,550^k$
{ chargée		$2,700$
Diamètre des cylindres locomoteurs		$0^m,150$
Course des pistons locomoteurs		0.170
Diamètre des roues		0.400
Volume du réservoir		$1,050$ litres.
Diamètre du piston compresseur		$0^m.275$
Diamètre du fourreau		0.247
Course du piston compresseur		0.250
Pression { initiale de l'air		$3 \ 1/2$ à 4^k
{ finale dans le réservoir		16^k

On a émis des doutes sur les inconvénients qui pourraient résulter de la formation de glace dans les cylindres et à l'orifice d'échappement. Les cylindres moteurs sont simplement plongés dans une bâche où l'on peut amener l'eau qui a servi à refroidir ceux de la pompe de compression.

Cette machine, étudiée à la demande de la Compagnie de Blanzy, a été soumise à des essais à la surface qui n'ont pas confirmé ces craintes. On a pu, dans l'un de ces essais, faire remonter un train de 15 wagonnets vides sur une rampe de 11 millimètres et lui faire parcourir un trajet de 540 mètres. Après ce parcours, il restait une pression de 2 kilogrammes 1/2 au réservoir, qui remon-

tait à 3 kilogrammes, dès que la température du réservoir était re-
devenue celle de l'air ambiant. Cette pression a suffi pour ramener
le train dans le voisinage du point de départ, grâce à la pente de
11 millimètres.

Un essai prolongé dans la mine pourra seul rendre exactement
compte des services que l'on peut attendre de cette machine, en
égard à l'entretien qu'elle exigera et à la longueur des parcours
qu'elle permettra d'effectuer.

La locomotive Petau constitue, dans tous les cas, une tentative
des plus intéressantes, parce qu'elle n'exige pas d'installation autre
que celles qui sont nécessaires pour employer l'air comprimé à
d'autres usages, et parce qu'elle cherche à résoudre un problème
qui appelle l'attention dans toutes les mines où les conditions locales ne permettent pas de recourir aux transports par machine
fixe.

Transports par machine fixe. — Les transports par machine
fixe sur voie de niveau, très développés en Angleterre, n'étaient
encore employés, en 1867, sur le continent, qu'aux mines de
Saarbruck, où de longues galeries d'extraction sans courbes, aboutissant à la surface, se prêtaient plus particulièrement à l'introduction de ces systèmes. Depuis lors, le développement des exploitations a conduit à les appliquer au roulage souterrain dans des
conditions souvent plus difficiles même qu'en Angleterre, par
suite de l'irrégularité des couches et de la moindre section des
voies; trois modèles de transport mécanique sur voie de niveau
étaient représentés à l'Exposition.

C'étaient les suivants :

1° Le transport par corde-queue de la fosse Thiers à Anzin;

2° Les transports par corde-queue des fosses Sainte-Marie et de
Dechy de la Compagnie d'Aniche;

3° Le transport par chaîne flottante de la fosse n° 3 de Ferfay.

A Anzin et à Aniche, le système par corde-queue est employé
pour faire le transport dans des galeries à travers bancs et dans les
voies de niveau qui s'y relient par des courbes de 25 à 30 mètres

de rayon. Ces galeries sont à une seule voie; les installations ne diffèrent, en principe, que par la disposition du moteur.

A Anzin, ce moteur est installé dans la mine à 300 mètres de profondeur, et reçoit la vapeur du jour. A Aniche, le peu de solidité des terrains ne permettait pas le creusement d'une chambre de machine; le moteur a été, en conséquence, installé à la surface, et les câbles descendent le long du puits pour s'infléchir sur des poulies à l'entrée de la galerie à travers bancs. Cette disposition a l'avantage de ne pas nécessiter le déplacement du moteur, lorsque l'exploitation descend d'un étage: or la durée des étages à Aniche est limitée à six ou sept ans, par suite du peu de puissance des couches.

L'une et l'autre disposition ont d'ailleurs fait leurs preuves en Angleterre. La machine souterraine d'Anzin est la copie exacte des machines anglaises employées pour les transports par corde-queue, dans lesquelles les tambours sont rendus mobiles pour venir tour à tour s'embrayer avec un pignon moteur. Nous préférons de beaucoup la disposition de la machine d'Aniche construite chez MM. de Quillacq et Cie, où l'embrayage se fait par des manchons à griffe actionnant successivement les pignons qui transmettent respectivement le mouvement aux tambours. Sauf cette particularité du moteur, les transports par corde-queue d'Anzin et d'Aniche ne présentent pas d'innovation par rapport aux types bien connus de l'Angleterre.

A Anzin, ce système permet de remorquer 50 à 60 wagonnets, chargeant 430 kilogrammes, avec une vitesse de 3^m,50 en moyenne par seconde. Le maximum de la longueur desservie était, au moment de l'Exposition, de 1,675 mètres. On extrayait par 24 heures 1,500 wagonnets en deux postes.

Quant au prix de revient, on estime que, jusqu'à 1,500 mètres, il ne diffère pas beaucoup du prix de revient par cheval, mais qu'il n'augmente pas sensiblement de 1,500 à 3,000 mètres, maximum de la distance sur laquelle s'étendra ce roulage.

A Aniche, le transport mécanique desservait, au moment de l'Exposition, une longueur maximum de 1,000 mètres; mais il devait encore se développer.

Il est établi pour un transport de 1,200 à 1,500 wagonnets, chargeant 400 kilogrammes par 10 heures de travail, avec une vitesse de 5 mètres par seconde. Le prix de revient y était de 25 centimes par tonne kilométrique utile pour une extraction de 300 tonnes par jour, et de 19 centimes pour une extraction de 400 tonnes.

Le problème à résoudre à Ferfay était tout différent : il s'agissait de faire le transport sur une voie de niveau de 258 mètres de développement, en même temps que sur une vallée de 200 mètres de longueur sur 60 mètres de profondeur verticale, située à son extrémité. La vallée était en ligne droite, et la galerie rectifiée présentait une courbe de 800 mètres de rayon. Ces conditions indiquaient l'emploi d'un transport par chaîne flottante. Si, en effet, ce système ne peut s'appliquer aux voies en courbes de petit rayon, il se prête, en revanche, parfaitement à suivre les ondulations verticales de la voie.

M. Alfred Évrard, directeur des mines de Ferfay, a installé au jour la machine motrice, et s'est servi d'un système funiculaire pour transmettre le mouvement à 243 mètres de profondeur. C'est la première fois, pensons-nous, que ce mode de transmission est appliqué pour actionner un transport en vallée. Il existait déjà des exemples de transmission de ce genre aux charbonnages de Mariemont pour des transports souterrains sur voies de niveau ; mais l'application qui en a été faite à Ferfay est plus hardie à cause de l'effort plus grand qu'exige le transport sur une rampe.

Le moteur actionne au jour une poulie Fowler, sur laquelle s'enroule un câble sans fin qui descend dans le puits par un compartiment d'aérage ; après s'être infléchi à la base du puits sur une poulie de renvoi, il va s'enrouler d'abord sur une poulie à deux gorges portée par un chariot tendeur sollicité à descendre le long d'un petit plan incliné. Le câble va ensuite s'enrouler sur une seconde poulie Fowler, puis retourne sur la seconde gorge de la poulie du chariot tendeur et remonte dans le compartiment d'aérage. La poulie motrice de la chaîne sans fin se trouve sur l'axe vertical de la deuxième poulie Fowler.

La vallée ne se trouvant pas dans le prolongement de la voie de niveau, la chaîne sans fin ne pouvait être unique ; une première chaîne fait le transport sur la voie de niveau de 258 mètres et transmet le mouvement à une seconde, qui effectue le transport sur la vallée de 200 mètres. Ces chaînes pèsent 9 kilogrammes par mètre courant.

M. Alfred Évrard s'est livré à d'intéressantes expériences sur la force consommée par les divers éléments de ce transport mécanique. En admettant une vitesse de 30 à 32 tours à la machine motrice, qui correspond à une vitesse de la chaîne de $0^m.40$ par seconde, il a obtenu les résultats suivants :

		Chevaux.
Travail de la machine à vide.		5,06
Frottement. . . . . { du câble de transmission.		2,46
{ de la chaîne et des galets.		5,00
Travail dû à la traction { sur la voie horizontale. .		2,20
{ sur la vallée.		5,98
	Total.	20,70

A cette vitesse, la chaîne débite environ un wagon de 5 hecto-litres par minute, avec un espacement de 20 mètres, soit 600 wagons par 10 heures. Le prix de revient est, dans ces conditions, de 336 millimes par tonne kilométrique. Ce débit pourrait être doublé en espaçant les wagonnets de 10 mètres, et le prix descendrait à 206 millimes par tonne kilométrique.

Au moment de l'Exposition, l'extraction n'était que de 300 wagons par 10 heures, et le prix de revient s'élevait à 672 millimes par tonne kilométrique, mais ce prix est encore inférieur à celui du transport par cheval en vallée.

La vallée unique aurait en effet dû être subdivisée en quatre vallées partielles de 50 mètres, et le transport par cheval aurait coûté 1 fr. 05 cent. par tonne kilométrique. L'économie augmente d'ailleurs avec la production, car, pour une extraction double, il aurait fallu doubler le nombre des vallées partielles, des chevaux et des conducteurs.

La Société des mines d'Anzin emploie également la chaîne flottante à la fosse Réussite pour faire un transport sur une vallée destinée à atteindre 900 mètres de longueur.

Ce transport ne présente d'ailleurs aucune particularité. Les chaudières sont installées dans la mine, à l'étage de 387 mètres, au pied d'un puits d'aérage ; la vapeur descend par des conduites à l'étage de 516 mètres, où la machine motrice est installée à la tête du plan incliné. Ce plan incliné dessert actuellement deux niveaux en défoncement. La chaîne est relevée à chacun de ces niveaux intermédiaires. La vitesse est de 40 à 50 centimètres. Le poids de la chaîne est de $13^k,50$ par mètre courant. Cette exploitation est située à environ 500 mètres du puits.

Gr. **VI.**
—
Cl. **50.**

La longueur de cette vallée et l'importance de la production qu'elle est appelée à desservir justifient ici l'application d'un système d'installation aussi coûteuse. On emploie plus souvent, pour atteindre le même but, de simples treuils mus par la vapeur, l'eau ou l'air comprimé.

L'eau est encore peu appliquée comme moteur dans les mines, malgré les avantages très réels qu'elle présente. Citons comme application les treuils hydrauliques avec machine à trois cylindres exposés par la *Hydraulic engineering Company* de Chester, dans la classe 54. L'air comprimé est, au contraire, fréquemment appliqué, et l'Exposition nous montrait plusieurs systèmes de treuils destinés à cette application.

Citons les treuils à 1 et à 2 cylindres exposés par MM. John Fowler et Cie. Le treuil à 1 cylindre pèse 1,700 kilogrammes, et le treuil à 2 cylindres, 9,250 kilogrammes. Ce sont des appareils qui se trouvent dans toutes les mines anglaises, et qui se recommandent par leurs formes ramassées et leur construction bien appropriée à leur objet spécial. La maison Fowler exposait, de plus, la poulie qui porte son nom, et dont nous venons de voir une application. Cet appareil ingénieux est plus employé dans les mines anglaises que sur le continent, où on lui reproche de fatiguer les câbles.

On voyait, de plus, dans l'exposition de MM. John Fowler et Cie, comme dans celle de MM. Robey et Cie et de MM. Appleby brothers, un type de machine motrice locomobile, pour traction mécanique et extraction, composé d'une chaudière tubulaire avec deux cylindres placés sous la boîte à fumée. Ce type paraît assez employé en Angleterre, puisque nous le trouvons présenté par trois constructeurs.

La Compagnie des mines de Béthune (Bully-Grenay) exposait un treuil à air comprimé de construction nouvelle.

Ses dimensions ($1^m,60$ de longueur sur $1^m,15$ de largeur et $1^m,04$ de hauteur) permettent de le faire passer dans toutes les galeries et de l'installer dans tous les points d'une mine sans exhausser le plafond.

Deux cylindres obliques, de 4 centimètres de diamètre et de 18 centimètres de course, sont conjugués sur un arbre coudé, qui transmet le mouvement à l'arbre des tambours par un engrenage au cinquième.

La distribution est très simple : elle se fait par une came unique qui actionne simultanément les tiges des deux tiroirs, toujours maintenus contre elle par la pression de l'air comprimé. On peut marcher à volonté en avant ou en arrière. Ce treuil remonte deux wagonnets sur une pente de 15 degrés et un wagonnet sur une pente de 25 degrés à une vitesse de $1^m,20$ par seconde. Il ne pèse que 1,200 kilogrammes.

La Compagnie des houillères de Béthune a également appliqué les treuils à *embrayage-frein* et *à limiteur de vitesse* du système Megy, Echeverria et Bazan, exposé par MM. L. Sautter, Lemonnier et Cie. Ces organes nouveaux sont fondés l'un et l'autre sur l'emploi d'un ressort en acier recouvert de cuir et placés à l'intérieur d'un cylindre creux.

Dans l'*embrayage-frein*, le ressort a une courbure supérieure à celle du cylindre, de sorte qu'il s'applique contre sa paroi intérieure; dans cette position, le cylindre entraîné par le ressort est, par conséquent, embrayé sur l'axe; une chaîne permet de ramener plus ou moins le ressort vers le centre, de manière à débrayer progressivement.

Dans le *limiteur de vitesse*, la courbure du ressort est inférieure à celle du cylindre, qui est fixe; lorsque la vitesse de l'arbre vient à s'accroître, des masses de fonte ou de plomb, qui sont libres dans les cellules radicales d'un manchon intérieur, se portent vers la circonférence par l'effet de la force centrifuge, et appliquent le

ressort contre la paroi intérieure du cylindre, de manière à faire **Gr. VI.**
l'office de frein automatique.

Cl. 50.

Dans les treuils exposés, les tambours étaient munis de l'*embrayage-frein*. Les machines tournent toujours dans le même sens; les tambours tournent en sens contraire l'un de l'autre par l'effet d'un engrenage intermédiaire, qui actionne l'un d'eux. Cet engrenage est calé sur un arbre qui porte deux limiteurs de vitesse; celle-ci ne peut ainsi dépasser 90 centimètres par seconde, même en cas de fausses manœuvres ou de rupture. Les manœuvres sont réduites à la plus grande simplicité; au lieu du levier de changement de marche, le machiniste a à sa disposition un levier dont un seul mouvement débraye un des tambours, en même temps qu'il embraye de l'autre côté.

Plans automoteurs. — Les transports par plan automoteur étaient peu représentés à l'Exposition; le matériel des plans automoteurs souterrains figuré dans plusieurs atlas ne présente aucune amélioration digne d'être signalée. Les installations les plus intéressantes représentées à l'Exposition étaient celles des mines de fer spathique du Creusot, à Saint-Georges (Savoie) et à Allevard (Isère). Des plans en relief montraient les conditions de transport dans lesquelles se trouvent ces mines, et des modèles rendaient compte du détail de ces intallations.

Le point le plus élevé à la mine de Saint-Georges est à 1,200 mètres d'altitude, alors que la cote de la vallée n'est que de 300 mètres. Cette différence de hauteur doit être rachetée par cinq plans automoteurs à chariots porteurs, présentant une pente moyenne de 45 centimètres par mètre. Les chariots porteurs qui pèsent 5,600 kilogrammes sont à 4 wagons de 700 kilogrammes chacun de charge utile. La vitesse moyenne est de 2 mètres par seconde. Les rails sont au nombre de trois, du haut en bas du plan avec un croisement; les chariots porteurs y sont simplement guidés par les bourrelets des bandages des roues. Les tambours coniques de 6^m,50 de diamètre moyen sont reliés par engrenage, de manière que l'enroulement du câble se fasse par-dessus chacun d'eux. Ils sont munis d'un frein à ailettes. Le câble est en acier de 27 millimètres de diamètre. Ces plans automoteurs reproduisent en somme les meilleures dispositions des plans automoteurs de Styrie et de Carinthie [1], avec un débit plus considérable. La mine Saint-Georges est en effet destinée à produire 100,000 tonnes par an, dans un avenir prochain.

Aux mines d'Allevard, les transports se font provisoirement par un plan automoteur *aérien* destiné à être remplacé par trois plans automoteurs établis dans les conditions ci-dessus.

Le câble provisoire rachète la différence de hauteur de 1.111 à 534 mètres. Les câbles porteurs ont une longueur totale de 1,550 mètres, divisée par des supports en neuf travées, le maximum de portée d'une travée étant de 360 mètres, et le maximum de hauteur d'un support étant de 18 mètres. L'inclinaison moyenne du câble est de 40 centimètres par mètre. Ces câbles sont en acier et d'un diamètre de 30 millimètres. Le poids de la benne est de 1,700 kilogrammes, et la charge utile de 1,290 kilogrammes; la vitesse moyenne de descente est de 5 mètres par seconde. Le câble de traction est également en acier et a 10 millimètres de diamètre. Il s'enroule sur des tambours de 2 mètres. Ce plan automoteur aérien débite en moyenne 100 tonnes par jour, ce qui est insuffisant pour la production projetée de la mine. C'est pourquoi il est destiné à disparaître.

Les transports aériens n'étaient pas représentés à l'Exposition, comme ils l'eussent mérité au point de vue des services qu'ils peuvent rendre. C'est en visitant les mines de fer de Somorrostro, près de Bilbao, que l'on peut surtout juger de leur importance dans les pays de montagnes. Deux systèmes y sont en présence : le système Hodgson, à câble à la fois porteur et moteur, et le système Bleichert, à câble porteur et à câble de traction automotrice. Le système Bleichert paraît plus économique, puisqu'il supprime le moteur; mais il demande une installation beaucoup plus soignée. Les câbles de Somorrostro étaient figurés sur un plan à petite échelle faisant partie de l'exposition de MM. Ibarra frères.

[1] Voir notre Rapport sur l'exploitation des mines de l'Exposition de Vienne de 1873. (*Revue universelle des mines*, 2ᵉ série, t. III, 1878.)

Il nous reste à signaler les remarquables installations de transports automoteurs des mines de la Grand'Combe.

Gr. VI.

Cl. 50.

La galerie de sortage des mines de Champclauson est située
à 200 mètres au-dessus de la place de chargement de la Levade,
et en est séparée par une distance de 2,500 mètres. D'après le
système d'exploitation adopté, les wagons vides entrent dans la
mine à un niveau supérieur à celui de la sortie des wagons
pleins.

Le problème compliqué résultant de ces conditions de transport
a été des plus heureusement résolu dès 1845, par M. Bourdaloue,
par l'invention du système des plans *bisautomoteurs* qui remontent les wagons vides à un niveau supérieur à celui d'où descendent les pleins.

Les mines de la Grand'Combe exposaient, dans tous leurs détails, les dispositions des plans bisautomoteurs de Champclauson,
qui sont devenues classiques.

Les résultats de ce système se traduisent en ce que le prix de
ce transport de 2,500 mètres, avec 200 mètres de dénivellation,
ne coûte pas plus de 25 centimes par tonne, à raison de 300 wagons pleins et de 300 wagons vides par jour. Les années n'ont fait
ainsi qu'affirmer l'excellence de ce système, qui a été appliqué de
nouveau en 1860 pour relier les usines d'agglomération de la
Pise à la mine de Champclauson. Cet ensemble a été complété
par l'addition d'une balance hydraulique, qui, en utilisant les eaux
d'écoulement des mines de Champclauson, relève les charbons
venant de l'atelier de lavage du puits du Ravin jusqu'au niveau
de la voie de descente des wagons pleins, en leur faisant franchir
une hauteur de 115 mètres sur un plan incliné de 408 mètres
de longueur.

Les plans bisautomoteurs de la Grand'Combe ont fait école, et
nous avons vu le même système appliqué, dans des proportions
moindres, en Styrie, aux mines de lignite du Seegraben, près
de Leoben. Un modèle de cette dernière installation figurait à
l'Exposition de Vienne de 1873 [1], et une brochure explicative ren-

[1] Voir notre Rapport sur l'Exposition de Vienne. (*Revue universelle des mines*,
2ᵉ série, t. III, p. 219, 1878.)

dait un hommage mérité à l'initiative prise par les charbonnages de la Grand'Combe.

XIV

EXTRACTION.

L'Exposition donnait une idée très complète de l'état actuel des installations des sièges d'extraction et des principales tendances nées de la concentration de l'extraction en un petit nombre de sièges et de l'approfondissement progressif des mines. Le problème de l'extraction à 1,000 mètres, considéré, il y a peu de temps encore, comme un épouvantail, est aujourd'hui résolu pratiquement aux mines de Przibram en Bohême, dans des conditions de production qui, à vrai dire, ne sont pas celles des houillères. Mais celles-ci prévoient dès aujourd'hui le moment où elles atteindront ces profondeurs vertigineuses en vue desquelles le nouveau matériel d'extraction est souvent construit. Nous en rencontrerons plus d'un exemple en parcourant l'Exposition.

Installations des puits.

Châssis de molettes en métal. — Avec ces tendances, il ne faut pas s'étonner de voir devenir aujourd'hui d'un emploi général ce qui, en 1867, était encore l'exception. Citons par exemple l'emploi des châssis de molettes en métal. C'est à peine, dans les nombreux modèles et dessins de sièges d'extraction modernes, représentés à Paris, si l'on voyait encore quelques chevalements en bois. Ceux-ci deviennent en effet de plus en plus massifs, et par conséquent de moins en moins économiques, à mesure que l'importance de l'extraction s'accroît.

La Compagnie de Terre-Noire, la Voulte et Bessèges, exposait le modèle d'un châssis à molettes en fer substitué, en 1874, au chevalement en bois du puits Terret aux mines de houille de Lalle (Gard). Bien que ce châssis métallique ne paraisse pas spécialement étudié au point de vue de l'économie de la matière, cet exemple est intéressant au point de vue du sujet qui nous occupe.

L'ancien chevalement en bois établi sur un sol dont la stabilité **Gr. VI.**
est compromise et dans un climat présentant de grandes alter- —
nances de sécheresse, n'avait duré que sept ans et avait coûté **Cl. 50.**
8,000 francs. Le nouveau châssis en fer est formé de quatre piliers et de deux poussards d'après l'ancien modèle des châssis en
bois. Chaque pièce est composée de quatre cornières réunies par
des treillis. Il pèse 25,524 kilogrammes et a coûté, en 1874,
15,314 francs, à raison de 60 francs les 100 kilogrammes. Ce
châssis a 14^m.90 de hauteur. La profondeur du puits est de
230 mètres; la charge extraite est de 2,700 litres d'eau ou de
1,600 kilogrammes de charbon. L'épuisement par câble peut y
atteindre 2,000 à 2,300 tonnes par jour.

Le châssis porte la charge suivante :

4 guides en fil de fer	2,760^k
Tension des guides	26,000
Molettes de 3^m,20 et paliers	3,780
Câble en fil de fer	1,000
2 fourches	900
Total	34,440

A cette charge s'ajoutent, quand on épuise les eaux :

2 bâches à eau	1.940^k
Poids de l'eau	2,700
Total	4,640

La résultante de la tension et de la réaction du câble sous un
angle de 48 degrés est de 12,000 kilogrammes; de sorte que la
charge totale sur le chevalement est de 51,080 kilogrammes. Le
fer travaille à 3^k,7, et, dans les piliers, à 5^k,3.

Les chevalements en fer construits par la Compagnie de Fives-
Lille se distinguent par une économie plus grande de métal; ils
se composent de deux piliers verticaux et de deux poussards
obliques reliés deux à deux par deux entretoises obliques. Cette

compagnie exposait les dessins du châssis qu'elle a construit pour les mines de Liévin en 1877, et l'on voyait dans l'exposition des mines de Béthune le dessin d'un châssis semblable.

Le châssis de Liévin est à pièces tubulaires composées de deux faces pleines et de deux faces à treillis. La hauteur de ce châssis est de 16 mètres. Il a été construit pour une profondeur de 600 mètres, la charge étant la suivante :

Poids des cages.	2,500^k
8 wagonnets.	1,440
Charge utile.	3,200
600 mètres de câble.	9,000

Le poids très largement calculé est de 53,000 kilogrammes. Ce châssis mis en place a coûté 58 francs les 100 kilogrammes.

La Société John Cockerill, à Seraing, construit des châssis à molettes d'une grande légèreté en poutres latices sans entretoisement. Elle exposait à Paris la construction de ce genre la plus hardie qu'elle ait réalisée, et qu'elle a installée au puits Marie du siège Colard de ses houillères.

L'installation complète de ce puits, figurée par de grands dessins, a été fort remarquée à Paris, et nous aurons l'occasion d'y revenir plusieurs fois dans ce chapitre. Les exigences du service ont fait établir les deux niveaux de recette : l'un à 9 mètres, l'autre à 10^m,50 au-dessus de l'orifice. Par suite de l'emploi d'un tambour spiraloïde, dont le grand diamètre pourrait faire craindre d'enlever plus facilement la charge aux molettes, celles-ci ont été placées à 19^m,50 au-dessus de la recette supérieure. Le châssis se compose d'un avant-carré en treillis faisant suite aux compartiments d'extraction. Au-dessus de l'avant-carré se trouve un entablement pour supporter des molettes de 5 mètres de diamètre. Deux forts poussards en latices étayent cette construction contre une maçonnerie dans laquelle ils sont solidement ancrés.

Le modèle des installations de la fosse Renard n° 2, à Anzin, nous montrait un chevalement de 14 mètres de hauteur, en tubes de fer. Ce chevalement est aussi formé de deux montants et de deux poussards obliques sous entretoisement.

La fosse Renard n° 2 a été outillée en prévision d'une extrac- **Gr. VI.**
tion de 1.000 tonnes par jour à 700 mètres de profondeur. Mais
elle n'est encore qu'à 470 mètres.   **Cl. 50.**

La Compagnie des mines de Courrières exposait le modèle de
sa fosse n° 5, où elle a eu recours à un système mixte consistant
à établir un petit chevalet en fer sur quatre piliers de maçonnerie
avec abords du puits dégagés. La hauteur des molettes est à
18 mètres au-dessus de la recette.

Puits jumeaux. — Nous ne pouvons songer à rappeler toutes
les installations d'extractions représentées en modèles ou en dessins
à l'Exposition. Nous devons cependant une mention spéciale à celle
des puits jumeaux des houillères de Montrambert et de la Béraudière. Cette installation est une solution heureuse du problème
de l'établissement de puits à grande production dans des terrains
rendus instables par l'exploitation. Elle consiste dans l'établissement de deux puits jumeaux de faible diamètre desservis par une
machine unique placée entre eux. Cette diposition n'est pas nouvelle en elle-même, et l'on en trouve de nombreux exemples en
Angleterre; mais elle est rendue originale par les conditions d'in-
stabilité du terrain; il faut signaler notamment les dispositions
qui permettent de redresser la machine en cas de déviation par
suite des tassements, ainsi que l'emploi de cages à quatre wagonnets sur un seul étage, disposition commandée par la nécessité de
réduire la dimension des accrochages pratiqués à différents niveaux.

Guidages. — L'Exposition nous a mis sous les yeux quelques
intéressants détails relatifs à l'installation des puits d'extraction.

Citons par exemple le mode d'attache des guidages en bois
employé d'abord à Carmaux, puis à Commentry.

Dans ce système, les guides en bois sont fixés à queue d'a-
ronde et serrés par un coin sur les traverses. Ce système supprime
les chevilles en fer ou en bois à tête noyée fixées sur la face des
guidages, mais il exige des pièces de bois plus fortes et coûtant
plus cher, comme on peut en juger par la comparaison suivante
relevée dans l'album de Commentry.

Gr. VI.

Cl. 50.

Prix du mètre courant de guidage ordinaire :

0^{mᵌ},137 traverses et guides.................	13ᶠ 70
4 chevillettes...........................	0 28
40 kilogr. de ciment pour sceller les traverses....	2 40
Main-d'œuvre...........................	5 26
Total........	21 64

Prix du mètre courant de guidage (système de Carmaux) :

0^{mᵌ},230 traverses et guides.................	27ᶠ 60
2 coins en bois..........................	1 20
30 kilogr. de ciment pour sceller les traverses....	1 80
Main-d'œuvre...........................	6 76
Total........	37 36

Au puits Marie du siège Colard de la Société John Cockerill, à Seraing, on a adopté le système de guidage en bois de M. Ch. Lambert, ingénieur au corps des mines, à Charleroi, dont la première application a été faite, en 1872, au puits du Grand-Mambourg, à Charleroi [1].

Cages en acier. — L'emploi de l'acier dans la construction des cages est, pour le continent, un progrès qui date de l'Exposition de 1867, et qui n'a fait depuis que s'affirmer. On est rarement allé plus loin dans cette voie que la Société Cockerill dans l'installation du puits Marie du siège Colard.

Le poids mort des cages à deux étages et de 4 wagonnets en acier est de........................	2,000ᵏ
La charge utile, de........................	2,160
Total........	4,160

Le rapport du poids mort ou poids total n'est donc que de 48 p. 0/0.

[1] *Revue universelle des mines*, t. XXXIII, p. 86, 1873.

Câbles.

Les extractions augmentant de profondeur, la question du poids des câbles acquiert une importance capitale. Les opinions ne sont pas encore fixées cependant sur la matière la plus avantageuse. Malgré la tendance générale de l'époque, qui semble indiquer l'acier comme la matière la plus légère à résistance égale, certains ingénieurs persistent dans l'emploi des câbles en aloès. C'est ainsi que la machine d'extraction exposée par Fives-Lille et destinée à extraire à 800 mètres de profondeur aux mines de Béthune était disposée pour recevoir des câbles en aloès. Les câbles employés à de telles profondeurs sont à section uniformément décroissante. L'exposition de la maison Vertongen-Goens, de Termonde (Belgique), montrait les limites extrêmes qu'il est possible d'atteindre dans cette voie. Elle exposait un câble plat en aloès goudronné à huit aussières de 75 mètres de longueur sur $0^m,37$ à $0^m,17$ de large, représentant toutes les sections d'un câble de 1,600 mètres de longueur pesant en moyenne $9^k,80$ par mètre courant, et capable, d'après ce fabricant, d'élever régulièrement et avec sécurité, de 1,500 mètres de profondeur, une charge totale de 5,000 kilogrammes.

Ce câble rendrait ainsi possible l'extraction à l'énorme profondeur de 1,500 mètres, au moyen d'une machine à deux cylindres conjugués de $0^m,90$ de diamètre et de 2 mètres de course avec une pression initiale effective de 4 atmosphères. En admettant que le poids mort soit égal à 50 p. o/o de la charge totale, cette machine serait convenablement équilibrée avec des bobines de $0^m,95$ de petit rayon et de $4^m,39$ de grand rayon. Elle ferait 36 tours par minute et enlèverait la charge de la profondeur de 1,500 mètres en 90 tours, soit en 150 secondes.

L'emploi des câbles en aloès ne peut donc être absolument condamné, même pour de grandes profondeurs, s'il est reconnu que leurs avantages compensent leurs inconvénients; malheureusement celui du poids qu'ils viennent ajouter à la charge n'est que trop réel.

Les câbles métalliques sont beaucoup plus légers. C'est ainsi que, pour le puits Marie (siège Colard), un câble en aloès de section uniformément décroissante, calculé d'après les formules ordinaires pour 700 mètres de profondeur, avec une résistance de 80 kilogrammes par centimètre carré, eût pesé 6,024 kilogrammes.

Actuellement l'extraction ne se fait encore qu'à 530 mètres et l'on fait usage d'un câble rond en acier pesant 5ᵏ,7 par mètre courant, soit 3,021 kilogrammes. Pour 700 mètres, ce câble pèserait 3,990 kilogrammes; mais on se propose, à cette profondeur, d'adopter un câble en acier à section décroissante d'un nouveau système imaginé par les ingénieurs de la société Cockerill, et dont un spécimen fabriqué chez M. Vertongen-Goens était exposé à Paris.

Le seul système employé jusqu'ici pour fabriquer les câbles décroissants en fer et en acier est de lâcher de distance en distance un fil à chaque toron.

Or les câbles métalliques ne sont pas composés de fils d'une seule pièce ayant toute la longueur du câble. Ils sont formés de tronçons de fils soudés au laiton l'un à l'autre. Les ingénieurs de Seraing ont pensé qu'on pourrait aussi bien souder des fils de diamètres différents et disposer les soudures le long du câble, de manière à obtenir un câble métallique s'approchant beaucoup de la décroissance théorique.

Voici quelle est la composition du câble qui devra servir pour l'extraction à 700 mètres de profondeur :

Il sera formé de 7 sections composées de 180 fils, variant depuis 0ᵐ,022 jusqu'à 0ᵐ,016 de diamètre.

On admet comme charge de rupture de l'acier fondu 114 kilogrammes par millimètre carré, c'est le minimum garanti par la tréfilerie. En outre, à cause des âmes en chanvre, on emploie, pour calculer le poids du mètre courant de câble, la formule

$$nd^2 \, 0,0085,$$

dans laquelle $d =$ diamètre du fil, $n =$ nombre de fils.

En partant de l'axe de la molette qui est élevé de 30 mètres au-dessus du niveau du puits, on obtient une longueur de câble de 730 mètres; le reste, qui s'enroule sur le tambour, sera une por-

tion de câble uniforme de 110 mètres: la distance des molettes **Gr. VI.**
au tambour est de 55 mètres; il restera 55 mètres de corde non
travaillante sur le tambour. La longueur totale du câble sera, par **Cl. 50.**
conséquent, de 840 mètres; sa composition est résumée dans le
tableau suivant :

NUMÉRO des mises.	LONGUEUR des mises.	DIAMÈTRE		POIDS		CHARGE À SUPPORTER.
		des fils.	du câble.	du mètre courant de chaque mise.	total de chaque mise.	
1......	110^m	2^{mm},2	54^{mm}	7^k,40	814^k,0	$+ 7,950^k,9 = 8,764^k,9$
2......	90	En décroiss.	//	6 ,76	608 ,4	$+ 7,342 ,5 = 7,950 ,9$
3......	150	2^{mm}	49	6 ,12	918 ,0	$+ 6,424 ,5 = 7,342 ,5$
4......	90	En décroiss.	//	5 ,33	497 ,7	$+ 5,926 ,8 = 6,424 ,5$
5......	150	1^{mm},8	44	4 ,95	742 ,5	$+ 5,184 ,3 = 5,926 ,8$
6......	90	En décroiss.	//	4 ,43	398 ,7	$+ 4,785 ,6 = 5,184 ,3$
7......	160	1^{mm},6	40	3 ,91	625 ,6	$+ 4,160 ,0 = 4,785 ,6$
Total.	840				4,604 ,9	

Si l'on ne considère que les 700 mètres de câble correspondant
à la profondeur du puits, on obtient un poids de 3,588 kilogrammes.

Le bout de câble exposé par la Société Cockerill avait une décroissance exagérée à dessein, les soudures étant trop rapprochées :
le seul but était, d'ailleurs, de démontrer la possibilité de cette
fabrication qui doit être considérée comme un progrès nouveau.

Le câble de section uniforme actuellement en usage au puits
Marie présente lui-même une innovation importante dans les procédés de fabrication des câbles ronds métalliques. Les câbles ronds
ordinaires fabriqués par couches concentriques ont le défaut de
présenter une grande rigidité.

Supposons, par exemple, un câble composé de 180 fils de
2 millimètres de diamètre. Par le procédé habituel, on compo-
serait ce câble de six torons tordus autour d'une âme centrale en

chanvre. Chaque toron serait formé de 30 fils rangés suivant deux couches concentriques, autour d'une âme en chanvre comme le montre la figure 1. Ce câble aurait un diamètre de 40,5 millimètres.

Fig. 1.

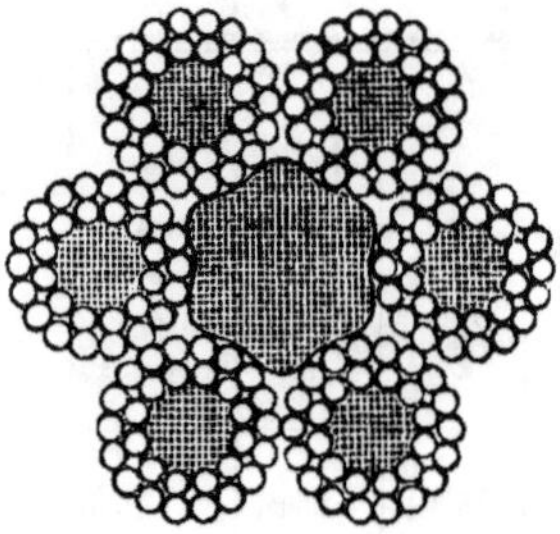

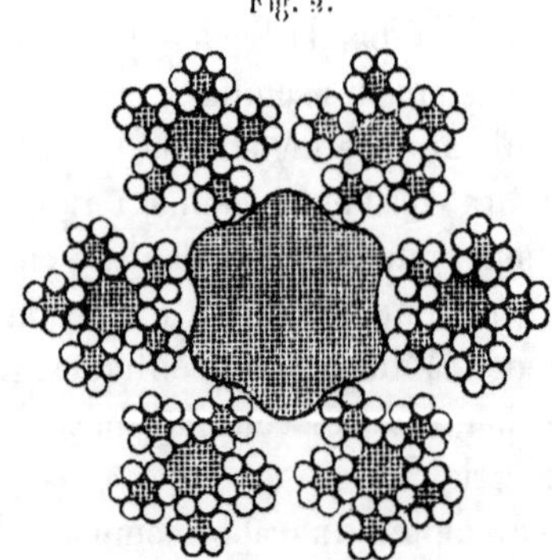

Dans un tel câble, tous les fils ne se trouvent pas dans des conditions de travail identiques; ils ne supportent pas tous la même fatigue; à l'enroulement, les uns doivent s'allonger et les autres se comprimer; on en a la preuve dans le peu de flexibilité du câble.

Si, au contraire, on forme d'abord de petits torons de six fils avec âme en chanvre: si, avec cinq de ces torons, on fait une corde munie également d'une âme en chanvre; enfin si l'on enroule six de ces cordes autour d'une âme centrale en chanvre, pour en former le câble définitif, on arrive à l'arrangement indiqué par la figure 2.

Fig. 2.

Ce câble aura un diamètre de 50 millimètres; c'est celui qui a

été adopté au puits Marie, et dont un échantillon était exposé. Il a
été fabriqué chez M. Vertongen-Goens, de Termonde.

Dans ce câble, tous les fils sont et restent dans des conditions
identiques de résistance à la charge, d'élasticité et de fatigue; ce
câble présente par suite une flexibilité remarquable, qui a même
dépassé de beaucoup les prévisions. Il est inutile d'ajouter que le
travail égal de tous les fils contribue évidemment à augmenter la
durée du câble.

Les expositions des fabricants de câbles de mine français et
belges témoignaient des améliorations apportées dans cette industrie, depuis l'Exposition de 1867, par le perfectionnement des
procédés mécaniques de câblage.

Les exposants français étaient la Commission des ardoisières
d'Angers, MM. F. Besnard-Genest père et fils et Bessonneau (d'Angers), MM. Stiévenart-Cambier et fils (de Lens). Les exposants
belges étaient M. Vertongen-Goens (de Termonde) et la Société
des corderie et clouterie de Châtelet.

En dehors des innovations signalées ci-dessus, ces expositions
étaient plus remarquables au point de vue de la fabrication en
elle-même qu'au point de vue du rôle que jouent les câbles dans
l'exploitation des mines.

Moyens d'équilibrer les câbles. — Les câbles plats métalliques présentent, à grande profondeur, l'inconvénient de ne pas permettre
un équilibre satisfaisant par leur enroulement sur les bobines. On
ne peut partir de diamètres suffisamment réduits à cause de la
raideur de ces câbles. La différence des diamètres initial et final
est trop faible, et l'on obtient un moment négatif à l'arrivée au
jour.

C'est pourquoi l'on a généralement recours aux câbles métalliques ronds pour les grandes profondeurs.

Mais, pour obtenir avec ces câbles l'équilibre des moments au
départ et à l'arrivée, on est obligé de recourir aux tambours coniques à gorge spiraloïde, comme on l'a fait au puits Marie (siège
Colard), à Seraing.

Ce système est fréquemment employé en Westphalie, comme le

prouve la liste suivante des principales installations de ce genre qui y ont été faites :

DÉSIGNATION DES CHARBONNAGES.	PROFON-DEUR.	DIAMÈTRES.		LARGEUR.
		Petit.	Grand.	
	mètres.	mètres.	mètres.	mètres.
Cœlner Bergwerksverein, puits *Emscher*.	366	5,790	8,520	1,470
Société Courl { puits n° 1.........	418	4,084	8,520	1,810
{ puits n° 2.........	418	4,084	8,520	1,810
Pluto, près Wanne.............	418	4,084	8,520	1,810
Glückauf Tiefbau, près Barop......	418	4,084	8,520	1,810
Unser Fritz, près Wanne..........	418	4,084	8,520	1,810
Consolidation. { puits n° 1.........	418	4,084	8,520	1,810
{ puits n° 2.........	433	3,884	8,520	1,885
Victoria Mathias, près Carnap......	418	3,776	8,474	1,760
Frédéric le Grand, près Herne......	418	4,084	8,474	1,820
Sellerbeck, près Mulheim-sur-Ruhr..	398	3,600	8,468	1,900
Ewald, près Recklinghausen.......	523	3,824	8,900	2,150
Roi Louis, près Herne...........	523	3,824	8,900	2,150
Prosper II, près Borbeck.........	523	3,824	8,900	2,150
Hugo, près Buer..............	523	3,824	8,900	2,150
Société Reine Élisabeth, puits *Joachim*.	523	3,776	8,474	2,170
Victor, près Castrop............	586	4,430	8,870	2,645
Nachtigall, près Witten..........	550	4,700	10,000	"
Hélène et Amélie, près Borbeck.....	550	4,700	10,000	"
Oberhausen...............	550	4,700	10,000	"
Steingatt, près Kupferdreh........	550	4,200	9,700	"

Au puits Marie, le diamètre initial est de 5 mètres, et le diamètre final de 10 mètres: on trouve ainsi comme moment au départ :

$$2^{m},50 \times (4,160 + 3,791) - 5^{m} \times 2,000 = 9877,50 :$$

et, à l'arrivée :

$$5^{m} \times 4,160 - 2,50 \times (2,000 + 3,791) = 6,323.$$

Le moment moyen est égal à

$$\frac{2,50 + 5,00}{2} \times 2.160 = 8,000.$$

On voit qu'on obtient à peu de chose près l'équilibre.

Le diamètre moyen étant de $7^m,50$, la circonférence moyenne est de $23^m,55$; pour une profondeur de 700 mètres, on aura donc $\frac{700}{23,55} = 30$ spires travaillantes. Le tambour en porte 32 pour permettre l'enroulement d'un bout de câble servant à fixer ce dernier.

Les spires sont formées en un fer profilé spécial; elles sont fixées sur une forte charpente en fer supportée par les moyeux des tambours. La distance horizontale de l'axe des tambours au puits est de 50 mètres. Cette distance est nécessitée par l'obliquité du câble. La disposition de chaque spire a été déterminée spécialement en laissant le même jeu au câble dans toutes les rainures.

Tous les trous des rivets qui fixent les spires à la charpente du tambour ont été soigneusement déterminés d'avance sur les dessins de détail, de manière que, lors du montage des spires, on n'avait qu'à présenter celles-ci courbées convenablement et à les river.

« L'atelier des chaudronneries (dit la notice publiée par la Société Cockerill dans le *Catalogue de l'Exposition de l'industrie minérale belge*) a apporté un tel soin dans l'exécution du tambour, qu'il n'y avait pas une seule erreur dans les trous de rivets, et que les spires se raccordent si exactement qu'elles forment une spirale continue sans la moindre inégalité. C'est à cette circonstance qu'est due, en grande partie, la marche si parfaite et si calme du câble sans vibrations ni oscillations. Il ne touche nulle part les bords des spires et reste toujours dans le fond des rainures. »

On comprend que de tels soins rendent difficiles les constructions de ce genre, qui, par elles-mêmes, sont déjà coûteuses. C'est pourquoi certains constructeurs préfèrent renoncer complètement à équilibrer les câbles, en recourant à la détente variable pour corriger l'absence d'équilibre.

Machines d'extraction.

Emploi de la détente variable. — Le principal progrès indiqué, à l'Exposition de 1867, dans la construction des machines d'extraction était la généralisation de l'attaque directe de l'arbre des bobines par la manivelle. Ce système était devenu tout à fait général en 1867, par suite de l'augmentation nécessaire des vitesses d'extraction. Le même courant a conduit aujourd'hui aux appareils à détente, et l'Exposition de 1878 montrait qu'on n'installe plus guère aujourd'hui de machines d'extraction à pleine pression.

Avec les grandes profondeurs qui augmentent les frais d'extraction, on a cherché à réaliser des économies sur la consommation de combustible à laquelle on n'avait guère égard, il y a quelque dix ans, dans les charbonnages. L'emploi de la détente permet d'ailleurs de réaliser une double économie, en réduisant les massifs de chaudières. On a d'abord timidement employé la détente fixe ; puis, petit à petit, on a reconnu les avantages de la détente variable au point de vue de l'équilibre des machines, et l'on en est arrivé finalement, dans quelques installations, à ne plus rechercher l'équilibre autrement que dans la variation de la détente.

Les machines d'extraction exposées en nature, en modèle ou en dessin, étaient très nombreuses, et permettaient de passer une revue des principaux types actuels.

Machines à tiroirs. — Le premier système de détente, appliqué aux machines d'extraction à tiroirs, est celui de la détente Meyer, variable à la main et par le levier de changement de marche qui permet de supprimer la détente pendant les manœuvres sans organe spécial.

Dans les premiers temps de l'emploi de la détente dans les machines d'extraction, la plus grande préoccupation était de chercher des moyens nouveaux de supprimer la détente pendant les manœuvres. MM. Guinotte et Chenard avaient pris un brevet dans ce sens le 26 février 1866, et leur système fonctionnait en 1867 au puits Saint-Arthur des charbonnages de Mariemont. En 1868, MM. Scohy et Crespin appliquaient un système analogue aux charbonnages de Monceau-Fontaine et du Martinet. Cette société a appliqué successivement depuis lors la détente Scohy et Crespin à cinq machines d'extraction.

Elle exposait un dessin complet de la machine horizontale à **Gr. VI.** deux cylindres conjugués du puits n° 17. Le système Scohy et **Cl. 50.** Crespin se caractérise par l'emploi de deux chapelles superposées. Celle du dessous reçoit le tiroir ordinaire, celle du dessus le tiroir de détente; ces tiroirs sont mus l'un et l'autre par excentriques; la détente peut être réglée par un volant à main; elle n'est pas variable en pleine marche. La détente se supprime au moment des manœuvres par de petits tiroirs spéciaux logés dans la chapelle supérieure, qui permettent de rétablir la communication de la vapeur avec la chapelle inférieure, quelle que soit la position du tiroir de détente. Ces petits tiroirs se manœuvrent au moyen d'un levier spécial.

Les diagrammes exposés par la Société de Monceau-Fontaine montraient que ces machines fonctionnent dans des conditions très satisfaisantes.

Dans le système Guinotte et Chenard, un levier spécial était également nécessaire pour supprimer la détente au moment des manœuvres.

M. Guinotte a fait disparaître cet inconvénient dans les nombreuses combinaisons cinématiques qu'il a étudiées [1] pour rendre la détente *automatiquement variable* en pleine marche.

Le système Guinotte était représenté, à l'Exposition, par le modèle de la machine du puits n° 1 de Bruay, construite par la maison Petau, par le modèle de la machine de la fosse Renard n° 2, à Anzin, construite par la maison de Quillacq et Cie, et par les dessins de deux machines construites par la même maison pour les charbonnages de Kladno (Bohême), appartenant à la Société autrichienne I. R. P. des chemins de fer de l'État. Les expériences faites par M. Riedler, répétiteur de mécanique à l'École polytechnique de Vienne, accusent une économie de 40 p. o/o dans la machine du puits Pruhon à Kladno, lorsqu'on y emploie la détente, par rapport à la consommation obtenue en supprimant cet emploi. La machine Guinotte de la fosse Renard n° 2 est la reproduction de la machine de la fosse n° 5 des charbonnages de Bascoup à Trazegnies (Bel-

---

[1] Voir *Étude générale sur la détente variable et spécialement sur son application aux machines d'extraction*, par L. Guinotte, 2e édition, Liège, 1872.

gique). Elle est verticale à deux cylindres conjugués et construite en vue d'une extraction à 700 mètres de profondeur, au moyen de câbles plats en acier et de bobines; elle doit extraire 100 tonnes par heure.

Les distributions Guinotte exigent un grand nombre d'organes en mouvement. Pour éviter ces complications, M. Ch. Beer de Jemeppe eut l'idée, en 1871, de recourir, dans les machines d'extraction, à la variation automatique de la détente au moyen du régulateur [1], ce qui supprime tout levier spécial et laisse le machiniste conduire sa machine comme il en a l'habitude, en agissant simplement sur le modérateur et sur le levier de changement de marche.

Le régulateur permet de réaliser les conditions suivantes :

1° La machine fonctionne à la détente la plus convenable, quelles que soient les variations de la résistance et la pression de la vapeur, pourvu que celle-ci soit suffisante. La machine ne fonctionne pas tout de suite à détente, mais seulement lorsqu'elle atteint sa vitesse normale.

2° La détente se supprime d'elle-même pendant les manœuvres, quel que soit le point du puits où elles s'opèrent, parce que les manœuvres se font toujours à très faible vitesse.

M. Ch. Beer a adopté la détente Meyer; mais tout autre système est applicable.

Dans le cas de bobines équilibrées, les fonctions du régulateur se bornent à provoquer où à supprimer une détente dont le degré est prévu. Tel était le cas pour la belle machine d'extraction horizontale à deux cylindres exposée à Paris par la maison Beer.

Le régulateur de cette machine était calculé pour interrompre l'admission aux 3/10 de la course du piston, au moment précis où la machine a acquis sa vitesse normale et pour supprimer la détente au moment voulu par le machiniste.

Le type Beer est appliqué dans plusieurs charbonnages du bassin de Liège.

[1] Note sur l'économie de combustible dans les machines d'extraction. (*Revue universelle*, t. XXIX, 1871, p. 415.)

La machine exposée était destinée au charbonnage de Fond-
Piquette près de Liège. Voici les principaux éléments de sa marche.

Gr. VI.
—
Cl. 50.

Profondeur.	500^m
Charge utile.	$1,000^k$
Poids mort { cage.	700
{ 2 wagons.	500
Poids du câble plat en aloès.	3,369
Diamètre des cylindres.	$0^m,53$
Course des cylindres.	1 ,20
Nombre de tours par minute.	48,7
Pression de la vapeur dans les cylindres.	4 atmosphères.

Une des bobines peut être rendue folle pour changer la longueur des câbles. L'assemblage de cette bobine se fait par un seul
boulon, tandis qu'ordinairement on le réalise par plusieurs boulons ou par un embrayage à plusieurs dents. Ces systèmes présentent l'inconvénient de donner lieu à des accidents lorsque tous
les boulons ou toutes les dents ne portent pas. L'Exposition nous
montrait un système analogue employé aux mines de Carmaux. A
Carmaux, on règle les câbles quatre fois par jour, et la durée de la
manœuvre est de 6 minutes pour une bobine de 3 mètres de diamètre. Pour en revenir à la machine d'extraction de M. Ch. Beer,
il faut encore citer comme détails intéressants un nouveau modérateur à glissière différentiel, dans lequel une combinaison de levier augmente la puissance, quand la glissière fermée oppose sa
résistance maximum. La machine Beer est munie d'un levier à
vapeur pour le changement de marche.

Cet organe se range dans la catégorie de ceux auxquels M. Farcot a donné le nom de *servo-moteur*. Appliqué, dans le principe, aux
machines marines, le servo-moteur a été adapté, pour la première
fois, aux machines d'extraction, par M. Ch. Beer, et l'on peut dire
que c'est cet appareil qui a seul permis de construire de puissantes machines d'extraction à tiroirs. La Société des mines d'Anzin
exposait un modèle de servo-moteur Farcot, tel qu'il est appliqué
à la machine Guinotte de la fosse Renard n° 2.

L'emploi des servo-moteurs de différentes constructions est aujourd'hui devenu général dans toutes les fortes machines à tiroirs,

et a détourné l'attention des dispositions de tiroirs et de robinets équilibrés dont on trouvait, à l'Exposition, l'un des derniers représentants dans les dessins d'une machine d'extraction à tiroirs circulaires équilibrés de M. Schivre, établie aux mines de Commentry.

La détente variable, sans autre moyen d'équilibrer les câbles, a été employée à Przibram aux premiers puits qui ont réalisé pratiquement l'extraction à plus de 1,000 mètres. Une récente visite de ces mines nous permet de donner quelques détails sur ces intéressantes installations.

A Przibram, on a renoncé à l'emploi des tambours spiraloïdes à cause des dimensions colossales données par le calcul pour obtenir l'équilibre au départ et à l'arrivée. Les diamètres extrêmes eussent été $9^m,482$ et $13^m,275$. Nous remarquerons toutefois que le diamètre minimum eût, sans inconvénient, pu être pris plus petit eu égard à la raideur des câbles.

Au puits Adalberti, parvenu, en 1875, à la profondeur de 1,000 mètres, on fit choix d'un tambour cylindrique de 6 mètres de diamètre et d'une machine horizontale à deux cylindres, à détente variable.

Le poids utile est de 1,000 kilogrammes de minerai; — de la cage, 450 kilogrammes; — du wagon vide, 340 kilogrammes; — du câble rond en acier, à 1,000 mètres, 1,560 kilogrammes.

Dans ces conditions, le moment, au départ, est

$$3 \times 3,350 - 3 \times 790 = 7,680.$$

Le moment, à l'arrivée, est

$$3 \times 1,790 - 3 \times 2,350 = -1680.$$

Ce moment étant négatif, on en serait réduit à marcher à contre-vapeur, si les résistances propres de cette machine ne venaient compenser l'effort négatif. La machine développe, au départ, 266 chevaux, et, à l'arrivée, 8 chevaux de force. La machine du puits Adalberti est à détente Meyer avec tiroirs circulaires du système Rider, dont le déplacement angulaire permet d'obtenir tous les degrés de détente.

Ce système a été modifié au puits Maria, parvenu, en 1878, à la profondeur de 1,000 mètres. On a reconnu que les tiroirs doubles de la machine du puits Adalberti ne fermaient pas hermétiquement et laissaient perdre beaucoup de vapeur, et que l'on pouvait, sans inconvénient, réduire le diamètre des tambours.

La machine du puits Maria, construite, comme celle du puits Adalberti, au point de vue d'une extraction future à 1,120 mètres de profondeur, a des tambours de 4 mètres de diamètre seulement. Elle est horizontale et à deux cylindres; on y a conservé la forme circulaire des tiroirs, mais on a modifié le système de détente, dont la variation s'obtient simplement par la manœuvre d'une coulisse Gooch. Pour éviter la compression variable avec le degré de détente, lorsqu'on emploie une coulisse unique, on a disposé, pour la décharge, des tiroirs spéciaux manœuvrés au moyen d'une coulisse spéciale. La machine est ainsi à quatre tiroirs reliés deux à deux à une coulisse Gooch.

Les tiroirs et la coulisse de droite servent à l'admission; la coulisse de gauche, à l'échappement qui reste constant. Pour régulariser l'usure des tiroirs, un mécanisme leur imprime un mouvement lent d'oscillation transversale. On nous a assuré à Przibram qu'avec cette machine la dépense de combustible était de 6 kilogrammes par heure et par cheval *utile,* tandis qu'elle était de 10 à 11 kilogrammes au puits Adalberti.

Les dessins de ces machines, construites chez Breitfeld, Danck et Cie, à Prague, se trouvaient dans les albums exposés par le Ministère de l'agriculture à Vienne.

Il est intéressant de constater que, dans l'installation la plus considérable qui existe au point de vue de la profondeur, on en soit revenu à une distribution par tiroir avec variation de la détente simplement obtenue par la manœuvre de la coulisse, malgré les inconvénients bien connus de ce système. Le grand avantage est de pouvoir supprimer la détente pendant les manœuvres, sans aucun organe supplémentaire, et c'est sans doute la principale raison qui y a fait revenir dans les nouvelles installations de Przibram.

La manœuvre des tiroirs est obtenue, dans ces puissantes ma-

Gr. VI.
—
Cl. 50.

chines, au moyen de petits moteurs hydrauliques faisant l'office de servo-moteurs.

Machines à soupapes. — M. Audemar, ingénieur des mines de Blanzy, résolvait, en 1869, le problème de la détente variable, en établissant sur les machines à tiroirs ou à soupapes de Blanzy une soupape spéciale de détente placée sur l'arrivée de vapeur. Cette soupape est actionnée par un manchon à bosses, qui peut glisser sur son axe, et son mouvement, étant rendu solidaire de celui de la coulisse, n'exige pas de levier spécial. Le machiniste qui a en main le levier de changement de marche n'a plus besoin de toucher au modérateur.

Le système Audemar fut le point de départ des perfectionnements introduits à la Société John Cockerill dans les machines à détente variable et à soupapes.

Le principal fut la suppression de la soupape spéciale de détente, les soupapes d'admission et d'échappement étant directement commandées par des manchons à bosses, susceptibles d'un mouvement longitudinal sur leur axe, par la manœuvre du levier de changement de marche. Ce perfectionnement est dû à MM. Brialmont et Kraft, qui l'introduisirent pour la première fois dans une machine établie, en 1870, aux charbonnages d'Ougrée; on voyait à l'exposition l'application du système Brialmont et Kraft dans la belle et robuste machine d'extraction exposée par la Société de Fives-Lille.

La machine exposée par la Compagnie de Fives-Lille était destinée à la fosse n° 2 des mines de Béthune, qui possèdent déjà une machine semblable.

La machine exposée est destinée à extraire 500 tonnes de charbon par jour à 800 mètres de profondeur, au moyen de bobines équilibrées et de câbles en aloès. Le diamètre initial d'enroulement est de $2^m,30$, et le diamètre final, à 800 mètres, sera de $7^m,15$. Dans ces conditions, on obtiendra l'équilibre au départ et à l'arrivée.

Cette machine est à deux cylindres horizontaux pourvus chacun de quatre soupapes en ligne. Ces soupapes sont équilibrées et sont

rabattues par des contre-galets, de crainte que le grippement des
tiges ne les maintiennent levées.

Gr. VI.

Cl. 50.

La détente peut varier de o à 92 p. o/o au moyen des manchons à bosses.

Les cylindres ont 90 centimètres de diamètre et 2 mètres de
course.

Le diamètre de la poulie du frein est de 4 mètres, le diamètre
du piston est de 55 centimètres; le rapport des leviers est égal à
$2^m,60$; la pression de la vapeur étant de 4 kilogrammes, la machine développe théoriquement 50 chevaux à 25 tours par minute
et avec une introduction de 25 p. o/o.

Le mécanicien se tient entre les deux cylindres derrière les bobines. Il a à sa disposition le modérateur, le levier de changement
de marche et de détente, le levier du frein et deux petits leviers
actionnant les robinets purgeurs de l'un et de l'autre cylindre.

Cette position du mécanicien n'est pas sans danger en cas de
rupture des câbles, malgré la précaution de placer entre lui et les
bobines de forts poteaux en bois reliés au bâtiment.

Le machiniste occupe la même position dans la machine à
bâti américain, dont les dessins étaient exposés par M. Al. Andry,
administrateur délégué de la Société des ateliers de Boussu (Belgique).

Cette machine, destinée au puits n° 2 de Lens, est à deux cylindres horizontaux conjugués; elle diffère de la précédente, en ce
que les manchons à bosses de la distribution Brialmont et Kraft y
sont placés verticalement, et en ce que les soupapes sont situées
au-dessus et au-dessous du cylindre, de manière à réduire l'espace
nuisible.

Elle est destinée à extraire à 700 mètres de profondeur avec
des câbles en aloès. Le diamètre des cylindres est de $0^m,70$: la
course de 2 mètres.

M. Kraft, ingénieur en chef de la Société Cockerill, a poussé
plus loin encore la simplification dans la machine horizontale à
deux cylindres conjugués du puits Marie (siège Colard) à Seraing.
Les cylindres ont 90 centimètres de diamètre et 2 mètres de course
au piston.

Le bâti de cette machine est du genre dit *américain*. Les soupapes sont fixées directement sur les points de distribution, de manière à diminuer les espaces nuisibles. Les soupapes d'admission sont au-dessus; les soupapes d'émission au-dessous du cylindre; elles sont mues par quatre tringles obliques qui prennent leur mouvement sur les bosses des manchons. La machine a un puissant frein à vapeur à mâchoires agissant sur une poulie de 5 mètres de diamètre.

Le machiniste est placé à droite de la machine et a sous la main les trois leviers du modérateur, du changement de marche et du frein.

Bien que, comme nous l'avons dit plus haut, il y ait une distance de 50 mètres entre les bobines et le puits, le machiniste a vue sur la recette par une porte du bâtiment de la machine; mais, grâce à une sonnerie à cadran indicateur, les machinistes de Seraing ont pu se passer d'avoir l'œil sur l'orifice du puits, et la porte reste ordinairement fermée pour préserver des poussières la chambre de la machine.

MM. Sulzer frères, de Winterthur, exposaient une belle machine d'extraction horizontale à deux cylindres conjugués, à soupapes et détente variable à la main du machiniste, caractérisée par un système de distribution à déclic. Elle se combine avec un système de changement de marche très ingénieux et parfaitement approprié aux machines d'extraction. Le levier de changement de marche est mis en relation avec le mécanisme de détente variable, de telle sorte que la plus petite admission corresponde aux points extrêmes de sa course, et la pleine pression à des positions un peu plus rapprochées de la moyenne.

On peut ainsi manœuvrer entre deux positions intermédiaires du levier, comme avec une coulisse ordinaire, et, au delà de ces positions, donner tel degré de détente que l'on veut, à partir de 15 p. o/o. Ce système, qui a l'avantage de ne pas exiger une attention spéciale de la part du machiniste, est appliqué à une distribution à déclic nouvelle, due à M. Züblin, ingénieur chez MM. Sulzer frères, et dérivée de la distribution bien connue des machines motrices Sulzer, qui ont fait leur apparition à l'Exposition de 1867,

et dont le succès n'a fait que s'affirmer depuis lors. La machine
exposée était destinée aux mines d'Ems, où se trouve déjà une
machine de ce système. Elle est construite pour extraire de
210 mètres une charge utile de 1,000 kilogrammes, au moyen
de câbles plats en acier de 7 millimètres sur 70 millimètres. Les
cylindres ont 45 centimètres de diamètre et 90 centimètres de
course. Les soupapes, qui sont à double siège, sont placées au-
dessus et au-dessous des cylindres, et chacun d'eux porte une cinquième soupape faisant l'office de modérateur. Les soupapes d'admission sont à ressort et à coussin d'air pour modérer leur chute.

Les cylindres portent, de plus, de petites soupapes de sûreté,
pour que l'air aspiré dans la marche à contre-vapeur ne dépasse
pas la pression de 7 atmosphères. Dans la marche à contre-vapeur,
l'air comprimé dans le cylindre fait ainsi office de frein.

La machine exposée se distinguait, indépendamment de sa construction soignée, par plusieurs détails ingénieux. On doit toutefois
se demander si ces organes délicats sont bien ceux qui conviennent
au rude travail des machines d'extraction. La direction du charbonnage de Sacré-Madame en a jugé autrement, car elle a adopté
le système Sulzer dans une des plus fortes machines d'extraction
qui aient été construites. Elle exposait les plans détaillés de cette
machine, construite par MM. Carels frères, à Gand, pour extraire,
en 160 secondes, une charge utile de 3,200 kilogrammes de
1,000 mètres de profondeur; elle ne diffère, en système, de la
précédente, que par l'adjonction d'un régulateur de vitesse hydraulique, qui agit sur la détente. C'est donc une machine à détente
automatiquement variable. De même que dans la machine exposée,
le levier de changement de marche ne permet à cette détente de se
produire qu'au delà de deux positions intermédiaires, entre lesquelles toutes les manœuvres se font à pleine pression.

Le régulateur de vitesse hydraulique est très ingénieux : il se
compose de trois pistons, qui foulent de l'eau d'une manière continue dans le cylindre d'une cataracte. Le robinet de cette cataracte est ouvert, de telle sorte qu'à la vitesse normale l'eau s'écoule
à mesure qu'elle y entre. La vitesse vient-elle à s'accroître, le volume d'eau foulé est plus grand que celui qui s'écoule, et le piston

de la cataracte s'élève et augmente la détente, en agissant sur la position du déclic.

L'avantage principal des détentes à déclic conduites au moyen d'un régulateur est de donner à cet organe de très faibles résistances à vaincre.

Elles se prêtent spécialement par suite à son emploi.

La belle machine horizontale à deux cylindres conjugués exposée par la Société anonyme des constructions mécaniques d'Anzin satisfait également à ce programme. D'après la date des brevets, c'est à MM. de Quillacq et Cⁱᵉ que reviendrait la priorité de l'application des distributions à déclic conduites par le régulateur dans les machines d'extraction. Les premières applications de ces dispositions auraient été faites aux machines des fosses de Roucourt et de Bernicourt des charbonnages d'Aniche en 1876 et 1877. La machine exposée était la troisième construite par eux sur ce modèle.

Dans la machine exposée, la distribution se rapproche de l'ancien système Sulzer. La détente est rendue automatiquement variable par un régulateur du système Porter, et peut, à volonté, être rendue indépendante de ce dernier. Le machiniste peut, de plus, faire varier la vitesse de régime de la machine.

La pleine pression s'obtient d'ailleurs d'elle-même, pendant les manœuvres, par le ralentissement. Dans la marche à contre-vapeur, l'air comprimé fait frein, et des soupapes de sûreté permettent de pousser la compression jusqu'à 5 ou 6 atmosphères. Les soupapes sont placées latéralement aux cylindres et deux à deux dans une même boîte. La machine exposée avait des cylindres de 75 centimètres sur 1ᵐ,60 de course.

Cette machine, très bien construite et très étudiée dans tous ses détails, n'échappe pas au reproche que nous adressions aux machines Sulzer à distribution Züblin. La complication et la délicatesse des organes de la détente sont un grave inconvénient dans des engins dont le moindre dérangement oblige à supprimer, pour ainsi dire, la vie du charbonnage. On peut, de plus, présenter une objection au principe même de la détente variable : c'est qu'à toute machine correspond certain degré de détente pour lequel sa marche est la plus économique. En faisant varier la détente, pour ainsi dire, à chaque tour, on renonce donc à marcher dans les conditions les plus favorables.

Il y a là un inconvénient sérieux qu'il faut signaler, tout en rendant un hommage mérité aux habiles mécaniciens qui cherchent à réaliser, par la détente automatiquement variable, l'équilibre le plus parfait qui puisse être obtenu dans les machines d'extraction, à cause des difficultés inhérentes aux conditions de marche de ces engins, à de grandes profondeurs.

Machines d'extraction sans câbles.

Indépendamment des dangers auxquels expose toujours l'emploi des câbles, les difficultés indiquées ci-dessus sont l'une des raisons qui ont fait chercher à réaliser l'extraction par d'autres moyens.

Cette recherche est loin d'être abandonnée, et nous retrouvons, à l'Exposition de Paris, de nouveaux exemples de machines à tiges rigides renouvelés des anciens appareils suédois de Polhammar [1]. M. Méhu avait établi à Anzin, en 1849, un appareil à tiges rigides aujourd'hui supprimé. Nous retrouvons un appareil du même genre dans l'exposition de la Société des charbonnages des Bouches-du-Rhône. M. Houdaille, ingénieur chez M. Édoux à Paris, exposait aussi un appareil à tiges rigides fondé sur le même principe, mais caractérisé par d'ingénieux détails de construction. Dans les appareils précédents, les taquets qui retiennent les cages sur les tiges sont mobiles dans le sens vertical, ce qui nécessite des articulations peu compatibles avec le travail qu'on doit exiger du système. Dans l'appareil de M. Houdaille, ces taquets sont fixes sur les tiges et s'effacent par un mouvement de rotation pour laisser passer la cage. Les tiges sont au nombre de huit par cage, dont quatre sont animées d'un mouvement vertical alternatif au moyen du mécanisme ordinaire des waroquières à balancier hydraulique; elles reçoivent, en outre, un mouvement circulaire de va-et-vient à la fin de chaque course, pour effacer les taquets qu'elles portent, et qui soutenaient la cage pendant la course. En ce moment, la

[1] Voir *Revue universelle des mines*, 1re série, t. VI, p. 377.

Gr. VI.

Cl. 50.

cage repose sur les taquets de quatre tiges sédentaires qui ne participent pas au mouvement de va-et-vient vertical, mais qui exécutent, à leur tour, un mouvement circulaire pour effacer leurs taquets au passage de la cage emportée par les tiges mobiles. Ces mouvements circulaires sont engendrés au moyen d'hélices par les mouvements rectilignes. Ce dispositif intéressant paraît bien étudié; mais il n'a pas été appliqué, et il a le tort de chercher une solution dans une voie qui ne paraît pas devoir conduire à des résultats pratiques.

Le système atmosphérique de M. Z. Blanchet présente un intérêt beaucoup plus général, qu'il puise surtout dans la réalisation pratique dont il a été l'objet au puits Hottinguer des houillères d'Épinac (Saône-et-Loire). qui a atteint 618 mètres de profondeur, et doit être foncé jusqu'à 800.

La Société d'Épinac exposait des dessins et un spécimen de la recette supérieure de cette importante installation [1].

Elle consiste en un tube métallique de 1^m,60 librement suspendu dans le puits, comme les colonnes des pompes, et contenant deux pistons entre lesquels se place une cage contenant les wagonnets au nombre de neuf. Ce tube est en communication par le bas avec l'atmosphère, et relié par le haut à une machine pneumatique : il communique également à l'extérieur par divers orifices ouverts et fermés à volonté.

Le train monte dans le tube par l'effet de la pression atmosphérique, et l'air pris au fond du puits est aspiré sous le piston ; à la descente, cet air est expulsé au dehors.

Des portes et des taquets, des registres et des robinets, correspondent aux recettes du fond et de la surface. Des baromètres et des sonneries, des compteurs et des chronomètres. indiquent, à la surface, l'endroit précis où se trouve le train à la montée et à la descente.

A Épinac, le tube est simple, l'ascension et la descente sont alternatives, mais le système complet suppose deux tubes conjugués.

---

[1] Voir *Annales des mines*, 7e série. t. XIV, p. 266.

Dans l'un s'élève un train de wagons pleins, tandis que de l'autre côté descend un train de wagons vides.

Dans ce cas, l'air aspiré par la machine pneumatique est refoulé sur le train descendant. Dans le cas du tube simple, l'air aspiré est refoulé dans l'atmosphère ou dans un réservoir à volume variable. Dans tous les cas, les trains sont tenus en équilibre constant sous des dépressions déterminées en relation avec leurs poids; leur vitesse est réglée, à la remonte, par le volume aspiré au-dessus du piston par la machine pneumatique, et, à la descente, par le volume d'air admis au-dessus du piston.

Le tube se compose d'une série de tronçons ou *viroles*. Les viroles ordinaires sont en tôle de 7 millimètres d'épaisseur et s'assemblent au moyen de cornières rivées; elles pèsent chacune $503^k,8$.

Les viroles-portières sont en fonte.

Les portes munies de contrepoids s'élèvent et s'abaissent, guidées dans des châssis à glissières; elles se ferment par l'action de la pression extérieure. D'autres viroles spéciales servent pour les jeux de taquets à presse-étoupes qui se manœuvrent de l'extérieur.

Afin de donner toute sécurité aux manœuvres à la recette ou aux étages intermédiaires, on a disposé, en dessous de ces points, des viroles-registres avec boîte latérale, dans laquelle se loge le tiroir du registre, lorsque le tube est ouvert. Le registre est manœuvré de l'extérieur au moyen de tiges qui traversent des boîtes à étoupes.

Enfin les viroles extrêmes portent des clapets de prise d'air et d'échappement. Tous les joints des viroles sont garnis d'une lame de caoutchouc de 5 millimètres, et le tube est goudronné à l'extérieur et graissé à l'intérieur par le piston. Il est muni d'un tuyau d'échappement de 50 centimètres de diamètre, qui va de la partie inférieure du tube à son sommet; ce tuyau communique en bas avec le tube par une boîte à clapets, et en haut avec l'atmosphère par une vanne qui se ferme à volonté pour arrêter le train ou modérer sa vitesse en cas d'accident.

Le piston supérieur est double, et les deux pistons sont espacés entre eux d'une distance plus grande que la hauteur des portes et

Gr. VI.
—
Cl. 50.

plus petite que la distance des deux portes, ce qui permet au train de franchir sans difficulté les parties du tube où se trouvent celles-ci, et où il n'est plus cylindrique. Les pistons sont munis de garnitures de cuir derrière lesquelles agissent 48 segments en bois poussés par 96 ressorts en fil de laiton.

Les wagons étant au nombre de neuf par train, la réception se fait à trois niveaux de recette en trois manœuvres. Celles-ci se font au moyen de robinets d'admission et d'échappement, qui permettent de soulever et d'abaisser le train à volonté, comme avec une machine à vapeur. La cage est suspendue de manière à pouvoir tourner sur elle-même, afin de faire correspondre la position des wagons à celle des rails de recette.

L'installation doit être telle, qu'une machine auxiliaire à câbles puisse permettre de visiter et de réparer le tube, de changer une virole, etc. Le tube se prolonge au-dessus de l'orifice de la hauteur nécessaire pour loger le train, les taquets et l'appareil de prise d'air. Cette partie du tube est soutenue par des colonnes en fonte qui supportent en même temps les planchers de recette.

Le tube du puits Hottinguer, formé de 485 viroles, a une hauteur totale de $603^m,50$; il pèse $342,025$ kilogrammes subdivisés comme suit :

Colonne du tube	245,000k
Taquets et accessoires	12,500
Boulons d'assemblage	9.700
Tuyaux d'échappement	22,500
Attirail de suspension	51,500
Joints en caoutchouc	825
Total	342,025

La machine pneumatique du puits Hottinguer est provisoire ; elle n'avale que 1 mètre cube d'air par seconde et n'imprime au train que 50 centimètres de vitesse ; mais elle devait être remplacée, dès la fin de 1878, par une machine de 500 chevaux aspirant 12 mètres cubes par seconde et faisant marcher les trains à la vitesse de 6 mètres.

La dépression à l'ascension est de 0.4 atmosphère; elle est à la descente de 0.6 atmosphère.

Gr. VI.
——
Cl. 50.

Ces appareils fonctionnent régulièrement et sans encombre depuis le 1er décembre 1876 pour l'extraction et la circulation du personnel. Les résultats obtenus sont les suivants :

Avec le moteur provisoire, la durée de l'ascension d'un poids total de 6,000 kilogrammes, dont 3,000 de charge utile, est de 20 minutes. Ce moteur est actionné par l'ancienne machine d'extraction, qui élevait de la même profondeur 500 kilogrammes en 8 minutes. Le travail de la machine est ainsi trois fois meilleur, et le rendement de la vapeur a augmenté de 66 p. o/o. Mais il faut reconnaître que l'ancienne machine fonctionnait dans des conditions très défectueuses et que son travail est un bien mauvais point de comparaison. Le coût de l'installation a été de 316,610 francs pour le tube unique; la machine coûtera 120,000 francs; les chaudières 80,000 francs, soit en total 516,660 francs. Mais, pour que l'appareil soit complet et que la machine fonctionne dans les meilleures conditions d'effet utile, il faut y adjoindre un second tube, ce qui conduira à une dépense totale de 833,220 fr. Cette dépense est hors de toute comparaison avec celle qu'exigerait une installation d'extraction pour les mêmes profondeurs. A vrai dire, les frais d'extraction viendront compenser en partie la différence. Voici comment M. Blanchet établit la comparaison :

Dépense spéciale d'installation d'une extraction par câble à 603 mètres de profondeur :

Guidage.	50,000f
Molettes.	2,000
Machine de 600 chevaux.	80.000
Total.	132,000

Dépense spéciale d'installation d'un tube atmosphérique :

Tube de 603 mètres, avec accessoires.	316,610f
Moisage du puits.	25,000
Machine à vapeur.	135,000
Total.	476,610

Frais annuels par câble :

Deux câbles de 750 mètres, soit 1,500 mètres de câble, pesant 16,500 kilogr., à 1 fr. 12 cent...	18,480[f]
Réparation et entretien du guidage............	3,600
Consommation de charbon (6,000 tonnes à 10 fr.)	60,000
Total.........	82,080

Frais annuels par le système atmosphérique :

Visite et entretien des tubes..............	1,200[f]
Graissage du piston....................	800
Consommation de charbon (1,800 tonnes à 10 fr.)	18,000
Total.........	20,000

D'après ces chiffres, l'économie réalisée permettrait de rémunérer à 18 p. 0/0 le capital dépensé en plus.

Nous croyons néanmoins que les mines hésiteront, en général, devant un capital de premier établissement aussi élevé. On ne peut nier toutefois que l'expérience pratique faite par la Société d'Épinac ne soit un jalon pour l'avenir; mais le moment où les machines d'extraction par câbles deviendront insuffisantes paraît encore loin d'être arrivé.

Ce qui donne une grande valeur à l'essai d'Épinac, c'est le soin avec lequel ont été étudiés tous les détails des organes accessoires, qui ont rendu cet appareil pratique dès sa première application, et qui ont fourni une solution acquise et confirmée par la pratique, si l'on ne considère que le côté purement technique. Le seul doute qu'il laisse encore à ce point de vue est la possibilité de conserver des tubes de tôle, même goudronnés ou graissés, dans des puits où circulent souvent des eaux corrosives. On ne doit pas méconnaître non plus le rôle que cet appareil joue pour l'aérage de la mine, et nous croyons que ce rôle a été déterminant dans le choix qui en a été fait à Épinac, où cette installation a dispensé la société de creuser un second puits, qui eût coûté beaucoup plus. Cependant il ne faut pas s'exagérer ce rôle. Lorsque le tube reste unique, il fonctionne en effet comme une pompe d'aérage inter-

mittente entre les aspirations de laquelle se produit une stagnation, qui pourrait même devenir dangereuse. Cette stagnation ne se
produit pas pendant la marche de la machine, si le tube est double;
mais il serait néanmoins impossible, notamment dans une mine
à grisou, de faire dépendre l'aérage de la marche de l'extraction,
qui peut être plus ou moins active et qui peut subir des arrêts ou
des accidents mettant la mine en péril.

Le système Blanchet peut donc contribuer, dans une certaine
mesure, à l'aérage; mais il ne dispense pas d'employer les moyens
ordinaires sans même permettre de les réduire.

M. Blanchet ne présente pas, d'ailleurs, son système comme un
moyen régulier d'aérage, mais il émet une prétention qui nous
paraît au moins problématique, c'est celle de *supprimer le grisou*
par le moyen suivant : les ouvriers étant retirés et les orifices de
la mine fermés, il propose de faire le vide dans la mine au moyen
de son système atmosphérique, afin d'extraire le grisou de la
houille et des remblais, puis, en ouvrant de nouveau l'entrée de
l'air, de balayer le grisou par une aération énergique, avant de
permettre aux ouvriers d'y rentrer.

Nous craignons fort que ce procédé ne soit inefficace; on aurait,
à vrai dire, extrait une certaine proportion de grisou; mais il est à
craindre que les vides où il existait ne se remplissent de nouveau
aux dépens du gaz; le grisou pourra s'y trouver à une tension
moindre dans le principe, mais cette tension s'équilibrera bientôt
avec celle de la dépression ordinaire régnant dans la mine. Le
procédé n'aura donc pas supprimé le grisou: il l'aura seulement
mis en mouvement sans changer pour cela les conditions de sécurité de la mine.

Accessoires de l'extraction.

Il nous reste à signaler quelques détails accessoires des installations d'extraction.

Considérons d'abord les jeux de taquets des recettes. On voyait
figurée dans l'album de Commentry une ingénieuse disposition
qui met les garde-fous des puits en relation avec les jeux de taquets. Cette disposition a remplacé à Commentry les garde-fous

soulevés par les cages, système qui a l'inconvénient de donner lieu à des chocs.

Les charbonnages du Hasard, près de Liège, exposaient un modèle du sémaphore des mines de MM. J. d'Andrimont, directeur-gérant, et Henrotte, ingénieur de ces charbonnages.

Au moyen de cet appareil, les manœuvres des taquets des différents étages du puits se font simultanément de la surface au moyen d'une tringle en fer creux qui relie tous les clichages.

Cet appareil a pour but d'éviter les accidents par suite de la négligence des ouvriers préposés à la manœuvre des taquets ou par suite de signaux mal compris.

La Société des mines de Lens exposait un système de taquets hydrauliques dû à M. Reumeaux, ingénieur de cette société.

Ce système est entièrement automatique : les taquets du fond, au nombre de quatre par compartiment, sont supportés par quatre pistons plongeurs qui communiquent avec une colonne d'équilibre au moyen d'une soupape. Celle-ci étant ouverte, les taquets s'élèvent et viennent s'arrêter contre un obstacle au niveau voulu pour faire les manœuvres de l'étage inférieur de la cage qui porte quatre wagonnets.

Les quatre wagonnets vides étant remplacés par quatre wagonnets pleins, la seule différence de poids fait descendre les pistons à fond de course avec la cage. Elle se trouve alors au niveau convenable pour faire la manœuvre à l'étage supérieur. Lorsque la cage est ensuite soulevée par la machine d'extraction, les taquets sollicités par un contrepoids s'effacent, de manière à laisser passer la cage, si l'on extrait à un étage d'exploitation inférieur.

Pour éviter les ruptures que produirait le choc de la cage contre les taquets, on a placé, sur le tube de communication avec la colonne d'équilibre, un matelas élastique formé d'un piston qui comprime un ressort, ainsi que deux soupapes de sûreté.

Des systèmes plus ou moins analogues ont très bien fonctionné au puits Saint-Thomas de Firminy et au puits Fanny de l'Espérance (Seraing). Il faut s'étonner qu'un système si simple et donnant toute garantie contre les inadvertances des machinistes ne soit pas plus répandu.

Comme signaux, nous ne pouvons signaler que les timbres à marteau, à contrepoids et sans ressort, exposés par MM. Rownson, Drews et Cⁱᵉ et l'avertisseur à cadran pour machines d'extraction de M. Florio, de Palerme, où le mouvement variable des câbles est transformé de manière à montrer exactement la position des cages dans le puits, ce qui nous paraît d'ailleurs une complication peu utile.

Les appareils de sûreté exposés ne présentaient pas un grand intérêt et ne nous faisaient connaître aucune nouveauté importante.

Les arrête-cuffat ou parachutes étaient nombreux. Le Creusot exposait le parachute Màchecourt, l'un des plus anciens de ces appareils, agissant par pénétration sur la face des guides en bois. Cet appareil figurait déjà à l'Exposition de 1855.

La Compagnie de Blanzy exposait le parachute Duvergier agissant par des excentriques dentés sur la surface latérale des guides en bois. Ce parachute est employé à Blanzy depuis plus de vingt ans.

La Société des mines de Carmaux exposait un parachute nouveau agissant à la fois par friction sur la surface latérale des guides, au moyen d'une main-courante d'ouverture trapézoïdale, et par pénétration sur la face des guides par des dents venues de fonte au fond de cette main-courante. Celle-ci est assez longue pour dépasser les guides à l'arrière et agir en même temps comme taquet sur les traverses qui servent à fixer le guidonnage.

Ce parachute agit donc de trois manières différentes. Il est simple et ne charge pas la cage d'un poids considérable. Pour une petite cage dont les guidages sont écartés seulement de 1ᵐ,45, le poids du parachute proprement dit n'est que de 200 kilogrammes; pour une grande cage avec écartement des guides de 2ᵐ,50, ce poids est de 320 kilogrammes.

M. Garéneaux, constructeur à Marles, exposait un parachute à coins agissant sur la surface latérale des guides et prenant d'autre part leur appui sur des galets. M. Libotte, constructeur à Gilly, exposait également un parachute à coins dentelés et à ressorts spiraux, agissant sur la surface latérale des guides et pre-

Gr. VI.
—
Cl. 50.

nant leur appui sur de robustes sabots en fer ou en acier. Ce parachute, dont les dispositions sont soigneusement étudiées, ne pèse que 125 à 165 kilogrammes, suivant la dimension des cages.

M. Libotte proposait de l'appliquer à des guidages en fer, en recouvrant les coins de caoutchouc, de bois, de cuir ou de cuivre rouge, pour amortir le choc.

M. Bierneaux, ingénieur du charbonnage de Monceau-Fontaine et du Martinet, a imaginé des guidages en fer de profils spéciaux à surface cannelée, propres à recevoir l'action d'un parachute à coins.

M. Stephen Humble, de Derby, exposait dans la section anglaise le système de parachute King, agissant sur des guides en fil de fer.

L'arrêt est obtenu par l'obliquité que prennent des mains-courantes qui glissent le long de ces guides avec un jeu de 15 millimètres. Quand le câble se casse, ces mains-courantes se placent obliquement par rapport au guide et engendrent un frottement suffisant pour arrêter la cage. Cet appareil est très léger et très simple; il ne pèse pas plus de 28 kilogrammes, mais il a l'inconvénient de détériorer les guides.

Il présente cependant un intérêt réel, car il constitue une des rares solutions applicables à l'arrêt des cages fonctionnant sur des câbles-guides.

L'exposition de la Compagnie d'Anzin nous montrait enfin le parachute Cousin, qu'elle a appliqué pour la première fois en France à la fosse Amaury à Vieux-Condé.

Cet appareil repose sur un principe différent de tous ceux appliqués jusqu'aujourd'hui. Il suppose un double câble de sûreté suspendu dans le puits et passant sur des poulies fixées sur le chevalement : les deux extrémités de ce câble aboutissent au fond du puits et portent chacune une série de poids. La cage saisit ce câble au moyen d'une main-courante. Lorsque le câble d'extraction se casse, un coin cale la cage sur le câble auxiliaire; elle continue à descendre, mais ce mouvement soulève l'autre brin du câble et fait entrer successivement en charge les poids qu'elle supporte, jusqu'à faire équilibre à la cage et à arrêter son mouvement. Ce parachute est très ingénieux; mais l'obligation d'employer un second

câble est un inconvénient sérieux. Cependant il est à remarquer
que ce câble de sûreté peut en même temps servir de guide.

Les évite-molettes exposés ne présentaient rien de neuf; en dehors des leviers agissant sur le frein et sur l'admission de vapeur,
qui se voyaient adaptés à presque toutes les machines exposées,
ces appareils étaient représentés par une série de crochets de
sûreté montrant quelques-unes des nombreuses modifications possibles de systèmes connus depuis longtemps. Les uns détachent le
câble, lorsque la cage atteint des heurtoirs disposés sur le châssis
à molettes et font retomber la cage sur des taquets. A cette catégorie appartiennent les crochets de sûreté exposés par la Compagnie de Blanzy et par M. Frankinet de Marchienne (Belgique).
Ces appareils ne doivent pas s'ouvrir sous le choc d'une pierre.
Ils ne s'ouvrent en conséquence que par des chocs successifs contre
deux heurtoirs placés à des niveaux différents.

D'autres crochets de sûreté s'ouvrent en s'engageant dans une
pièce spéciale placée au-dessus de la molette, se détachent du
câble et restent suspendus avec la cage.

A cette catégorie appartiennent le crochet de sûreté du système Walker, très appliqué en Angleterre, et le crochet King exposé
par M. Stephen Humble, appareil léger qui se distingue par une
grande simplicité et une efficacité presque certaine. L'exposant assure qu'il y a plus de 1,600 crochets King appliqués en Angleterre.

Il nous reste à citer, parmi les appareils de sûreté, le treuil
locomobile à vapeur exposé par la Société de Marcinelle et Couillet, sur lequel se trouvait appliqué le câble-signal de M. Velings.
Ce câble contient un conducteur électrique dont le bout, à l'accrochage de la cage ou du cuffat, est muni d'un manipulateur, et dont
l'autre bout est mis en communication avec une pile et des signaux.
Dans un sauvetage, le personnel se trouvant dans la mine peut
ainsi se mettre en communication avec la surface, malgré la destruction des signaux ordinaires.

Fahrkunst.

L'Exposition ne nous présentait que deux dessins de fahrkunst.

12.

Ce système n'est en effet plus guère employé : les frais d'installation et d'entretien sont considérables, et certaines statistiques ne paraissent pas démontrer que le système des fahrkunst donne plus de sécurité que celui des câbles. Aussi le système qui paraît aujourd'hui prévaloir pour la translation du personnel, est-il celui des câbles avec puits spéciaux.

Mais le problème deviendra de plus en plus difficile à résoudre au point de vue de l'exploitation des mines profondes, pour lesquelles la translation du personnel par les câbles est une perte de temps énorme.

C'est ainsi que la question vient de se poser pour les mines de Przibram en Bohême, et il a été résolu par l'installation d'une fahrkunst dont les dessins étaient exposés. Cette fahrkunst est placée sur le puits Maria, et atteint la profondeur de 1.000 mètres. La machine motrice date de 1867; c'est une machine rotative horizontale à un cylindre de $0^m,56$ de diamètre et $1^m,10$ de course, transmettant le mouvement aux tiges par des têtes de cheval en tôle. Ces têtes de cheval pèsent 6,440 kilogrammes.

La course des tiges est de $3^m,793$.

Chaque tige unique et de section rectangulaire est construite en acier Bessemer forgé et non laminé. Elle se compose de 33 parties de sections différentes placées bout à bout. La section des tiges croît de 560 millimètres carrés à 1,000 mètres de profondeur jusqu'à 7,569 millimètres carrés à la surface. La charge, avec 2 hommes par palier, est ainsi, à la partie supérieure, de 57.612 kilogrammes. Avec la section qui a été donnée aux tiges à 1.000 mètres, on pourra encore prolonger cette fahrkunst de 60 mètres. Tous les détails de cette construction, paliers, poulies d'équilibre, guidages, arrêts, sont étudiés avec tout le soin que méritait cet appareil destiné à atteindre une profondeur encore inusitée.

M. Lorimier, ingénieur aux charbonnages de Mariemont et de Bascoup, exposait dans le compartiment belge les dessins d'une disposition nouvelle et très ingénieuse destinée, dans une fahrkunst rotative, à créer des temps de repos absolu pour le passage des hommes d'un palier à un autre, tandis qu'ordinairement ce passage se fait pendant le ralentissement de la manivelle qui se produit au point mort.

Cette disposition s'applique au système de warocquère à transmission hydraulique, récemment installé à Bascoup par M. Guinotte.

Dans ce système, une machine rotative imprime le mouvement à des pompes qui foulent alternativement l'eau sous des pistons plongeurs auxquels sont attachées les tiges de la fahrkunst. Ce système permet d'atteindre une vitesse de translation non encore obtenue.

La course est de 5 mètres avec une vitesse de 10 coups simples par minute. Les temps de repos sont produits dans la disposition Lorimier par l'ouverture d'une soupape qui donne écoulement à l'eau contenue dans la transmission hydraulique, en arrêtant momentanément son action sur les pistons plongeurs qui supportent les tiges. Cette disposition permet d'accroître encore la vitesse de la machine, en augmentant en même temps sa sécurité.

Gr. VI.
—
Cl. 50.

XV

TRIAGE ET LAVAGE DES CHARBONS.

—

Installations de triage.

L'Exposition témoignait du soin que la plupart des charbonnages apportent aujourd'hui dans les moyens de rendre leurs produits plus propres à la vente, en les présentant au consommateur sous des formes et avec des teneurs appropriées à leurs usages spéciaux. Sans nous faire connaître des appareils nouveaux, l'Exposition nous montrait un ensemble d'installations de triage des plus intéressantes.

La Société d'Anzin exposait le modèle des halles de triage de la fosse Renard, fort élégamment disposées. Le classement y comprend trois catégories, qui s'obtiennent au moyen de grilles fixes successives, à l'extrémité desquelles se trouve un couloir pour le triage des pierres. Malgré la précaution de donner à chaque grille l'inclinaison la plus convenable pour les matières qu'elle reçoit, le système des grilles fixes a l'inconvénient de retarder la descente du charbon, ce qui entraîne à les multiplier et à consacrer de grands frais d'installation à un système qui est toujours défectueux par lui-même.

Les cribles de Montrambert en sont l'exemple; malgré certaines dispositions spéciales qui paraissent bien appropriées à la nature des charbons de cette mine, ces appareils sont au nombre de 15 à 20 pour chaque puits de la Société.

Chacun d'eux se compose : 1° d'une grande trémie servant de régulateur; 2° d'un crible fixe en tôle percée de trous de 25 millimètres, sorte de long couloir incliné à 32 degrés, sur lequel l'arrivée et le glissement des charbons sont réglés par trois vannes; 3° d'un crible à inclinaison variable qu'on règle à volonté pour que les charbons menus dits *grélassons* s'y placent toujours en couche mince, après s'être débarrassés du poussier, de manière à faciliter le triage des pierres à la main. Après ce triage, on abaisse le crible mobile pour laisser glisser les grélassons nettoyés en wagons. On peut, d'ailleurs, réunir dans ceux-ci le poussier et les grélassons, si l'on veut reconstituer, après nettoyage, le menu.

Deux ou trois cribles chargent à la fois dans le même wagon.

Cet appareil est spécialement applicable à la nature des charbons de Montrambert et de la Béraudière, d'où l'on retire de 5 à 10 p. o/o de cendres. Il permet de régler la durée du triage selon la quantité de pierres à trier, ce que ne réalisent pas les appareils automatiques.

A Commentry, l'on a préféré au crible fixe le crible à secousses, actionné par une petite machine spéciale. Ce crible, dont les trous ont 20 millimètres de diamètre, est desservi, au sommet, par deux culbuteurs; il se bifurque vers la partie inférieure, et ces bifurcations correspondent à deux longs couloirs fixes munis de vannes, sur lesquels se fait le triage et qui conduisent les charbons débarrassés du poussier aux wagons du chemin de fer. Vers le bas de ces couloirs se trouve encore une tôle perforée pour éliminer les dernières parties du poussier qui se serait formé pendant la descente des charbons ou qui auraient échappé au crible. La machine fait 110 tours par seconde, et l'amplitude des oscillations est de 150 millimètres. On peut y cribler 1,000 hectolitres en dix heures.

La Société de Carmaux exposait le modèle d'une application des grilles à secousses de Commentry à un classement en quatre catégories de grosseurs par grilles superposées. La consommation de force y est de 6 chevaux pour les quatre grilles, qui débitent 150 tonnes en huit heures.

Les cribles à secousses sont également en usage aux mines de Marles, qui exposaient le dessin d'un triage mécanique permettant de reconstituer le tout-venant, après séparation du poussier et extraction des pierres sur des tables de triage tournantes.

Au Levant du Flénu, près de Mons, le problème a été résolu d'une manière plus complète au point de vue de la rapidité de la descente des charbons et de la perfection du nettoyage. Le système des grilles à secousses y a été combiné avec celui des chaînes sans fin, tables mobiles qui transportent les charbons aux wagons, et sur lesquelles s'opère le triage des pierres.

C'est au Levant du Flénu que fut établi pour la première fois, en 1870-71, un système qui s'est généralisé depuis en Belgique, celui des ateliers de triage centraux recevant les produits de tous les puits d'un charbonnage, de manière à lui permettre de fournir à la consommation des produits toujours uniformes et de réaliser le nettoyage des charbons dans les meilleures conditions.

L'atelier central du Levant du Flénu, dont les plans étaient exposés, reçoit aujourd'hui par chaîne flottante les produits des fosses n⁰ˢ 14, 15, 17 et 19 de cette Société.

Le triage est opéré par six tables à secousses, sur lesquelles le contenu des wagonnets se déverse par des culbuteurs à mouvement latéral.

L'atelier du Levant du Flénu permet de trier et de charger plus de 2,100 tonnes de charbon par jour avec quatre tables en activité ; on a atteint le chiffre de 1.600 tonnes avec une dépense de main-d'œuvre qui ne dépassait pas 20 à 25 centimes par tonne.

M. Reumeaux a appliqué à Lens, à l'imitation du Levant du Flénu, le système des tables mobiles sans fin, mais avec des cribles fixes. Des dispositions ingénieuses suppriment en partie les inconvénients de ces derniers appareils. Ce système était également représenté à l'Exposition.

Gr. VI.
—
Cl. 50.

Les charbons sont culbutés dans une trémie régulatrice fermée par une vanne. L'ouverture de celle-ci règle l'écoulement du charbon sur une première table mobile sans fin, légèrement inclinée et formée de lames de fer rivées sur trois courroies en caoutchouc. Ces lames sont disposées à recouvrement, de manière à empêcher la menue poussière de traverser la table. La vitesse de cette table mobile est réglée de telle sorte que le charbon s'y étale en couche de 3o centimètres d'épaisseur au maximum; elle a 1 mètre de longueur, et sa vitesse ne dépasse pas 5 centimètres par seconde.

A cette table succède une grille fixe à barreaux écartés de 1 centimètre, inclinée de 20 degrés et longue de 1 mètre seulement, sur laquelle le criblage s'opère complètement, grâce au peu d'épaisseur de la couche de charbon. Ce qui échappe au criblage tombe sur une seconde table sans fin, horizontale, longue de 3ᵐ,1o et animée d'une vitesse huit fois plus grande que celle de la première. Le charbon s'y étale par conséquent en couche très mince, et il est bien difficile, dans ces conditions, que les pierres échappent aux trieuses placées de part et d'autre. On paye à celles-ci 3o centimes par hectolitre de pierres ramassées. Les charbons nettoyés passent ensuite sur un second crible fixe, ou se rendent au wagon par un couloir.

Deux appareils semblables ne passent que 5oo tonnes par jour.

Cette disposition, dont le caractère principal réside dans la différence de vitesse des deux tables mobiles, est parfaite au point de vue du triage, mais donne lieu à de grands frais d'installation, eu égard à son débit, qui est relativement faible.

Comme moyen d'augmenter le débit d'un triage, nous devons signaler l'emploi des grilles Briart, formées de deux systèmes de barreaux, dont l'un est mobile. Ces grilles, exposées à Vienne en 1873[1], étaient représentées à Paris par les dessins du triage mécanique des charbonnages du Hasard. Une grille Briart passe de 1.000 à 1,2oo tonnes par jour.

M. E. Lambert, directeur-gérant du charbonnage de Noël-Sart-Culpart, à Gilly, exposait les dessins d'un triage monté sur une

<hr>

[1] Voir notre Rapport sur l'exploitation des mines à l'Exposition de Vienne (*Revue universelle des mines*, 2ᵉ série, t. III, 1878.)

grue roulante, qui permet de recevoir et de trier les produits d'un
charbonnage à l'orifice ou à n'importe quelle distance du puits.
Dans ce dernier cas, les charbons sont conduits par chaîne flottante jusqu'à la grue roulante sur laquelle sont fixés les culbuteurs, les grilles et les couloirs de chargement.

Gr. VI.
—
Cl. 50.

On peut ainsi faire voyager les appareils de triage suivant les
places où l'on veut emmagasiner, quel que soit le niveau de la
recette.

Installations de triage avec lavage.

Plusieurs des installations de triage exposées se combinaient
avec des installations de lavage.

Les plus intéressantes étaient celles des mines et usines de Decazeville, des charbonnages du Hasard, de la Société de Batterie et
Bonne-Espérance, à Liège, et de la Société des hauts fourneaux
et charbonnages d'Ougrée.

A Decazeville, le problème consiste à produire les qualités re-
quises par les habitudes commerciales du pays, puis à extraire du
charbon vendable d'un menu qui contient jusqu'à 26 p. o/o de
cendres. Un modèle représentait toutes les phases de cette préparation, très bien installée, sans être toutefois dépourvue de quelques fausses manœuvres.

La voie d'arrivée des charbons venant de la mine est au même
niveau que le quai de chargement. Les wagonnets sont élevés par
un plan incliné jusqu'à une plate-forme située à 3 mètres au-
dessus du quai. Un culbuteur verse les charbons sur un crible à
secousses qui sépare 33 p. o/o de gros charbon. Celui-ci est conduit jusqu'aux wagons du chemin de fer par une table sans fin sur
laquelle s'opère le triage. Les 67 p. o/o de menu et de morceaux
plus petits que 7 centimètres sont repris par une chaîne sans fin et
élevés de nouveau à l'étage supérieur. Un trommel, avec hélices
discontinues, les sépare en :

25 p. o/o de *gros-grêle*, de 0^m,045 à 0^m,070 ;
10 p. o/o de *petit-grêle*, de 0 ,024 à 0 .045 ;
8 p. o/o de *noisette,*   de 0 ,010 à 0 .024 ;
57 p. o/o de *menu*.

Cette dernière catégorie est lavée, tandis que les autres sont triées à la main.

Le menu contient 24 à 26 p. o/o de cendres; il est repris par une chaîne à godets qui l'élève jusqu'aux lavoirs. Ceux-ci, au nombre de deux, comprennent chacun deux bacs à piston débourbeurs et un bac à piston relaveur.

Les schistes sont extraits automatiquement des premiers, et les charbons débourbés sont conduits de même au bac relaveur.

Le charbon s'y divise en deux catégories: *charbon relavé* et *charbon cru*. Voici des résultats d'incinérations opérées sur ces diverses catégories :

		Cendres.
Charbon	menu brut.................	20.62 p. o/o
	débourbé.................	9.25 p. o/o
Schistes....................		65.43 p. o/o
Charbon	relavé....................	6.66 p. o/o
	cru.....................	23.71 p. o/o

Ces teneurs se maintiennent généralement constantes. lorsque le charbon cru correspond à 12 p. o/o du total. Les charbons relavés sont destinés à la fabrication du coke et à l'agglomération. Chaque lavoir produit en 10 heures 45 tonnes de charbon lavé, avec 25 p. o/o de déchet.

Les bacs débourbeurs donnent 20 coups par minute avec 7 centimètres de soulèvement; les bacs relaveurs, 25 coups avec 6 centimètres de soulèvement. Une seule machine de 15 chevaux fait mouvoir tout l'atelier, dont les frais d'installation se chiffrent comme suit :

Triage.......................	25,000 fr.
Lavage.......................	32,000

Le prix de revient du lavage est évalué à 48 centimes par tonne lavée; celui du triage à 55 centimes par tonne triée marchande.

Ce triage n'est pas sans analogie avec celui du charbonnage du Hasard, établi en 1877 par MM. J. d'Andrimont et J. Léonard.

Le triage du Hasard se distingue cependant par un automatisme plus complet qui s'étend jusqu'au chargement sur wagon des diffé-

rentes catégories obtenues. Cette installation comprend deux grilles
Briart à écartement de 6 centimètres; le charbon s'y divise en
deux catégories : le *menu* jusqu'à 6 centimètres et les *gaillettes*, depuis 6 centimètres jusqu'aux plus gros morceaux. Le menu est reçu
dans des caisses dont les fonds sont inclinés de façon que le charbon puisse glisser de lui-même sans aucune main-d'œuvre. A la
sortie de ces caisses, il est repris par des chaînes à godets, qui le déversent dans des trommels; il s'y divise en trois catégories : *gailletins*, de 45 à 60 millimètres; *petits gailletins*, de 25 à 45 millimètres; et *menu* pour agglomérés.

Ce dernier est recueilli pour être subdivisé de nouveau, puis
lavé. Les gaillettes, gailletins et petits gailletins, sont reçus par des
toiles sans fin, où ces catégories sont triées à la main. Ces toiles
se composent de cordes plates en chanvre ou en aloès, placées
sur des tambours en fonte et bois. Elles sont soutenues sur leur
longueur par des rouleaux, afin d'éviter la flexion; un tendeur à
vis permet d'augmenter ou de diminuer leur tension. Les gaillettes triées sont transportées par la toile sur un chenal muni d'une
grille pour expulser le poussier formé pendant le triage, et d'un
avant-bec mobile qui permet de les charger dans le sens de la
longueur et jusque sur le fond du wagon. Les gailletins et les
petits gailletins arrivent dans des trémies, dont le fond se compose
d'une grille qui laisse passer le peu de menu entraîné par la toile.
La partie antérieure de ces trémies est mobile et peut se baisser
ou se lever à volonté, de façon à charger dans les wagons les gailletins sans leur donner de choc.

Les gailletins peuvent être lavés selon le désir des consommateurs; ils sont livrés, dans ce cas, par une toile sans fin, à un
tamis à secousses qui les conduit, dépourvus de tout poussier. sur
un lavoir Bérard, d'où les petits gailletins, lavés et relevés par
des raclettes, sont directement chargés sur wagon. Les pierres
sont également extraites automatiquement.

Une troisième grille Briart permet de faire la composition de
charbon dit *gailleteux*. Cette grille a un écartement de 15 centimètres; le charbon qui passe au travers est reçu dans une caisse
pouvant contenir 10 tonnes; cette caisse est munie d'une porte à

glissière. qui permet au charbon d'arriver de la caisse au wagon. Le refus de cette troisième grille forme les *grosses houilles* qui arrivent par glissement jusque dans le chenal consacré à ces produits. Elles sont également triées à la main et conduites au wagon par une toile sans fin.

Les quantités de charbon tout-venant. en 10 heures. peuvent être évaluées à 400 tonnes. et. selon leur plus ou moins grande richesse en gros. produisent de 40 à 50 tonnes de gailletins lavés. de 40 à 50 tonnes de gailletins triés. et de 60 à 70 tonnes de gailletins, gaillettes et grosses houilles.

Tous ces appareils sont mis en mouvement par une machine horizontale à détente Meyer: elle fait 50 tours par minute. et, à la pression de 4 atmosphères effectives, elle développe un travail de 30 chevaux.

L'installation dont les dessins et les produits étaient exposés par la Société des charbonnages de Bonne-Espérance et Batterie, peut être citée comme un modèle au point de vue de la plus-value qu'une installation relativement peu coûteuse peut donner à des charbons bruts tout-venant de peu de valeur. Ce triage ne produit pas moins de sept catégories de charbons destinées à la vente. Cette installation date également de 1877. Les charbons, élevés par une balance à vapeur, sont culbutés sur une grille fixe à écartement de 15 centimètres, dont le refus donne le charbon n° 1 ou *grosses houilles;* celles-ci arrivent par un chenal sur un terre-plein. où elles sont triées et mises en tas pour être chargées sur wagon.

Une deuxième grille inférieure à la première donne un refus compris entre 8 et 15 centimètres (charbon n° 2), qui est trié et chargé comme la première catégorie. Ce qui est plus petit que 8 centimètres tombe dans une auge et est conduit par une vis sans fin dans un trommel qui donne trois catégories :

1° Charbon n° 3, de 45 à 80 millimètres;

2° Charbon n° 4. de 25 à 45 millimètres:

3° Menu.

Le charbon n° 3 est trié à la main sur une chaîne horizontale qui le déverse dans un chenal à avant-bec articulé pour le chargement sur wagon; une vanne permet d'ailleurs de le diriger vers un autre chenal, s'il ne devait pas être immédiatement expédié.

Le charbon n° 4 est emmagasiné dans un réservoir.

Le menu est élevé par une chaîne à godets jusqu'à un second trommel qui donne également trois catégories :

1° Charbon n° 5, de 12 à 25 millimètres;
2° Charbon n° 6, de 5 à 12 millimètres;
3° Charbon n° 7 ou poussier, inférieur à 5 millimètres.

Les charbons n° 5 et 6 sont emmagasinés dans des réservoirs spéciaux; le poussier est reçu dans des wagonnets.

Les charbons n° 4, 5 et 6 sont lavés sur deux lavoirs Bérard, dont les produits sont conduits sur wagon au moyen de chaînes sans fin, ou emmagasinés.

Voici les proportions et les prix de ces diverses catégories en 1878 :

	Proportion p. 0/0.	Prix de la tonne.
n° 1	13.65	21 fr. 00
n° 2	14.22	18 00
n° 3	12.80	17 00
Charbon { n° 4	9.79	13 00
n° 5	11.55	10 00
n° 6	19.99	8 00
n° 7	18.00	2 50
Total... 100.00	Moyenne...	12 79

Le prix de revient du triage et du lavage est de 37 centimes par tonne brute.

Un moteur de 30 chevaux actionne l'atelier.

L'installation dont les dessins étaient exposés par la Société des charbonnages d'Ougrée est spécialement disposée au point de vue de la fabrication du coke.

Le charbon que cette Société extrait de sa concession donne à l'incinération 14 p. 0/0 de cendres. Le coke qu'il fournit sans lavage en renferme 18 p. 0/0.

Gr. VI.
—
Cl. 50.

Des expériences nombreuses et renouvelées à de longs intervalles avaient permis de constater que ce charbon est composé, ainsi qu'il suit :

41 p. o/o de menu, inférieur à 6 millimètres, ne donnant que 7.8 p.o/o de cendres;

22 p. o/o de gailletterie, supérieure à 30 millimètres, renfermant 13.1. p. o/o de cendres, et qui, triée à la main pour en écarter le schiste, descend à 4.8 p. o/o de cendres;

37 p. o/o de graineux, compris entre 6 et 30 millimètres, retenant la majeure partie du schiste. Ce charbon contient 20. 4 p. o/o de cendres. Livré au lavage, sa teneur en cendres se réduit à 5.2 p. o/o.

Il résultait de ces constatations qu'en isolant le menu, en débarrassant la gailletterie de ses schistes et en lavant le reste, soit un peu plus du tiers de la totalité, on obtiendrait trois qualités de charbon dont le mélange contiendrait peu de cendres et fournirait un coke de bonne qualité.

En présence de ces faits, la Société d'Ougrée établit, en 1875, des ateliers de préparation ayant pour objet la réalisation en grand des opérations faites au laboratoire.

Les diverses manutentions qui s'y effectuent s'opèrent dans l'ordre suivant :

Le charbon venant du puits est versé sur des grilles inclinées dont les barreaux sont écartés de 30 millimètres.

Le refus est trié à la main pour en éliminer les schistes.

La partie inférieure à 30 millimètres s'emmagasine sous les grilles. Elle est reprise au moyen d'une chaîne à godets, qui la déverse dans un trommel dont les tôles sont perforées de trous ronds de 6 millimètres.

Le menu traverse ces ouvertures.

Le refus dont la grosseur est de 6 à 30 millimètres se rend à un lavoir à piston, avec enlèvement automatique du charbon lavé et du schiste.

Les trois qualités de charbon ainsi obtenues, la gailletterie triée, le menu et le graineux lavé, s'écoulent dans une auge **Gr. VI.**
—
Cl. 50. commune, où puise une chaîne à godets qui les amène simultanément dans un broyeur Carr.

Ce dernier appareil les pulvérise et les mélange intimement.

Une troisième chaîne à godets élève le charbon ainsi préparé à la partie supérieure des fours Appolt.

Chacun des trois éléments du charbon présente le degré de pureté qu'avaient fait pressentir les essais en petit.

Le charbon préparé contient 7.5 p. o/o de cendres. Le coke en renferme 9.5 p. o/o, le rendement aux fours Appolt étant de 80 p. o/o.

La perte à la préparation, presque exclusivement en schiste, est de 8 p. o/o en poids. Elle est, au triage, de 1.6 p. o/o ; au lavage, de 6.4 p. o/o.

Le schiste provenant du lavoir donne, à l'incinération, 71.6 p. o/o de cendres, et celui produit par le triage, 89.6 p. o/o. Le schiste du lavoir entraîne 4.2 p. o/o de son poids de particules charbonneuses, soit une perte en charbon de 0.27 p. o/o.

Deux ateliers semblables sont en activité. Chacun fournit, en 8 heures, 80 tonnes de charbon préparé, soit la consommation de quatre massifs de fours Appolt.

Le coût d'un atelier complet est de 45,000 francs, y compris le bâtiment qui l'abrite et la machine qui l'active.

Chaque atelier est entièrement desservi par deux ouvriers dont un machiniste.

Trois femmes suffisent à trier et à enlever les schistes.

Le prix de revient de la préparation du charbon se décompose comme suit :

1° L'amortissement en cinq ans d'une somme de 45,000 francs, soit annuellement 10,400 francs, en tenant compte des intérêts;

2° La perte en schiste, soit, en admettant 10 francs comme prix de la tonne de charbon, 80 centimes par tonne préparée;

3° La main-d'œuvre, qui s'élève journellement à 13 fr. 50 cent.

4° La dépense en vapeur, usure des appareils, etc., qui est quotidiennement de 10 fr. 71. cent.

Ramenant ces divers chiffres à la tonne de charbon préparée, on a :

Amortissement	0 fr.	35
Perte en schiste	0	80
Main-d'œuvre	0	17
Vapeur, usure, etc.	0	13
Total	1	45

Sous le rapport de l'espace occupé, de la modicité de la dépense d'installation, des frais de main-d'œuvre et du résultat obtenu, la préparation d'Ougrée présente une solution heureuse de la question si complexe de l'épuration des charbons destinés à la fabrication du coke. Dans la plupart des cas, une étude attentive, guidée par des essais de laboratoire, pourra conduire à des résultats non moins satisfaisants.

Nouveaux systèmes de lavoirs à charbon.

Les installations que nous venons de décrire reposent sur l'emploi d'appareils de lavage bien connus. L'intérêt qu'elles présentent réside tout entier dans les combinaisons de ces appareils appropriées aux conditions d'un problème local. Il nous reste à signaler les nouveaux systèmes de lavoirs à charbon, dont l'Exposition nous montrait la première application. Deux appareils nouveaux attiraient surtout l'attention : le *lavoir Marsaut*, installé récemment aux mines de Bessèges, et le *laveur classificateur*, de M. Max Évrard, appliqué aux mines de Montcel-Sorbier (Loire), à la Compagnie des forges et aciéries de la marine et des chemins de fer à Givors (Rhône), et à la Compagnie des mines de Roche-la-Molière et de Firminy. Ces appareils ont pour caractère commun d'agir sans continuité sur des charges considérables. Le premier est basé sur la chute des matières dans l'eau tranquille, le second sur l'action d'un courant ascensionnel. Ils diffèrent essentiellement des bacs à piston plus ou moins perfectionnés, en ce que le lavage ne s'opère plus par une succession de secousses fréquemment répétées, comme dans le criblage des minerais, mais par une action prolongée, qui annule une partie des inconvénients des anciens appareils.

Le principal perfectionnement des anciens bacs à piston consiste à empêcher l'eau de retourner sous le piston, en traversant le charbon soumis au lavage. Mais, comme le fait très judicieusement remarquer M. J.-B. Marsaut, ingénieur en chef de la Compagnie des mines de Bessèges, dans une remarquable *Étude sur le lavage de la houille*, publiée au moment de l'Exposition, il n'y a d'avantage à supprimer la filtration de l'eau à travers la charge que pour les charbons dont les poussières sont pures. Lorsque les poussières sont impures, au contraire, les anciens bacs à piston avec retour d'eau par filtration à travers la charge ont l'avantage d'accélérer la précipitation de ces poussières, et c'est probablement là le secret de la supériorité fréquemment attribuée en France à ces appareils primitifs par rapport aux appareils perfectionnés. Ce résultat a été parfaitement constaté à Bessèges, où les fins contiennent de 12 à 23 p. o/o de cendres. Les anciens bacs à pistons avec filtration d'eau y donnent d'excellents résultats, à condition de faire le classement par grosseur dans des limites de calibrage convenables et de ne pas séparer les poussières.

L'appareil Bérard, malgré ses dispositions mécaniques plus perfectionnées, a donné, à Bessèges, des résultats beaucoup moins parfaits, tandis que, dans d'autres charbonnages, où les poussières sont pures, il constitue un appareil d'une efficacité remarquable.

Les anciens bacs à piston de Bessèges avaient l'inconvénient de produire fort peu; aussi n'a-t-on pas tardé à créer, en 1867, pour l'exploitation de Molière, des appareils spéciaux dont la production était doublée pour la même surface de crible, résultat obtenu en réglant automatiquement le chargement et l'enlèvement du charbon et des schistes. Ces appareils fonctionnent d'ailleurs absolument dans les conditions des bacs à pistons primitifs, et donnent des résultats identiques.

Ayant à exploiter des qualités de charbon différentes de celles produites jusqu'ici à Bessèges, M. Marsaut a été conduit à inventer un appareil entièrement nouveau. Ce lavoir est fondé sur le principe de la libre chute des corps solides dans l'eau tranquille.

Gr. VI.
—
Cl. 50.

Ce n'est pas la première fois qu'on tente de réaliser, dans la préparation mécanique des minerais, l'application de ce principe si séduisant par la simplicité du procédé, mais on s'est toujours butté contre l'absence de continuité qui lui est inhérente. Pour le lavage du charbon, ce défaut peut être combattu en opérant sur des quantités considérables.

Le lavoir Marsaut se compose d'une cuve rectangulaire de 8^m,5o environ de hauteur, dont la partie inférieure est munie d'un double fond destiné à recevoir les schlamms ou limons.

Au-dessus de la cuve et dans son axe se trouve un cylindre hydraulique avec piston; la tige de ce piston descend dans la cuve et y supporte une cage en fer guidée, dont le fond se compose d'une tôle perforée, et dont les parois latérales portent des glissières horizontales; à ces parois appartiennent trois tiroirs sans fond, dont la hauteur dépend de la qualité de la houille à épurer.

La cage forme ainsi une sorte de crible de grandes dimensions plongeant dans l'eau de la cuve, avec un jeu de 5 millimètres au pourtour.

On charge sur ce crible 3 à 5 tonnes de charbon soigneusement classé par grosseur. Cette charge est préparée à l'avance dans une trémie. Le crible est arrêté, pendant le chargement, à une hauteur telle, que le charbon se mouille en y tombant. Le charbon est alors soumis, à l'aide du piston hydraulique, à deux ou trois secousses de grande amplitude dans l'intention d'égaliser la charge. La cage est ensuite descendue dans l'eau tranquille par courses successives, qui peuvent varier de 2 à 20 centimètres d'amplitude, et qui sont réglées d'après la grosseur du charbon à laver.

Au bout de chaque course, un temps d'arrêt met en action la chute libre des grenailles avec aussi peu d'influences pertubatrices que possible, et, lorsque la cage atteint le fond de la cuve, un repos de quelques instants permet la précipitation sur la charge du plus gros des matières ténues et légères attardées dans la chute.

Le lavage est alors terminé, et l'on remonte le crible jusqu'à un niveau tel, que chacun des tiroirs sans fond vienne se placer successivement devant un piston hydraulique horizontal dont la tige est terminée par un refouloir; celui-ci pousse latéralement

chacun des tiroirs, ce qui divise par tranches le produit du lavage. **Gr. VI.**
Les tiroirs étant au nombre de trois, on obtient trois catégories
(charbon lavé, charbon à relaver et schistes), qui sont dirigées **Cl. 50.**
chacune, au moyen de vannes, vers des trémies spéciales. Quant
aux limons, on peut les extraire presque à l'état sec sans suspendre
le lavage, en fermant par un registre la communication entre la
cuve et le double fond.

Avec une charge de 1^m,20 à 1^m,30 d'épaisseur, une descente
scindée de 3 à 4 mètres de hauteur est généralement suffisante. On
peut d'ailleurs répéter plusieurs fois la descente, si la cuve n'est
pas assez profonde ou si le classement laisse à désirer. Une course
totale scindée en fractions de 2 centimètres, pour des grêlassons
de 2 à 4 centimètres, dure deux minutes; la teneur en cendres a
été ramenée de 26 à 13 p. o/o en une seule lavée.

A Bessèges, cet appareil est employé pour laver les *grêlassons*
de 2 à 4 centimètres, les *noisettes* de 15 à 20 millimètres, et même
les boues ou *limons* des anciens bacs à piston.

Un ouvrier ordinaire ou un enfant peut produire à ce lavoir
120 à 150 tonnes de charbon lavé en 10 heures. La force nécessaire, accumulée en eau sous pression de 12 kilogrammes par centimètre carré, ne dépasse pas sensiblement un cheval-vapeur.

Les essais comparatifs rapportés par M. Marsaut dans son étude
démontrent l'importance d'un classement par grosseur établi,
d'après les formules de Rittinger, pour le bon fonctionnement de
cet appareil, qui, d'ailleurs, ne convient qu'aux charbons bien
classés et à poussières pures. Pour les charbons à poussières impures, les résultats obtenus aux anciens bacs à piston l'emportent
de beaucoup sur ceux du lavoir Marsaut, parce que cet appareil
travaille sans succion, et que les poussières impures restent dans
la charge.

Le coût de l'installation est de 25 à 30,000 francs pour une
charge de 4 tonnes.

Le lavoir Marsaut présente de grandes analogies avec le *laveur-*
classificateur exposé par M. Max Évrard, qui d'ailleurs est plus
ancien. Dans la pensée de son auteur, le laveur-classificateur s'applique surtout à une sorte de lavage dégrossisseur ou ébaucheur

d'une charge de charbons tout-venant, d'où l'on a simplement extrait à la main les morceaux de grosseur exagérée. Ce lavage peut être suffisant dans certains cas; mais il pourra toujours être perfectionné en repassant les classes imparfaites à des appareils finisseurs.

Le mode d'action est ici un courant d'eau ascensionnel plus ou moins continu agissant sur une charge de charbon immobile. L'appareil se compose, comme dans le système précédent, d'une cuve de lavage dans laquelle se trouve, à une certaine profondeur, un fond en tôle perforée destiné à recevoir la charge. Ce fond est monté sur un piston hydraulique qui permet d'élever la charge jusqu'à l'orifice supérieur de la cuve, au moment de faire la séparation par tranches, qui s'opère par un refouloir hydraulique, comme dans l'appareil précédent.

M. Évrard produit le courant ascensionnel par l'action directe de la vapeur d'eau sur un réservoir de 4 mètres cubes en communication avec la cuve de lavage.

Un second réservoir plein d'eau, sous pression de vapeur, sert à l'alimentation des cylindres hydrauliques.

Voici comment on procède au lavage d'une charge : on fait monter l'eau à environ 1 mètre au-dessus du tamis et l'on y précipite le charbon : 3,000 kilogrammes occupent environ 1 mètre de hauteur au-dessus d'un tamis de 3 mètres carrés. Le charbon est mis en suspension sous l'action d'admissions saccadées de vapeur qui sont répétées jusqu'à ce que l'eau atteigne le haut de la cuve. Les grains soumis à cette succession de courants ascensionnels sont alors abandonnés à leur chute libre, et se lassent suivant une combinaison du volume et de la densité.

Après quelques minutes de repos, le tamis est soulevé; l'eau s'écoule par-dessus la cuve dans un décanteur, et la charge se présente sous forme de gâteau. Elle est divisée en tranches horizontales par l'action du refouloir. Les pierres restent sur le tamis et ne sont enlevées qu'après quatre ou cinq opérations.

M. Évrard assure que la consommation de vapeur n'est que de 6 kilogrammes d'eau vaporisée par 1,000 kilogrammes de charbon lavé, et il attribue cette consommation relativement peu élevée à la couche d'eau chaude qui se forme au contact de la vapeur, et qui empêche la condensation. D'ailleurs l'emploi direct de la vapeur au contact de l'eau n'est pas indispensable, et pourrait être remplacé par l'action d'une pompe; mais on perdrait ainsi l'effet des saccades qui se produisent dans le courant ascensionnel sous l'action de la détente, saccades qui sont très favorables à l'épuration des charbons à poussières pures.

Les dimensions de l'appareil ne sont pas considérables, même pour de fortes charges. Il suffit d'un mètre carré de tamis pour traiter 7 tonnes par heure. A Givors, le tamis a 2 mètres carrés. et l'on fait six ou sept opérations par heure. On passe ainsi 160 tonnes en 10 heures.

Pour un tamis de 3 mètres carrés de surface, l'installation coûte 20,000 francs environ, non compris le montage. Pour des productions plus faibles, on peut d'ailleurs simplifier l'appareil, en remplaçant les mécanismes par de la main-d'œuvre, comme le montrait un modèle exposé.

La Compagnie des mines de Roche-la-Molière et de Firminy avait exposé un modèle complet d'une installation de lavage basée sur le système Évrard.

Cette Compagnie possède un atelier central de triage qui reçoit le charbon brut de toutes les fosses, criblé à 30 millimètres. Ce charbon est divisé par des trommels en trois classes : 1° de 20 à 30 millimètres; 2° de 10 à 20 millimètres; 3° au-dessous de 10 millimètres. Les deux premières sont livrées au commerce à l'état brut, tandis que la troisième fournit les produits qui passent au laveur-classificateur de la façon ci-dessus décrite. Le refouloir fait passer la tranche de charbon lavé dans une trémie, d'où il est repris, après égouttage, par deux broyeurs Carr, qui ont pour but de mélanger intimement les différentes couches horizontales. Le charbon ainsi mélangé est conduit alternativement dans deux compartiments d'égouttage de 350 tonnes chacun.

L'eau qui s'écoule par-dessus les bords de la cuve est reçue dans un décanteur, et les boues très pures qui s'y déposent vont se mélanger au charbon lavé.

Les résultats obtenus au laveur-classificateur sont ordinairement suffisants; mais, quand il s'agit d'obtenir des cokes à moins de 10 p. o/o de cendres, on doit relaver les tranches intermédiaires. Ce relavage se fait au moyen d'un lavoir à charbons circulaire, analogue à celui que M. Max Évrard avait exposé à Paris en 1867 [1].

Dans certains cas, la tranche immédiatement supérieure aux pierres est composée de charbons *crus* ou *barrés,* qui doivent être livrés aux broyeurs pour obtenir une épuration ultérieure.

Le moteur de toute la partie mécanique de cet atelier presque entièrement automatique est de la force de 60 chevaux; la vapeur est produite par les flammes perdues des fours à coke. La pression hydraulique est fournie par un accumulateur à 40 atmosphères. Cet atelier de lavage peut traiter, par journée de 11 heures, 400 tonnes de charbons bruts, qui donnent :

352 tonnes de *menu* criblé à 10 millimètres;

Et 48 tonnes de *dragées* de 10 à 30 millimètres.

Le menu passé au laveur-classificateur a donné, en 1877, une moyenne de déchets de 10,84 p. o/o ; la production en charbon lavé est donc de 314 tonnes par jour.

La durée d'une lavée est de 7 à 8 minutes. On fait huit opérations par heure avec une charge de 4,000 kilogrammes de charbon brut.

En 1877, la teneur moyenne des charbons bruts était de 17.45 p. o/o; celle du charbon brut lavé de 10.30 p. o/o. Le lavage a enlevé 7.15 p. o/o de pierres, et la perte en schlamms a été de 3.65 p. o/o, dont une partie a été recueillie dans les bassins de dépôt.

Les charbons relavés sont amenés à une teneur de 6.85 p. o/o de cendres. La production du relaveur est de 110 tonnes par 11 heures.

Le prix de revient du lavage, main-d'œuvre et fournitures comprises, a été, en 1877, de 495 millimes par tonne.

Cette installation complète n'a pas coûté moins de 350,000 fr., ce qui s'explique du reste par son importance et par la compli-

---

[1] Voir notre Rapport sur la préparation mécanique des minerais et des charbons à l'Exposition de 1867. (*Revue de l'Exposition de 1867,* publiée par la *Revue universelle des mines,* t. III, p. 418.)

cation qu'entraîne toujours l'automatisme des ateliers de prépa- **Gr. VI.**
ration mécanique qui ne disposent pas de pentes naturelles. **Cl. 50.**

Ce prix élevé est d'ailleurs indépendant de l'application de l'appareil Évrard, qui, comme celui de M. Marsaut, donne des résultats remarquables au point de vue de la réduction de la perte en schlamms.

XVI

AGGLOMÉRATION DES COMBUSTIBLES.

Le lavage se lie trop intimement à l'agglomération des charbons pour que nous n'intercalions pas ici quelques renseignements fournis par l'Exposition sur l'état de cette industrie. Elle ne nous faisait d'ailleurs pas connaître de méthodes nouvelles. C'est toujours le procédé d'agglomération au brai gras et au brai sec qui domine dans cette fabrication, malgré le prix élevé et les difficultés d'approvisionnement de ces matières. Les procédés de fabrication à la fécule, dont les produits étaient représentés dans la section autrichienne de l'Exposition de 1867, n'ont pas fait de progrès, malgré l'intérêt qui s'attacherait, pour certains pays, à la suppression de l'emploi du brai, dont la production limitée ne permet pas un grand développement de l'industrie des agglomérés.

Tout l'intérêt de l'Exposition se concentrait, pour cette industrie, sur quelques nouvelles machines à fabriquer les agglomérés; mais, tout en appréciant à leur juste valeur les services que peut rendre une bonne machine à comprimer les briquettes, il faut reconnaître qu'elle n'est qu'un élément secondaire du problème très complexe qu'on cherche à résoudre dans cette fabrication. Nous n'en voulons pour preuve que les essais infructueux tentés pour introduire cette industrie dans certains bassins houillers, malgré l'acquisition des machines les plus renommées.

Comme procédé général de fabrication marquant un progrès depuis l'Exposition de 1867, nous ne pouvons guère citer que celui de MM. Camille Dehaynin, Albert Dehaynin et Cⁱᵉ. Ce procédé se caractérise par l'emploi de mesureurs spéciaux pour le brai et le charbon, d'essoreuses, et enfin de la machine Bouriez,

Gr. VI.
—
Cl. 50.

qui produit un boudin aggloméré continu[1]. L'Exposition nous en
montrait un intéressant spécimen dans la briquette de $7^m,5o$ de
long exposée par la fabrique d'agglomérés du Hasard. Ce système
date de 1867, époque où il a été introduit par son auteur à l'usine
de Marchienne-au-Pont. Il a été successivement appliqué aux
usines que MM. Camille Dehaynin, A. Dehaynin et Cⁱᵉ, ont établies à Erquelines, en 1869, à Somain, en 1873, et au charbonnage du Hasard, près de Liège, en 1877.

La machine Bouriez est dérivée de la pressse à moules ouverts
du système Évrard, bien connue en France et adoptée en Belgique
par M. Félix Dehaynin dès l'année 1856. M. Félix Dehaynin a
fait subir à cette presse différentes modifications dont il avait déjà
exposé les dessins à Paris en 1867. Ces dessins ont reparu à
l'Exposition de 1878, accompagnés d'un modèle et d'un plan
d'ensemble de l'usine de Marcinelle.

Les autres machines représentées à Paris étaient des presses à
moules fermés.

Trois nouvelles machines à briquettes étaient exposées dans la
section française.

La plus remarquable était celle des ateliers de la Chaléassière
(Saint-Étienne), appartenant à MM. V. Biétrix et Cⁱᵉ, successeurs
de MM. J.-F. Révollier, Biétrix et Cⁱᵉ, qui construisirent en 1842
la première machine à agglomérer les charbons : un modèle de
cette machine figurait à l'Exposition de 1867. Depuis cette époque,
les ateliers de la Chaléassière ont construit de nombreuses machines à grande production, soit à pression hydraulique, comme
la machine primitive, soit à vapeur. M. Couffinhal, ingénieur de
ces ateliers, a réussi à construire, pour l'Exposition de 1878, une
presse plus économique, pouvant convenir à des exploitations
moyennes. Cette presse porte une machine motrice à détente variable, dont le mouvement continu produit à la fois la compression,
la rotation du plateau et le mouvement des organes du malaxeur.
À l'aide d'une transmission par came, la rotation du plateau est
uniformément accélérée pendant la première partie de sa course.

---

[1] Voir notre *Étude sur l'agglomération des combustibles*, Paris-Liège, 1870.

et uniformément retardée pendant la seconde; au centre du pla- **Gr. VI.**
teau se trouve un balancier ou varlet animé d'un mouvement
oscillatoire par un bouton de manivelle; le petit bras de ce varlet **Cl. 50.**
opère la compression à la descente, et un contre-balancier attelé
au varlet opère le démoulage.

Une disposition hydraulique spéciale permet de faire varier à
volonté la pression exercée sur la briquette jusqu'à 150 kilogrammes par centimètre carré.

Cette machine produit par minute 30 briquettes de 3.5 ou 8 kilogrammes, soit 60,100 ou 150 tonnes par poste de 11 heures.
Le prix de la machine complète du type correspondant à 5 kilogrammes est de 18,000 francs.

Cette machine se distingue surtout par l'économie de combustible auquel donne lieu l'emploi de la détente, et par le peu
d'espace qu'elle occupe. Elle a été appliquée, depuis l'Exposition,
à la Compagnie de Blanzy.

La Société nouvelle des forges et chantiers de la Méditerranée
exposait une machine où l'eau sert à transmettre la pression de la
vapeur. Cette machine fonctionne à Marseille à la nouvelle usine de
la Compagnie des mines de la Grand'Combe. Son système peut
être défini pas l'application de la pression hydraulique à l'ancienne machine Mazeline. Elle est double, c'est-à-dire qu'un seul
malaxeur correspond à deux plates-formes tournantes portant les
moules.

A chaque plate-forme correspondent trois cylindres, dont deux
à vapeur et un à eau placés au-dessus et dans l'axe de la plate-
forme. Les deux cylindres à vapeur sont inégaux; le cylindre supérieur a 150 millimètres de diamètre et sert au relevage du
piston; le second a 516 millimètres, et produit la compression par
l'intermédiaire de l'eau contenue dans le cylindre hydraulique.
Ce dernier occupe la position inférieure; son diamètre est de
96 millimètres.

La course commune des trois pistons fixés sur une même tige
est de 750 millimètres.

La transmission hydraulique se fait par l'intermédiaire d'un
second cylindre hydraulique de 400 millimètres. Une soupape à

ressort règle la pression, qui atteint 300 kilogrammes par centi-mètre carré. Tout le reste de la machine est absolument semblable à l'ancienne machine Mazeline.

La production par minute et par plateau est de 22 briquettes de 5 kilogrammes, ce qui correspond à 150 tonnes par 10 heures de travail continu.

Le prix de cette machine à deux plateaux est de 40,000 francs pour des briquettes de 5 kilogrammes, et de 70,000 francs pour des briquettes de 10 kilogrammes.

La machine de ce dernier type fournit, à la Grand'Combe, 10 tonnes à l'heure et par plateau.

On ne peut que lui reprocher une grande consommation de va-peur et les inconvénients qui peuvent résulter de l'indépendance du piston hydraulique qui opère la compression. Ce piston des-cend uniquement par l'action de son poids et de la pression atmos-phérique. En cas de grippement provenant d'un dérangement des garnitures, on peut craindre qu'il n'en résulte des accidents.

La transmission hydraulique permet d'ailleurs d'obtenir une pression très considérable, et ce nouvel appareil remplacera avan-tageusement l'ancien type Mazeline à pression directe de vapeur, qui avait déjà l'inconvénient de donner lieu à une grande consom-mation de combustible.

La dernière machine exposée est celle de M. E. Couillard, où la compression est simplement produite par un rouleau, qui relève, au passage, des tasseaux agissant sur des pistons placés dans les moules. Ce rouleau est soutenu à l'extrémité du petit bras d'un levier, dont le grand bras porte un contrepoids qui détermine la pression. Le démoulage se fait par un plan incliné comme dans le type Mazeline.

Cette machine donne 30 briquettes de 7.5 kilogrammes par minute, mais il paraît douteux que la pression obtenue soit suffi-sante et assez régulière pour obtenir des produits comparables à ceux des machines précédentes.

Le prix de cette machine avec le malaxeur est de 25,000 francs. Elle fonctionne à Carvin.

Nous citerons, pour mémoire, des moules à briquettes domes-

tiques très ingénieux, exposés par la Société générale de chauf- **Gr. VI.**
fage qui a son siège à Paris.

Cl. 50.

A l'agglomération des combustibles se rattachent les intéressants procédés d'extraction et de moulage des tourbes exposés par
MM. J. Matthiessen et Cie, exploitants d'une tourbière au Saussey,
près de Ballancourt (Seine-et-Oise).

MM. Matthiessen et Cie ont notablement perfectionné les appareils servant à l'extraction de la tourbe. Ils exposaient les dessins
d'un louchet mécanique à bras pour les tourbières noyées, telles
qu'elles existent en France, notamment en Picardie, dans le bassin
de l'Essonne, de l'Yonne, etc., et dans toutes les localités où les
tourbes se trouvent à un niveau inférieur à celui des rivières. Le
règlement sur les cours d'eau prescrivant de ne rien changer au
régime de ceux-ci, on est obligé, dans ce cas, d'extraire la tourbe
sous l'eau et de transformer la prairie tourbeuse en un vaste étang.
Il en résulte qu'on peut, sans inconvénient, découper la tourbe
verticalement et employer un louchet mécanique à bras avec *cage*
de 30 sur 33 centimètres de section, se déplaçant le long de la
tranchée. Cet appareil n'est pas nouveau; mais MM. Matthiessen
et Cie en ont augmenté la puissance, en rendant à la fois sa manœuvre plus facile.

Ce louchet, monté sur un châssis qui circule le long du bord,
descend par son poids dans la tourbe. Il est relevé par une crémaillère et dépose les blocs arrachés dans un bateau qui les
conduit au moulage. Cet outil peut extraire 40 à 45 mètres cubes
en 12 heures, avec 4 mètres de puissance de tourbe. Il exige un
ouvrier et un aide.

En agrandissant cet appareil, de manière à disposer simultanément de quatre cages de 40 sur 40 centimètres de section, qui
découpent la tourbe par gradins, et en commandant le mouvement des louchets et des châssis par une machine à vapeur,
MM. Matthiessen et Cie sont arrivés à porter l'extraction à un total
de 250 à 290 mètres cubes par 12 heures de travail. Le châssis roulant sur plat-bord est porté sur neuf galets disposés trois
par trois sur trois arbres; mais comme, au moment de l'arrache-
ment simultané des quatre blocs, l'appareil penche et pourrait

provoquer l'éboulement des berges, un flotteur soutient le châssis à l'avant. Cet outil est conduit par un mécanicien et deux aides: il exige une force de 3 chevaux. En comptant la main-d'œuvre, le combustible, l'amortissement en dix ans de l'outillage, l'intérêt à 5 p. o/o et l'entretien pour une campagne de 100 jours, le mètre cube extrait revient à 20 centimes. Une exploitation montée dans ces conditions exige :

1° Un louchet à vapeur à 4 cages;

2° Dix bateaux pouvant contenir 5 à 6 mètres cubes;

3° Trois ateliers de moulage avec leur locomobile de 4 chevaux chacune.

Ces ateliers de moulage sont desservis par une mouleuse locomobile spéciale. MM. Matthiessen et Cⁱᵉ n'emploient pas de mouleuse fixe, à cause des transports et du service d'exploitation qu'entraîne l'emploi de cet appareil. La mobilité et la légèreté de la mouleuse sont donc les premières conditions à réaliser. La mouleuse de MM. Matthiessen et Cⁱᵉ se compose d'un cylindre en tôle incliné, où se meut un arbre à hélices, et qui porte, à l'une de ses extrémités, la trémie de chargement, et à l'autre un nez de filière sous lequel passent des moules à quatre casiers formant un train continu mû par une chaîne sans fin. L'ensemble est mû à bras ou par une locomobile se déplaçant parallèlement à la mouleuse. Manœuvrée à bras par quatre hommes, cette mouleuse peut produire en deux heures 25,000 briquettes correspondant à 12 tonnes de tourbe moulée sèche. Mue à la machine, elle peut atteindre 20 à 22 tonnes.

Pour concentrer autant que possible la fabrication, MM. Matthiessen et Cⁱᵉ ont réuni tous leurs appareils sur un bateau-atelier de 13 mètres de long sur 3 de large avec 1 mètre de tirant d'eau, portant une machine de 8 chevaux, qui suffit pour extraire, au moyen de 3 cages de 40 sur 50 centimètres de section, pour malaxer la tourbe extraite et pour faire avancer le bateau le long de la coupe. La mouleuse peut également se placer sur le bateau; mais il est préférable de conduire, au moyen de batelets, la tourbe toute malaxée et mélangée d'eau au degré voulu jusqu'à une mouleuse très simple, qui suit le bateau-atelier sur la rive où se fait le séchage. Trois mouleuses peuvent suivre le travail du bateau-atelier. Ces mouleuses, qui n'ont plus à faire le malaxage, fonctionnent à bras.

Le service du bateau demande un mécanicien, un chauffeur, deux culbuteurs, et un rangeur de pâte qui est en même temps batelier. Un pelleteur dans le bateau, un ouvrier à la manivelle, trois démouleurs et un gamin poseur de moules, suffisent pour assurer le service.

En comptant la main-d'œuvre, le combustible, l'amortissement, l'intérêt et l'entretien pour une campagne de 100 jours, la tonne sèche de tourbe moulée, mise sur le pré d'étente, revient à 6 fr. 15 cent.

Un bateau-atelier coûte environ 30,000 francs. Par ces procédés employés au Saussey, la production a été portée à 2,400 tonnes en 100 jours comptés d'avril à août.

Ces dispositions nouvelles sont entièrement originales, et donnent des résultats remarquables, tant au point de vue de l'économie que de la puissance de production.

XVII

CHARGEMENTS ET DÉCHARGEMENTS.

L'une des parties les plus intéressantes de la classe 50 se rapportait aux appareils de chargement des charbons et des minerais. L'étude des moyens de chargement a fait de grands progrès sur le continent depuis la période de fièvre industrielle de 1871 à 1873, que l'on a souvent désignée sous le nom de *crise des transports*. On a cherché, à cette époque, par tous les moyens, à multiplier l'utilisation du matériel des chemins de fer devenu tout à coup insuffisant. On a d'abord voulu copier sur le continent ce qui se fait depuis longtemps dans les ports charbonniers de l'Angleterre; mais on n'a pas tardé à s'apercevoir que les conditions n'étaient pas les mêmes, et notamment que la friabilité plus grande de la plupart des charbons ne permettait pas l'usage, sans modifications, des appareils anglais. De là des études très sérieuses et très intéressantes, dont nous voyions la trace à l'Exposition.

Gr. VI.
—
Cl. 50.

La Société des mines de Lens exposait le modèle d'un culbuteur suspendu, imaginé par M. Reumeaux, pour charger les gailletteries sur wagon, en supprimant presque complètement la chute et par suite le bris de la houille.

Mais ce sont surtout les grandes installations exposées par les charbonnages du Nord et du Pas-de-Calais et servant au chargement des bateaux au moyen des grands wagons de chemins de fer, qui méritent toute notre attention.

La première installation de ce genre qui mérite d'être mentionnée a été faite, en 1870, par la Société des mines de Lens au rivage de Pont-à-Vendin. Elle était représentée par un dessin.

Ce rivage est établi sur le bord d'un bassin creusé parallèlement au Canal de la haute Deule. Ce bassin a 18 mètres de largeur à la ligne d'eau, $2^m,10$ de profondeur et 275 mètres de longueur, dimensions qui peuvent permettre le chargement de 5,000 tonnes par jour. Le chemin de fer est situé parallèlement au quai, sur un remblai élevé de 7 mètres au-dessus du plan d'eau; en contre-bas du chemin de fer sont pratiquées, dans le mur du quai, 22 trémies en maçonnerie garnies de plaques de fonte, dont le fond présente une inclinaison de 32 degrés; chacune de ces trémies se termine par un couloir incliné à 50 degrés, qui est formé par une porte à crémaillère. Au delà de cette porte se trouve une glissière mobile et équilibrée, longue de 4 mètres, montée à charnières sous l'ouverture, et pouvant s'élever ou s'abaisser, à son autre extrémité, à l'aide d'un treuil fixé sur le couronnement du mur; au bout de cette glissière s'en trouve une seconde, qui peut s'incliner, soit dans le même sens que la première, soit en sens contraire, pour répartir la charge également et sans chute de part et d'autre du bateau, sans être obligé de changer ce dernier de place.

Les bateaux de 270 tonnes ont généralement $27^m,50$ de longueur, et correspondent à cinq glissières contiguës.

Le chemin de fer est à deux voies, avec raccordements par aiguilles aux extrémités.

Les wagons sont des trucs portant deux caisses en tôle de $2^m,80$ de long, $2^m,25$ de large et $0^m,90$ de profondeur, chargeant chacune 5 tonnes; le poids mort des wagons est de 6,300 kil.; leur longueur est de 5^m,50 entre tampons, ce qui correspond à la largeur d'une trémie. Celles-ci sont rapprochées de telle sorte que chaque wagon du train corresponde à l'une d'elles. Les caisses sont à portières sur leurs faces terminales. Ces portières s'ouvrent en faisant charnière autour de leur arête supérieure.

La locomotive qui amène le train porte une grue à vapeur sur le côté tourné vers le bassin. Lorsqu'elle a placé chaque wagon en face d'une trémie, elle est dételée et vient sur la voie parallèle. La chaîne de la grue est alors successivement accrochée à chacune des caisses, qui bascule en tournant autour de pièces cylindriques en fonte, servant à la fois d'arbres fixes quand la grue fonctionne, et d'arrêts quand la caisse repose sur le truc. Ces pièces existent de part et d'autre de la caisse; de sorte que le versage peut se faire indifféremment de l'un ou de l'autre côté, et que l'on ne doit pas se préoccuper du sens dans lequel le wagon est tourné.

Lorsqu'il n'y a qu'un bateau en chargement, la locomotive manœuvre le train à l'aide d'une chaîne d'amarrage latéral, sans quitter la voie parallèle. Lorsque le train est complètement déchargé, elle vient reprendre sa place en tête ou en queue du train vide.

On peut charger ainsi un bateau de 270 tonnes en moins de trois quarts d'heure, avec un personnel réduit à trois hommes, dont un à la locomotive, l'autre à l'accrochage de la grue et à l'ouverture des portières, le troisième au treuil qui sert à manœuvrer les glissières.

L'installation de Lens permettra d'établir 50 glissières.

Chaque trémie coûte environ 6,000 francs de premier établissement (creusement des bassins, murs, garnitures en fonte, treuils et voies). Elle peut couramment embarquer 30,000 tonnes par an. En admettant 10 p. 0/0 d'intérêt et d'amortissement, la dépense de premier établissement par tonne embarquée est donc de 2 centimes, non compris les locomotives et le matériel.

Ces élégantes dispositions font le plus grand honneur à M. Reumeaux, ingénieur en chef de la Société des mines de Lens; elles résolvent le problème du chargement rapide des bateaux, et l'on ne peut que leur reprocher le coût élevé de l'installation et du matériel.

La Compagnie des mines de Courrières a installé, en 1876, au Rivage d'Harnes, un système analogue avec grues à vapeur fixes situées en face et dans l'axe de deux trémies où viennent successivement se déverser les wagons, chargés chacun de quatre caisses de 2 tonnes 1/2. Ces caisses s'ouvrent comme celles de Lens. Elles basculent autour de deux boulons fixés d'un côté seulement du wagon, ce qui a l'inconvénient d'obliger à faire attention au sens dans lequel on engage les wagons sur la voie, lors de la formation du train.

La trémie est un simple couloir de 3^m,10 de longueur, mobile et équilibré, dont la largeur du côté de la voie dépasse un peu celle d'une caisse à charbon. L'extrémité de cette trémie est articulée comme à Lens pour répartir le charbon sans choc de part et d'autre du bateau. Les wagons sont manœuvrés sur le rivage à l'aide de chevaux pour placer successivement chaque caisse en face de la grue. Les bateaux doivent également se déplacer pendant le chargement.

Cet appareil permet de charger 1,000 à 1,200 tonnes par jour et par grue.

En dehors du personnel nécessaire pour la manœuvre du train et du bateau, il faut trois hommes répartis comme à Lens, à la grue, à l'accrochage et au couloir.

Pour un embarquement de 1,000 tonnes, cette main-d'œuvre coûte 12 millimes par tonne. La dépense de combustible est de 300 kilogrammes par jour pour les deux élévateurs. Les frais de premier établissement nous sont inconnus, mais ils paraissent peu considérables; si cette disposition donne lieu à quelques fausses manœuvres et ne peut concourir avec celle de Lens pour la rapidité du chargement, elle peut être citée comme un exemple d'installation économique.

Elle est complétée à Courrières par trois grues roulantes ordinaires chargeant les bateaux au moyen de caisses en bois contenant une tonne et se vidant par le fond. Ces grues, antérieures à l'installation nouvelle, servent encore lorsqu'on veut ménager le

gros charbon. Les caisses sont alors au nombre de huit par wa-   **Gr. VI.**
gon. La puissance d'embarquement d'une grue roulante est de   **Cl. 50.**
5oo tonnes par jour.

Le système d'embarquement de la Compagnie de Courrières est imité de celui que la Compagnie de Vicoigne employait depuis plusieurs années au rivage de Beuvry, et qui a été décrit par M. Burat dans le *Supplément au matériel des houillères* (pl. 25).

La Compagnie de Courrières a réussi toutefois à éviter les inconvénients reprochés à ce système, en y ajoutant une trémie mobile, qui réduit la chute du charbon et le répartit également dans le bateau.

A l'époque de l'Exposition, la Compagnie de Vicoigne venait d'installer au rivage de Beuvry un système nouveau dont elle exposait un modèle. Le mode d'action est analogue aux précédents, mais il substitue la pression hydraulique à celle de la vapeur. La Compagnie s'est proposé, de plus, de réduire la main-d'œuvre au minimum, et de déposer sans choc le combustible sur tous les points du bateau, en lui conservant une composition marchande uniforme et en réduisant autant que possible l'arrimage.

La trémie se compose d'une partie fixe, assise sur le mur du quai comme à Lens, et dont le fond est incliné à 24 degrés; à l'extrémité de cette trémie se trouve un couloir équilibré et mobile, dans le sens vertical, au moyen d'un treuil fixé sur le couronnement du mur. Ce couloir se termine par un bec ou distributeur en forme de cylindre coudé, qui peut occuper toutes les positions autour de son axe vertical, en restant toujours en contact avec l'embouchure du couloir. Il peut ainsi répandre le charbon sur toute l'étendue de la circonférence qu'il décrit.

Le wagon est un truc à trois caisses, contenant chacune 3,3oo kilogrammes. Ces caisses sont fixées à charnière sur l'un des longerons; elles sont à portières antérieures, comme celles de Lens et de Courrières, mais elles s'ouvrent et se ferment automatiquement par la manœuvre même de la caisse. L'élévateur hydraulique qui vient soulever cette caisse à l'arrière consiste en un piston plein qui se meut dans un cylindre oscillant autour de deux tourillons situés au niveau du sol.

Classe 5o.   14

Cet appareil permet, comme à Courrières, l'embarquement de 1,000 tonnes environ par poste de huit heures. Les frais d'installation sont de 12,000 francs. En dehors du personnel nécessaire pour la manœuvre du wagon et du bateau, il faut simplement ici, à la manœuvre de la trémie, un homme qui ouvre et ferme en même temps le robinet de l'élévateur, et un machiniste pour l'alimentation de l'accumulateur. La manœuvre des wagons se fait provisoirement par cheval, mais on se propose de la faire par cabestan hydraulique, comme dans certaines gares à marchandises de l'Angleterre et à la gare principale d'Anvers. La trémie n'ayant que la largeur d'une caisse, il faut trois manœuvres successives pour vider un wagon.

L'installation définitive comprendra quatre trémies semblables espacées de 70 mètres, ayant chacune son élévateur hydraulique desservi par un accumulateur commun, ce qui réduira les frais de main-d'œuvre, puisqu'il suffira d'un machiniste pour les quatre trémies. Ce nouveau système de chargement restitue au charbon 8 p. o/o de gailletterie qui était brisée dans l'ancien système, et lui donne une composition uniforme. M. Agniel, agent général de la Compagnie de Vicoigne, attribue à l'emploi des caisses qui fractionnent le chargement cet avantage, qui compense ainsi, dans une certaine mesure, l'inconvénient du matériel spécial et de la triple manœuvre nécessaire pour décharger un wagon.

Toutes fausses manœuvres sont évitées dans les systèmes où le wagon est basculé tout entier au-dessus d'une trémie. Tel est l'appareil de M. Fougerat, ingénieur de la Compagnie de Bruay, qui en exposait un modèle. Cet appareil est fondé, comme le précédent, sur l'emploi de la pression hydraulique. A l'époque de l'Exposition, il fonctionnait déjà depuis dix-huit mois au port de Béthune. Le wagon à basculer est amené sur une plate-forme métallique munie de rails faisant suite à la voie ferrée du quai. Cette plate-forme peut être soulevée par un piston hydraulique en tournant autour d'un axe parallèle aux rails et situé du côté de l'eau; elle prend ainsi une inclinaison de 32 degrés. Le piston appartient à un cylindre fixe, et transmet son mouvement à la plate-forme au moyen d'une bielle. Ce piston hydraulique est

mû par un accumulateur Armstrong, alimenté par une locomobile
de 4 chevaux. Le wagon est maintenu sur la plate-forme au moyen
de deux taquets qui s'approchent de la caisse au moyen de vis.

Gr. VI.
———
Cl. 50.

Le wagon s'ouvre latéralement au moyen de deux portes à charnière supérieure. Le charbon tombe sur un petit tablier mobile,
qui suit les oscillations de la plate-forme et le dirige sur une
grande glissière trapézoïdale, mobile dans le sens vertical, qui
forme trémie et se termine par un bec répartiteur.

Cet appareil est d'une grande simplicité et peut s'appliquer à
tous les quais, quelle que soit leur hauteur. On peut arrêter le
wagon instantanément sous toute inclinaison inférieure à 32 degrés, de manière à fractionner son contenu en divers points du
bateau.

Il n'exige pas l'emploi de caisses, et le matériel peut, par conséquent, être construit aussi légèrement que le permettent ses
conditions de résistance, sans exiger un poids mort supplémentaire, comme les trucs chargés de caisses.

Avant l'installation de ce culbuteur, la Compagnie de Bruay
chargeait les bateaux à la pelle, ce qui changeait la composition
du charbon et ne permettait pas d'embarquer régulièrement plus
de 200 à 250 tonnes par jour avec 50 wagons de 10 tonnes
affectés à ce service.

Aujourd'hui, avec le même nombre de wagons, un seul basculeur hydraulique peut embarquer jusqu'à 600 tonnes par jour.

Le prix de revient est descendu de 12 à 4 centimes par tonne.

Les deux basculeurs installés au port de Béthune ne font toutefois pas plus de 800 tonnes par jour, parce que le rivage est
distant des fosses de 13 kilomètres; mais l'appareil permet de décharger 10 à 12 wagons par heure, manœuvres comprises.

Le personnel se compose, pour les deux basculeurs, de 4 ouvriers et de 1 mécanicien.

Le prix de l'installation d'un basculeur hydraulique du système Fougerat est d'environ 25,000 francs.

L'installation de Bruay, qui comprend 2 basculeurs, est la première application en France d'un système de déchargement direct
des wagons de 10 tonnes.

Plusieurs autres compagnies se préparaient, au moment de l'Exposition, à suivre cet exemple. La Compagnie des mines de Béthune exposait le dessin d'une installation de ce genre en construction, au moment de l'Exposition. Cette installation offre la particularité d'utiliser la pesanteur comme force motrice. La plate-forme bascule autour d'un axe extérieur, par l'effet de la pesanteur, et prend, en s'abaissant, une inclinaison de 35 degrés. En ce moment on ouvre les portes du wagon, dont le contenu s'écoule dans une trémie fixe terminée par une partie mobile, qui se manœuvre au moyen d'un treuil fixé sur le couronnement du mur de quai. Ce dernier a une hauteur de 7 mètres. En s'abaissant, la plate-forme refoule de l'eau dans un réservoir d'air au moyen d'un piston. L'air se comprime jusqu'à atteindre une tension suffisante pour relever la plate-forme portant le wagon vide, lorsque le déchargement est terminé. Pour soutenir le wagon vide, l'air du réservoir est préalablement comprimé à l'aide d'une pompe jusqu'à 3 atmosphères. L'oscillation de la charge porte la compression à 5 atmosphères.

Ce système est extrêmement simple, mais il exige une certaine hauteur de mur de quai, parce que le wagon s'abaisse au lieu d'être soulevé, comme dans le système Fougerat. Nous avons vu fonctionner un système analogue en 1877, à la station du chemin de fer de Cologne-Minden, à Hambourg. La seule différence était que le wagon était ramené en place, non par la pression de l'air, mais plus simplement par celle de l'eau refoulée dans une colonne. Pendant une grande partie de la journée, cette disposition restait inefficace à cause des variations du niveau de l'Elbe qui atteignent $1^m,66$ devant les quais de Hambourg sous l'influence de la marée. Une installation analogue existe à Fowey (Angleterre). A Hambourg et à Fowey, le wagon est placé normalement à la rivière, ce qui exige généralement une manœuvre d'aiguilles ou de plaques tournantes. Le wagon étant perpendiculaire à la rivière, il faut d'ailleurs des quais de plus grande hauteur, ce qui est un second inconvénient. La disposition d'embarcadère parallèle au quai usitée dans tous les systèmes exposés nous paraît de beaucoup préférable, mais elle exige un matériel tout spécial.

Dans l'installation projetée à la Compagnie d'Anzin et exposée en modèle, l'action de l'eau ou de l'air comprimé était remplacée par celle de deux contrepoids entrant successivement en charge, comme dans le parachute Cousin. Ce système a été établi, depuis l'Exposition, au rivage de Denain. Il se compose essentiellement d'un berceau qui permet de basculer latéralement un wagon de 10 tonnes en vertu de la pesanteur. A cet effet, l'axe de rotation du berceau est excentré de 10 centimètres par rapport à la verticale passant par son centre de gravité; de sorte que, par le simple jeu d'un verrou, le wagon s'incline de lui-même. Pour faire équilibre à la charge dont le moment va croissant suivant l'angle d'inclinaison, le berceau est relié, du côté opposé au quai, à deux contrepoids qui entrent en charge successivement à mesure que s'accroît le moment.

Quand le wagon est incliné à 35 degrés, on ouvre les portes latérales, et le charbon s'écoule dans la trémie.

Un frein puissant retient tout le système pendant le déchargement. Lorsque le wagon est vide, on desserre graduellement ce frein, et les contrepoids ramènent lentement le berceau dans sa position initiale.

On estime que l'opération peut durer cinq minutes par wagon : de sorte qu'en deux heures on peut charger un bateau de 250 à 270 tonnes.

Le prix de cet ingénieux appareil est de 15,000 francs, y compris la trémie, qui ne présente d'ailleurs rien de particulier.

Ce système est certainement l'un des plus simples; mais, comme tous ceux qui mettent en jeu la pesanteur, il exige une hauteur de quai suffisante.

Telles sont les différentes installations se rapportant à l'embarquement des charbons par wagon de 10 tonnes, et figurant à l'Exposition. Elles formaient un des ensembles les plus complets de l'exposition charbonnière. C'était aussi l'un de ceux qui témoignait le mieux des préoccupations nouvelles de l'industrie houillère, à la prospérité de laquelle les questions de transport se lient de plus en plus intimement. Les charbonnages du Pas-de-Calais et du Nord ont fourni des exemples qui ne devraient être perdus pour aucune des mines importantes qui disposent comme eux de la voie navigable pour leurs expéditions.

Quelques exploitations de minerais avaient également exposé des installations de chargement intéressantes.

Nous citerons en premier lieu le *descenseur automatique* employé à Messein (Meurthe-et-Moselle) pour le chargement sur bateau des minerais de fer de la concession de la Fontaine-des-Roches, exposé par M. Simon Lemut, maître de forges au Clos-Mortier, près de Saint-Dizier (Haute-Marne).

La couche d'hydroxyde oolithique affleure à environ 140 mètres au-dessus de la vallée de la Moselle. Le minerai descend jusqu'au rivage par une série de plans automoteurs. Les expéditions par eau étant irrégulières, les exploitants durent former des dépôts sur le rivage du canal de la haute Moselle. C'est ainsi qu'ils furent conduits à établir une estacade à 7 mètres de hauteur au-dessus du niveau du canal. Les wagonnets arrivant sur cette estacade sont simplement culbutés sur le sol, lorsqu'il n'y a pas de bateau en charge. L'estacade est établie, dans cette intention, en porte à faux, au-dessus de la rivière ; mais, comme il n'est pas possible de précipiter, d'une hauteur de 7 mètres, le minerai dans les bateaux, on a dû recourir à une disposition spéciale pour éviter les chocs. C'est l'objet du descenseur automatique de M. Lemut. Il se compose d'une caisse dans laquelle on déverse le contenu des wagonnets. Le poids de cette caisse l'emporte sur celui de son contrepoids, lorsqu'elle est pleine de minerai. Elle descend alors jusqu'au niveau voulu ; le fond de la caisse, formé de deux vantaux, s'ouvre automatiquement : le minerai se déverse dans le bateau, puis la caisse remonte par suite de l'excès du contrepoids sur le poids de la caisse vide. Le contrepoids est formé par un piston plongeur qui fait en même temps l'office de frein. Lorsque la caisse descend, ce piston aspire l'eau du canal par un orifice que l'on peut régler à volonté ; à la remonte, il la refoule de même. Une chaîne-contrepoids compense les variations qui résultent de l'émersion et de l'immersion du plongeur.

Cet appareil permet de charger 200 tonnes en six heures sans

autre personnel que celui qui amène les wagonnets sur l'estacade.
Le coût de l'installation ne dépasse pas 7 à 8,000 francs.

Cet appareil simple et ingénieux fonctionnait d'une manière
satisfaisante depuis quatre mois au moment de l'Exposition.

La Compagnie de Rio-Tinto exposait un beau modèle de l'estacade qu'elle a établie à Huelva, pour le chargement des navires.

Cette estacade est une installation considérable, qui se justifie
par ce fait, que la Compagnie de Rio-Tinto se propose d'exporter
au moins 300,000 tonnes de pyrite de cuivre par an.

Le port de Huelva est situé à 19 kilomètres environ en amont
de la barre de l'Odiel, et les quais de cette rivière y sont à 60 centimètres tout au plus au-dessus de la marée haute. Pour obtenir une
profondeur d'eau suffisante, il fallait construire une estacade jusqu'à une grande distance dans la rivière. Il y avait deux manières
de procéder : on pouvait construire l'estacade à une faible hauteur
au-dessus du niveau de marée haute et établir, à l'extrémité, des
élévateurs mécaniques; on pouvait aussi construire une estacade
en rampe, de manière à pousser les wagons par locomotive jusqu'à une hauteur telle, que le chargement pût se faire simplement par la pesanteur. Ce dernier système était le plus coûteux,
mais il fut adopté, parce qu'il permettait une rapidité de chargement qu'on ne pouvait attendre du premier. De cette manière, on
pouvait d'ailleurs établir des voies à un niveau inférieur pour le
trafic ordinaire.

Le chemin de fer de Rio-Tinto arrivant normalement au quai,
l'estacade a été établie en courbe, afin de placer les quais de chargement dans le sens du courant. On a donné à l'extrémité de l'estacade une hauteur de 9ᵐ,88 au-dessus des marées ordinaires, et
la profondeur d'eau est telle, que les navires peuvent y charger en
tout temps. La principale difficulté de la construction résida dans
la mauvaise qualité du sol, et l'on dut recourir à des moyens de
fondation spéciaux, qui ont été décrits par M. Th. Gibson dans les
Proceedings of the Institution of civil engineers (t. LIII, 1877-1878).

La longueur totale de l'estacade est de 579 mètres; elle se compose de trois parties : une première partie droite de 183 mètres
attenant au rivage; une courbe de 236 mètres sur 182 de rayon;

et enfin une seconde partie droite de 160 mètres, de part et d'autre de laquelle sont établis quatre embarcadères. L'estacade porte trois niveaux de rails. L'étage inférieur est à une faible hauteur au-dessus du niveau de marée haute, et sert, comme nous l'avons dit, au trafic ordinaire.

Les deux étages supérieurs servent seuls pour le minerai. Considérons d'abord l'étage le plus élevé; il se compose, à partir du rivage, d'une rampe de 1 sur 75, jusqu'au sommet de laquelle la locomotive pousse les wagons chargés. De là les wagons descendent, par l'effet de la gravité, sur une pente de 1 sur 200. Le train est alors décomposé en rames de trois wagons, qui continuent à descendre par des pentes de 1 sur 100 et de 1 sur 132, jusqu'à l'extrémité de l'estacade, où ils rencontrent une courte rampe de 1 sur 30, que la force vive acquise leur fait franchir par une manœuvre d'aiguilles; on le dirige alors sur le deuxième étage de l'estacade auquel correspondent les embarcadères: les wagons y arrivent par une pente de 1 sur 100. Après avoir été déchargés, ils continuent leur chemin, toujours par l'effet de la gravité, sur des pentes de 1 pour 100, puis de 1 pour 200 jusqu'à un palier situé près du rivage, où la locomotive qui a poussé les wagons sur l'étage supérieur vient les reprendre.

Quant aux engins de déchargement, ils ne sont autres que les *spouts* employés sur les docks de la Tyne. Le wagon à portes antérieures est basculé au-dessus d'une série de quatre couloirs; on dirige la charge dans l'un ou l'autre de ceux-ci, suivant l'état de la marée et la hauteur du navire. Le minerai est dirigé par une glissière mobile dans le sens vertical, qui peut venir se placer devant l'embouchure de l'un ou de l'autre de ces couloirs.

Il est à remarquer que le chargement du minerai de Rio-Tinto ne doit pas être fait avec les mêmes ménagements que les chargements de charbon dont nous nous sommes occupés dans ce qui précède.

Le temps moyen employé pour décharger un wagon de 7 tonnes est ainsi de 45 à 60 secondes, temps calculé depuis le moment où le wagon quitte la station qu'il fait à l'étage supérieur, jusqu'à ce qu'il abandonne le *spout*. Lors du premier essai de cette instal-

lation, 700 tonnes furent chargées en quatre heures, avec des
ouvriers non habitués à ce travail; aujourd'hui l'on peut charger
1,000 tonnes à chaque *spout* dans une matinée.

Les frais d'installation de cet ouvrage grandiose se sont élevés
à 3,630,000 francs, y compris un viaduc en bois de 27 mètres
entre la rive et la station terminale du chemin de fer de Rio-Tinto.

Gr. **VI.**
—
Cl. **50.**

XVIII

ÉPUISEMENT.

Moteurs d'épuisement.

L'Exposition de Paris nous permettra, pour l'épuisement comme
nous avons essayé de le faire pour l'extraction, de passer une revue
générale des progrès successivement réalisés dans la construction
des moteurs.

La Société John Cockerill avait représenté, dans une intéressante
série de plans, les étapes parcourues depuis ses premières constructions jusqu'aux belles machines rotatives dont elle exposait un
spécimen si remarqué à l'Exposition universelle.

Chose curieuse, le premier dessin de cette série représentait
une machine d'exhaure à rotation et à traction directe, qui a été
installée dès 1827 à la houillère des Artistes, à Flémalle-Grande,
pour élever les eaux d'une profondeur de 315 mètres. Cette machine a fonctionné jusqu'en 1872, époque à laquelle elle a fait
place à une machine plus forte.

Cette machine de 1827 contenait ainsi en germe deux des progrès les plus importants qui aient été réalisés depuis dans les machines d'épuisement : la traction directe et la rotation. Les moteurs d'épuisement les plus perfectionnés à cette époque étaient
les machines à balancier, dites *de Cornouailles,* et ces machines
ont conservé longtemps une suprématie presque absolue, grâce
aux économies de combustible qu'elles permettent de réaliser.

Le second numéro de la série représentait les deux grandes
machines de ce système, construites en 1846 par la Société Cockerill pour les mines de Bleyberg. Ces machines de 300 chevaux

fonctionnent encore aujourd'hui. C'étaient, pour l'époque, des machines colossales : mais leurs proportions inusitées accentuaient les défauts du système. Le nombre de coups par minute étant forcément très limité, on a dû donner aux pompes des diamètres qui n'atteignent pas moins de 1 mètre. Cependant leurs résultats économiques étaient remarquables. Dans les essais contradictoires qui ont été faits lors de leur mise en train, ces machines ne consommèrent pas plus de 1 kilogramme 1/2 de charbon par cheval utile et par heure. Elles consomment aujourd'hui le double par suite de l'usure qu'elles ont subie. Elle marchent avec détente de 1 à 5. Le désir de réaliser, par l'emploi de la détente, des économies de combustible dans une mine métallique qui, comme le Bleyberg à cette époque, n'était pas raccordée à la voie ferrée, peut seul expliquer l'emploi du système de Cornouailles en 1846. Dès 1837, en effet, la simplicité de la machine à traction directe à simple effet et sans détente, l'économie d'installation que procure ce système, avaient contribué à lui faire rapidement acquérir la vogue qu'elle a conservée jusque dans ces dernières années.

Le type le plus perfectionné de la machine à traction directe à simple effet et sans détente est celui des machines construites en 1874 par la maison Ch. Marcellis à Liège, pour les mines de Monteponi en Sardaigne, dont les Ateliers de construction de la Meuse, successeurs de Ch. Marcellis, exposaient les croquis.

Le premier perfectionnement de ce type consiste dans l'application de la condensation au moyen du condenseur Letorêt qui permet un vide plus complet que la pompe à air.

Un autre progrès réside dans l'emploi du jeu de fers appliqué à ces machines par feu M. Goffint, ancien directeur-gérant des ateliers Marcellis.

Les perfectionnements apportés à ce jeu de fers consistent :

1° Dans l'adoption de taquets mobiles permettant d'attaquer la fermeture des soupapes de distribution à un instant quelconque de la course du piston moteur ;

2° Dans la transformation des cataractes employées non plus à déterminer un arrêt plus ou moins long après chaque course,

mais à régler la chute des fers, et, par conséquent, l'ouverture des soupapes de distribution.

Les avantages obtenus par ces modifications sont une grande douceur dans la marche, exempte de chocs et de ferraillements, une vitesse plus grande et un entretien moindre.

Mais la vitesse de ces machines est forcément limitée, puisque la descente du piston s'effectue par la seule action de la pesanteur. De là l'essai de nombreuses dispositions pour accélérer cette descente. De ce nombre est l'application du *régulateur Bockholtz,* faite en 1871, par MM. de Quillacq et Cie, à l'un des charbonnages que la Société autrichienne des chemins de fer de l'État possède en Bohême, et à la machine du puits n° 4 du Nord de Charleroi. Les dessins de ces machines figuraient à l'Exposition dans les albums exposés par ces sociétés.

Un autre moyen d'accélérer la descente est l'emploi du *double effet,* appliqué, à partir de 1864, à de nombreuses machines construites par M. Ehrhardt, en Westphalie. Ces machines sont, en général, d'importance moyenne, et leur principal avantage consiste dans l'économie de frais d'installation que permet l'emploi du double effet.

Pour les épuisements considérables, la consommation de combustible des machines à traction directe à pleine pression commença bientôt à peser lourdement sur l'épuisement, et l'on ne tarda pas à songer à y employer la détente, comme on le faisait depuis longtemps aux machines de Cornouailles.

La Société John Cockerill exposait, comme troisième numéro de sa série, les plans de la machine d'épuisement à détente du Grand-Hornu, mise en marche en 1860. Cette machine épuise les eaux à la profondeur de 572 mètres, en déployant une force d'environ 400 chevaux. Son effet utile, mesuré en eau élevée, s'est montré égal à 77 p. o/o, et la consommation de combustible à 2 kilogrammes par cheval et par heure. La détente était poussée, dans cette machine, de 1 à 3; mais, pour atteindre ce degré, dans une machine dépourvue de balancier, il fallait mettre en mouvement des masses dont le poids n'est pas inférieur à 550,000 kilogrammes. C'est là l'écueil de l'emploi de la détente dans les machines d'épuisement

Gr. VI.

Cl. 50.

à traction directe : il faut des masses considérables et une certaine vitesse pour créer des réservoirs de force vive, capables d'agir pendant la période de la détente, où la puissance développée reste inférieure aux résistances.

Or ces masses et ces vitesses font naître les dangers les plus sérieux en cas de rupture. Il fallait donc viser à diminuer ces masses, en conservant le même degré de détente. M. l'ingénieur Kley, de Bonn, eut l'idée d'appliquer le système Woolf à la machine d'épuisement à traction directe, et cette application fut réalisée pour la première fois dans une machine construite, en 1859, par la maison Ch. Marcellis pour les mines de Moresnet (Vieille-Montagne). Ce système, donnant des variations moindres dans le rapport de la puissance et de la résistance, permettait de marcher à grande détente sans exiger d'aussi grandes masses ni d'aussi grandes vitesses.

Les ateliers de construction de la Meuse exposaient le plan d'une machine Woolf de 600 chevaux à traction directe, qu'elle a construite pour la Société des mines *Nederlandsche Loodmjin*, près de Dusseldorf.

Un nouveau progrès fut l'application du système Woolf aux machines à double effet et à traction directe d'Ehrhardt. Celles-ci, étant à masses très réduites, ne se prêtaient aucunement à l'emploi de la détente, et se trouvaient, par suite, réduites à n'être employées qu'à de petits épuisements.

L'application du système Woolf, qui permet l'emploi de masses moindres pour une même détente était donc la solution naturelle. De plus, l'écart entre le travail moteur et le travail résistant n'est, dans une machine à double effet, que la moitié de ce qu'il serait dans une machine à simple effet ; on peut donc, dans ces machines, pousser plus loin la détente pour des masses données ou réciproquement. Cette solution fut tentée presque simultanément, en 1868, par M. Kley et par M. Ehrhardt, qui ne tardèrent pas à être suivis, en Angleterre, par M. Henry Davey, et, en France, par MM. de Quillacq et Cie. On voyait à l'Exposition les plans des machines Woolf à double effet construites par ces derniers pour les mines de la Compagnie autrichienne des chemins de fer de l'État, à Kladno, en Bohême, et à Steyerdorff en Hongrie. Ces machines sont, pensons-nous, les plus grandes de ce système qui aient été construites. La machine du puits Barré, à Kladno, date de 1874; elle est caractérisée par la disposition des cylindres qui sont superposés suivant un même axe. Cette machine est de 500 chevaux nominaux, et prend l'eau à 350 mètres de profondeur. La machine du puits Thinnfeld I, à Steyerdorff, date de 1876; dans cette machine, le constructeur est revenu à la disposition ordinaire des cylindres juxtaposés, ce qui, en somme, n'est qu'une question d'espace. La machine de Steyerdorff est également de la force de 500 chevaux. Elle puise l'eau à 296 mètres.

Les maîtresses-tiges de ces machines sont en métal, comme dans toutes les machines modernes. C'est d'ailleurs à partir du moment où l'on a songé à employer les machines à double effet, que les maîtresses-tiges entièrement métalliques ont commencé à se répandre. Le double effet permet de réduire de plus de moitié le poids de la maîtresse-tige, à condition que la résistance de la matière s'y prête : dans les mines profondes, ce ne peut être le cas, et l'on est obligé d'employer de lourds contrepoids, comme dans les machines de Kladno et de Steyerdorff, pour diminuer le poids non équilibré de la maîtresse-tige. La longueur du balancier de Steyerdorff est de 12 mètres. Son poids dépasse 30,000 kilogrammes, et il est chargé d'un contrepoids de 100,000 kilogrammes.

En adoptant le système Woolf à double effet, M. Henry Davey, de Leeds, a appliqué à la machine d'épuisement le principe de la distribution à *détente automatiquement variable* avec la résistance. Le système de distribution différentielle adopté par cet ingénieur pouvait se voir sur la machine d'épuisement verticale exposée par la firme Hathorn, Davis and Davey, de Leeds. La distribution de cette machine est faite par des tiroirs circulaires attaqués par une tige fixée au milieu d'un levier dont les extrémités sont actionnées en sens inverse : l'une par un petit piston à vapeur auxiliaire, l'autre par les organes en mouvement de la machine. La vitesse du petit piston auxiliaire est réglée par une cataracte; cette vitesse est, par conséquent, uniforme. La vitesse du piston de la machine est, au contraire, variable suivant les conditions de la puissance et de la résistance. L'ouverture des valves de distribution étant déterminée par le mouvement uniforme du petit cylindre, leur fermeture plus ou moins rapide l'est par le mouvement plus ou moins rapide de la machine, et l'on obtient ainsi une détente variable selon les variations de la puissance et de la résistance, qui peut prévenir les accidents pouvant résulter d'un changement brusque dans les conditions de fonctionnement de la machine. Cette distribution est des plus ingénieuses et tout à fait originale.

Les machines d'exhaure à double effet à un ou à deux cylindres, avec maîtresses-tiges en fer ou en acier, constituent la première étape des progrès réalisés dans l'épuisement depuis l'Exposition de 1867. Mais ces perfectionnements n'ont fait que marquer la transition vers un progrès plus important.

Ce progrès est caractérisé par l'application d'un moteur rotatif aux grands épuisements. Cette application avait été réalisée avec un plein succès par feu M. Colson dans diverses machines installées en Belgique, entre autres au charbonnage de Marihaye, à Seraing. La machine d'épuisement rotative établie au puits du Many de Marihaye date de 1863.

La Société Cockerill ayant de nouveau à étudier, en 1866, une machine d'épuisement de 400 chevaux à très grande détente pour les mines du Bleyberg, revint à la machine rotative de 1827, qui permettait une vitesse beaucoup plus grande que la machine à traction directe, et y appliqua le système de Woolf, dans le but de pousser la détente aussi loin que possible sans exagérer les masses en mouvement. Cette machine, dont les plans étaient exposés par la Société Cockerill, était à traction directe comme l'ancienne machine de 1827, dans l'intention de pouvoir supprimer la rotation dans le cas où elle n'eût pas réussi. La maîtresse-tige située dans l'axe du grand cylindre est reliée à un balancier de contrepoids, à l'autre extrémité duquel est fixée la bielle du volant. L'axe de ce dernier est situé au-dessus du balancier.

Cette machine prend l'eau à 180 mètres avec des pompes de 65 centimètres de diamètre. Le volant a 10 mètres de diamètre et pèse 40 tonnes. Les essais contradictoires auxquels cette machine

donna lieu, du 30 novembre au 8 décembre 1869, indiquèrent **Gr. VI.**
une consommation de $1^k,25$ de charbon à 13.8 p. o/o de cendres **Cl. 50.**
par cheval utile et par heure; avec du charbon à 22 p. o/o de
cendres, la consommation s'éleva à $1^k,62$. La consommation
moyenne des quatre premières années de marche a été, avec toute
espèce de charbons, de $1^k,60$. La machine fit, pendant les essais,
jusqu'à 8.5 tours par minute, les pompes ayant $2^m,50$ de course,
ce qui correspond à une vitesse d'élévation de l'eau égale à 70 centimètres par seconde.

C'est à partir de ce moment que la vogue de la machine à rotation n'a fait que s'affirmer de plus en plus, à cause des vitesses
inusitées jusqu'alors et des grandes détentes qu'elle permet d'obtenir sans masses exagérées.

Ce système se répandit assez vite, et l'Exposition de Vienne de
1873 nous montrait les plans de deux grandes machines rotatives
de Woolf appliquées à l'épuisement, dans lesquelles le constructeur
(M. Hoppe, de Berlin) avait déjà renoncé complètement à l'emploi de la traction directe qui obstrue les puits. Nous nous trouvons ainsi de nouveau en présence d'un type de machines à balancier supérieur ou inférieur aux cylindres avec volant placé du
même côté que ceux-ci. Le balancier était, de plus, à bras inégaux,
de façon à obtenir les vitesses les plus convenables au piston et
aux pompes, ce qui permet d'augmenter encore la vitesse, et de
donner, par suite, une grande puissance au volant sans en exagérer la masse.

L'une des machines de M. Hoppe exposées à Vienne était
munie de pompes à double effet du système Rittinger. Ce système,
appliqué pour la première fois, en 1849, en Bohême, présente
de nombreux avantages. Les pompes à double effet permettent en
effet de diviser le travail résistant et de le répartir également sur
les pulsations ascendante et descendante, ce qui amène une réduction notable dans les dimensions des pompes, des tuyaux, de la
maîtresse-tige, etc. Ces pompes, n'étant affaiblies en aucun point
par des chapelles, présentent une résistance qui permet de les
appliquer à des hauteurs d'étage de plus de 100 mètres; de plus,
toutes leurs parties se trouvant dans la même verticale, le courant

ascendant n'est pas infléchi, et peut recevoir sans inconvénient une vitesse plus grande que dans les pompes à pistons plongeurs. Ce sont ces qualités très remarquables qui ont donné, dans ces derniers temps, aux pompes Rittinger un regain de faveur justement mérité, chaque fois que l'on n'a pas à craindre des venues d'eau assez considérables pour noyer la pompe de fond, dans le cas où l'on serait forcé d'arrêter l'épuisement momentanément.

La Société des plombs argentifères de la Haute-Loire exposait une modification de la pompe Rittinger en construction pour les mines d'Aurouze. Cette modification, due à M. A. Cambresy, a pour but de doubler ou de tripler le débit des pompes Rittinger par l'adjonction d'un ou de deux corps de pompe latéraux.

L'Exposition de Vienne nous faisait connaître un autre perfectionnement des machines rotatives, dont l'initiative est due à M. L. Guinotte, administrateur délégué des charbonnages de Mariemont. C'est la substitution, dans ces machines, d'un moteur à un cylindre au moteur de Woolf appliqué dans le principe. Les plans des machines d'épuisement à un cylindre du siège n° 5 du charbonnage de Bascoup étaient accompagnés, à Vienne, d'une brochure très intéressante, expliquant les raisons théoriques qui ont conduit M. Guinotte à donner à la machine à un cylindre la préférence sur la machine de Woolf, parce qu'elle permet d'obtenir des vitesses moyennes plus grandes sans aucun inconvénient pour la marche des pompes. En effet, pour une même vitesse moyenne, la machine à un cylindre assure la vitesse la plus faible aux points morts. La machine de Woolf, au contraire, a pour but d'obtenir une vitesse de rotation aussi régulière que possible, en restreignant l'écart entre la puissance et la résistance. Dans cette machine, la vitesse au milieu de la course est donc également restreinte. Elle peut être plus grande dans la machine à un cylindre; pour une égale vitesse aux points morts, on aura, par conséquent, une vitesse moyenne plus grande. Le siège n° 5 de Bascoup possède deux machines de 1,200 chevaux, construites d'après ce programme. La Société des ateliers de construction de la Meuse exposait à Paris le croquis de l'une d'elles. Cette machine est à tiroirs et à détente variable du système Guinotte. Elle est à ba-

lancier à bras inégaux, le volant étant du côté du cylindre et la
maîtresse-tige du côté opposé. L'arbre du volant passe sous le
cylindre et est attaqué par deux bielles en retour.

Cette disposition rappelle celle des souffleries bien connues de
la Société John Cockerill; elle a pour avantage de faire passer
directement dans le volant toutes les variations d'effort résultant
de l'emploi de la détente.

Un contrepoids est suspendu à la tige du piston au moyen de
quatre tringles descendant dans les fondations. Nous donnerons
une idée des dimensions colossales de cette machine en disant que
son poids est de 400,000 kilogrammes.

La machine d'épuisement rotative est devenue aujourd'hui le
type le plus fréquemment appliqué aux grands épuisements, et l'on
ne peut méconnaître le succès des efforts faits par la Société John
Cockerill pour propager ce type. Elle présentait, à l'Exposition de
Paris, les deux machines les plus récentes construites par elle à
cette époque.

La première était la machine rotative du système Woolf, mise
en train au mois de mars 1878 au charbonnage de Gosson-Lagasse, près de Liège; la seconde était la machine rotative de
400 chevaux, à un cylindre, destinée aux charbonnages de la
Concorde, qui était exposée en nature et qui fut une des grandes
attractions de la classe 50 à l'Exposition universelle.

Quelques détails sur ces machines montreront mieux l'ensemble
des perfectionnements réunis dans ces engins remarquables.

La machine rotative de Gosson-Lagasse est, comme nous l'avons
dit, du système Woolf. Ce système se justifie là où l'économie
produite par une détente supérieure à celle de 1 à 5 prime l'a-
vantage de pouvoir marcher à de plus grandes vitesses.

Cette machine est à balancier inférieur aux cylindres. La vapeur, produite à 5 atmosphères effectives, commence à se détendre
dans le petit cylindre, et ne passe dans le grand cylindre qu'après
avoir traversé un réchauffeur. Les cylindres sont à enveloppe complète de vapeur. Un condenseur spécial permet de pousser la détente aussi loin que possible. Le vide s'élève à 0.72. La machine
fait en marche normale 12 tours par minute, mais sa vitesse peut

être portée à 15 tours. Au delà de cette vitesse, un régulateur à boules fait jouer un déclic qui ferme l'arrivée de vapeur.

Le diamètre du grand cylindre est de 1^m,30, celui du petit cylindre de 85 centimètres. La course est de 2^m,50. Le balancier en tôle, à bras inégaux de 3 et de 5 mètres, porte les contrepoids, soit environ 18,000 kilogrammes.

La maîtresse-tige est jumelle; elle se compose de barres de fer rond de 8 mètres de longueur à sections décroissantes, présentant, à leurs extrémités, de forts épaulements venus de forge et s'assemblant au moyen de manchons en fer. Cette maîtresse-tige présente le maximum de résistance pour le moindre poids, car elle n'est affaiblie par aucune entaille, même aux assemblages. Elle n'est pas entretoisée, mais il est à remarquer qu'elle n'agit que par traction, grâce à des poids tendeurs fixés à son extrémité inférieure.

Les pompes Rittinger sont placées à des distances verticales de 80 mètres entre les deux tiges, dont l'écartement d'axe en axe est de 1^m,04. Le diamètre du grand piston est de 40 centimètres, celui du petit piston, de 30 centimètres, celui de la colonne ascensionnelle de 25 centimètres. La course est de 1^m,50.

La machine de la Concorde, à un seul cylindre, présente des dispositions analogues, en ce qui concerne la maîtresse-tige et les pompes. Le cylindre moteur, de 1^m,07 de diamètre et de 2^m,44 de course, est attelé au bras le plus long du balancier, l'autre extrémité actionne la maîtresse-tige, dont la course est de 1^m,50.

La vapeur est introduite pendant 0.30 de la course. Dans ces conditions, la vitesse normale est de 12 tours par minute.

Deux bielles en retour, articulées sur la traverse du piston, donnent le mouvement aux deux manivelles de l'arbre, qui passe sous le cylindre et qui porte deux volants calés en porte à faux, comme dans les souffleries de la Société Cockerill.

La Société Cockerill a construit, de 1875 à 1878, quatre grandes machines de ce dernier type, installées toutes quatre dans le bassin de Liège, aux charbonnages de Sars-Berleur, de la Haye, au siège Collard de ses propres charbonnages et à la Société de la Concorde.

Cette dernière, qui était exposée à Paris, diffère des autres en ce que le contrepoids nécessaire pour équilibrer le poids des tiges est attaché directement au balancier moteur prolongé, au moyen de deux longues bielles pendantes. Le contrepoids est une boîte en fonte qui se meut dans un puits.

Dans les machines précédentes, l'équilibre était obtenu au moyen d'un balancier à contrepoids logé dans les fondations et assemblé par des bielles à la partie supérieure de la maîtresse-tige.

Toutes ces machines sont à soupapes. Indépendamment de la grande machine à tiroirs du type Guinotte, les Ateliers de la Meuse viennent de construire une machine rotative de 600 chevaux à tiroirs et détente Meyer, pour la Société de Bonnefin, à Liège; un croquis de cette machine était exposé à Paris. Elle actionne également des pompes Rittinger.

La *maison Beer,* de Jemeppe, exposait aussi le plan d'un projet de machine rotative à tiroirs. Cette machine se distingue en ce que le cylindre est placé au-dessus du balancier, avec bielle en retour, afin de ne pas découper les fondations pour y loger les volants, comme dans les machines précédentes.

Quelques constructeurs français se sont également lancés dans la voie des machines rotatives, mais en adoptant la disposition horizontale et en transmettant aux pompes le mouvement de l'arbre moteur par engrenages.

La Compagnie des forges et fonderies de L'Horme a construit plusieurs machines de ce genre. L'une d'elles fonctionne au puits du Chêne, à Saint-Étienne. Elle extrait 6,000 mètres cubes par vingt-quatre heures de la profondeur de 170 mètres, d'un seul jet de pompe foulante.

Une autre machine du même genre, placée aux houillères de Saint-Éloi, prend les eaux à 300 mètres de profondeur et extrait 3,000 mètres cubes en vingt-quatre heures. Cette machine est à deux cylindres conjugués et à deux maîtresses-tiges. Elle est à condensation et à détente Meyer. Les pistons ont 70 centimètres de diamètre et 1 mètre de course. Le nombre de tours est de 15 à 48. Cette vitesse est réduite dans le rapport d'un tiers par des pignons de $1^m,50$ et des engrenages de $4^m,50$, de sorte que les

Gr. VI.

Cl. 50.

15.

pompes font de 5 à 16 coups par minute. Les bielles des maîtresses-tiges sont attelées aux engrenages par des boutons diamétralement opposés, de sorte que le refoulement est alternatif. Chaque tige actionne une pompe élévatoire de 29 centimètres de diamètre et une pompe de 27 centimètres de diamètre, renversée pour faire agir la tige par traction. Le mouvement rectiligne des pompes est assuré par des coulisseaux. Le poids des attirails mobiles et la moitié du poids de la colonne d'eau sont équilibrés par deux balanciers de contrepoids, afin de donner un travail égal à la descente et à la remonte des tiges. Les dents d'engrenage sont ainsi soumises à un effort moitié moindre, et travaillent toujours dans le même sens. Cette disposition permet, de plus, aux pompes de marcher isolément. Les tiges sont formées de fers double T de 260 millimètres éclissés.

La machine exposée par la Compagnie de L'Horme était destinée aux mines de Veyras. La disposition de cette machine est la même que la précédente, les dimensions seules en diffèrent, ainsi que le système de distribution, qui est à détente automatiquement variable. Les cylindres ont 40 centimètres de diamètre et 80 centimètres de course.

La vitesse maximum de 60 tours par minute est réduite dans le rapport de 1 à 4 par les engrenages; de sorte que les pompes battent, dans ces conditions, 15 coups par minute. Ces pompes épuisent 4,000 mètres cubes à 52 mètres de profondeur. La Compagnie de L'Horme a tenté, dans cette machine, l'application d'une distribution à soupapes avec détente par déclic et ressort, réglée par la position d'un régulateur Buss agissant à la fois sur la distribution des deux cylindres, de telle sorte que l'admission puisse varier de 15 à 82 p. o/o de la course. Les soupapes sont placées aux extrémités des cylindres, de manière à réduire à 3 p. o/o les espaces nuisibles.

Nous avons déjà dit, à propos des machines d'extraction, ce que nous pensons de l'application des organes délicats de distribution aux machines de mines, qui doivent, avant tout, présenter un caractère de robuste simplicité pour satisfaire au travail continu qu'on exige d'elles.

MM. V. Biétrix et Cⁱᵉ exposaient les plans d'une machine de dispositions analogues à celles de la Compagnie de L'Horme, installée aux mines de Trets, dans le bassin à lignites des Bouches-du-Rhône, où l'on rencontre des venues d'eau très variables. Pour les combattre, on a installé, dans la mine, au niveau d'une galerie d'écoulement, deux machines semblables, puisant l'eau à 150 mètres en contre-bas de cette galerie.

Ce qui caractérise principalement ces machines est l'application du système *compound*, qui paraît rationnelle, du moment où l'on choisit la disposition horizontale. La vitesse de la machine est de 35 tours; elle est réduite à 10 tours par les engrenages. Elle peut, d'ailleurs, atteindre 15 coups.

Voici les principaux éléments de cette machine :

Diamètre { du petit cylindre		0ᵐ,64
{ du grand cylindre		1 ,28
{ de la pompe à air		0 ,40
Course du piston		0 ,90
Rapport des engrenages		10/35
Travail effectif normal		200 chevaux.
Diamètre des pompes foulantes		0ᵐ,83
Course des pompes foulantes		1 ,50
Diamètre des pompes élévatoires		0 ,465
Course des pompes élévatoires		2 ,10

Des maîtresses-tiges spéciales correspondent aux pompes élévatoires et aux pompes foulantes.

La disposition horizontale ne nous paraît présenter d'avantages sur la disposition verticale que dans certains cas spéciaux, par exemple dans celui des machines souterraines ou dans celui de terrains peu résistants, obligeant à répartir les fondations sur une grande superficie. Pour les grands appareils d'épuisement installés à la surface, nous leur préférons, en général, les appareils verticaux qui permettent de se passer d'engrenages et d'atteindre les mêmes vitesses.

Quelle que soit d'ailleurs leur disposition, l'Exposition de Paris affirmait le succès des machines d'épuisement rotatives à double effet qui constituent le dernier terme de la transformation réalisée dans les moyens d'épuisement puissants depuis l'Exposition de 1867.

A côté de ses nombreux avantages, la machine d'épuisement rotative présente toutefois l'inconvénient de ne pouvoir diminuer sa vitesse au-dessous d'un certain minimum. Il est en effet impossible de passer les points morts pour des vitesses de moins de 5 coups par minute. Dans des mines à venue d'eau très variable, non pourvues de réservoirs, une machine rotative peut, par suite, devenir un embarras sérieux. L'ancienne machine à traction directe permettait de réduire le nombre de coups autant qu'on le désirait. On a donc cherché à réunir dans une même machine les avantages des vitesses très réduites et très grandes.

C'est dans cette intention que M. L. Guinotte a composé les jantes des volants des machines de Bascoup d'une partie invariable et d'une série de recharges en plusieurs segments, qui permettent d'en augmenter considérablement le poids; on peut donc donner aux volants le poids le plus convenable à la vitesse de marche déterminée par la venue des eaux à épuiser.

Mais ce moyen ne permet pas encore de descendre au-dessous d'un minimum de vitesse nécessaire pour franchir les points morts. Il en est autrement dans les machines rotatives intermittentes de M. Kley, dont les Ateliers de construction de la Meuse exposaient des croquis, et qu'ils ont construites, en 1877, pour les mines de la Vieille-Montagne, à Heggelsbruck et à Dickenbusch.

Ces machines à double effet sont à la fois à cataracte et à volant. Le volant s'arrête à chaque demi-révolution, jusqu'à ce que la cataracte lui permette de reprendre sa course. On peut ainsi réduire la vitesse à moins d'un coup par minute, comme dans les machines à traction directe; et, en supprimant l'action des cataractes, on peut obtenir la vitesse maxima des machines rotatives.

La première machine de ce genre a été établie par M. Kley aux mines de Bleialf (Prusse) en 1876.

Gr. VI.
—
Cl. 50.

Machines d'épuisement souterraines.

Nous avons ainsi parcouru la très remarquable série de perfectionnements introduits, depuis l'Exposition de 1867, dans les engins d'épuisement placés à la surface. C'est aussi de cette époque que date le développement des machines d'épuisement installées au fond des travaux.

L'idée de supprimer la maîtresse-tige est généralement attribuée aux ingénieurs anglais. Cependant nous avons découvert un brevet belge, pris le 16 avril 1830 par M. Dieudonné Gérard, ingénieur à Liège, qui décrit avec la plus grande lucidité l'installation d'une machine d'épuisement souterraine, et, chose étrange, la machine décrite par Dieudonné Gérard est une pompe sans volant, analogue aux pompes dites *américaines* qui ne sont répandues en Europe que depuis l'Exposition de 1867.

On ne peut nier toutefois la part que l'Angleterre a prise à la propagation des machines d'épuisement souterraines avec et sans volant.

Le continent ne s'est pas empressé de la suivre dans cette voie. L'initiative en a été prise par la Compagnie des mines de Blanzy qui, dès 1853, a employé ce système pour des profondeurs de 100 à 150 mètres, et qui exposait déjà, en 1867, le projet d'une machine d'exhaure destinée à être installée au puits Sainte-Marie, à 300 mètres de profondeur, et devant refouler les eaux d'un seul jet. Les plans d'exécution de cette machine, installée en 1871, figuraient à l'Exposition de 1878.

La machine de Blanzy est à volant et à deux cylindres conjugués horizontaux donnant le mouvement à quatre pompes foulantes de 21 centimètres de diamètre et de 1^m,10 de course. Ces pompes foulantes sont alimentées par deux pompes élévatoires prenant les eaux à 30 mètres en contre-bas.

Le débit obtenu, à 16 tours par minute, est de 2,800 mètres cubes par vingt heures.

La grande difficulté dans ces appareils est la construction des pompes foulantes et surtout des soupapes qui doivent fonctionner sous des pressions de 35 à 38 atmosphères.

On a d'abord employé des soupapes en acier, dans l'espoir qu'elles résisteraient plus longtemps, lorsque la batterie du clapet aurait forgé une zone assez large pour que le métal ne soit pas écrasé. En réalité, ces clapets se sont usés, et l'on emploie aujourd'hui des soupapes en bronze, moins coûteuses et aussi durables.

Une première soupape a été brisée après 5.321,000 battues. Les autres ont été changées pour cause d'usure après 11,568,000 battues.

Quatre diagrammes pris sur les quatre faces des pistons moteurs ont donné un total de 56,590 kilogrammètres.

Le débit étant de $152^l,4$ par tour et la hauteur de 307 mètres, le travail utile est de 46,787 kilogrammes, ce qui correspond à 0.829 d'effet utile.

Les frais d'entretien de la machine et des pompes sont de 4 fr. 50 cent. par mille mètres cubes.

Cette machine a été décrite dans tous ses détails par son auteur, M. Audemar, dans le *Bulletin de la Société de l'industrie minérale* (2ᵉ série, t. I, 1872).

Les pompes souterraines sans volant étaient peu connues en Europe avant l'Exposition de 1867, où celles d'Earle, de Merryweather et de Lee attirèrent l'attention. Ces pompes ont eu un moment de vogue en 1871-1872, dans un moment de fièvre industrielle où l'on cherchait avant tout les moyens rapides d'installation. Aujourd'hui, elles ne sont plus guère employées sur le continent que comme appareils provisoires ou de secours. En Angleterre, les conditions sont différentes; les venues d'eau sont généralement peu abondantes, et les exploitations pratiquées en aval-pendage des puits, à de très grandes distances, sont très fréquentes. De plus, on peut hardiment affirmer que, depuis les machines de Cornouailles, on est loin d'avoir réalisé en Angleterre d'aussi grands progrès que sur le continent, au point de vue de l'économie du combustible dans les machines d'épuisement établies à la surface. Ces conditions expliquent le succès des machines d'épuisement souterraines, en général, et spécialement des machines sans volant, dont la consommation est fort élevée.

Les machines sans volant les plus répandues sont les pompes **Gr. VI.**
de MM. Tangye frères, de Soho, près Birmingham. Ces pompes
ont toutes pour point de départ le brevet américain de Cameron. **Cl. 50.**

La distribution de vapeur est entièrement cachée, et l'on ne
voit se mouvoir à l'extérieur que la tige du piston à vapeur, sur
le prolongement de laquelle est fixé le piston de la pompe. Celle-
ci est à double effet. La distribution se produit par le mouvement
du piston qui, aux extrémités de sa course, vient lever de petites
soupapes dont l'ouverture fait tour à tour communiquer avec la
décharge chacune des faces d'un piston distributeur.

Les soupapes des pompes sont du système Holman. Ces soupapes sont demi-sphériques et en laiton. Leur siège est en caoutchouc durci et en forme de tore. La soupape est guidée par une
tige de fer centrale fixe; sa course est limitée par un tube de gutta-
percha chaussé sur cette tige et formant ressort.

Les pompes de mine exposées par la maison Tangye appartiennent aux trois types suivants :

Le premier est à un cylindre sans détente ni condensation.

Le second est à un cylindre sans détente, à condenseur Holman. Ce condenseur utilise, comme pompe à air, la pompe même
de la machine, la décharge de vapeur étant lancée dans le tuyau
d'aspiration. L'eau de condensation est ainsi envoyée dans le tuyau
de refoulement.

Ces deux types sont fort employés en Angleterre, et les prospectus de MM. Tangye frères en citaient cent trente applications
dans les charbonnages anglais. Les plus remarquables sont celles
de la mine *Adélaïde*, à Bischop-Aukland; de la *West-Yorkshire iron
and coal Company*, près de Leeds; de la mine de *Gosforth*, à Newcastle. A la mine *Adélaïde*, le cylindre à vapeur a 65 centimètres
de diamètre et 1^m,80 de course. La pompe a 162 millimètres de
diamètre. Les soupapes sont multiples; au lieu d'une grande soupape, on a employé sept petites soupapes Holman, rangées au
nombre de six autour d'une soupape centrale. Cette pompe
unique élève, d'un jet, 785 mètres cubes par vingt-quatre heures,
à 317 mètres de hauteur. Les tuyaux de refoulement ont
175 millimètres de diamètre et 150 millimètres d'épaisseur.

Ces tuyaux sont éprouvés à la pression de 700 livres par pouce carré. Cette machine fonctionne régulièrement depuis 1871.

A la *West-Yorshire iron and coal Company*, la profondeur est moindre (142 mètres): mais la quantité d'eau épuisée est plus grande (1.744 mètres cubes par 24 heures).

A *Gosforth*, la pompe est double: chaque cylindre à vapeur a 80 centimètres de diamètre et 1^m,80 de course; les pompes ont 0^m,175 de diamètre. Ces pompes ont été construites pour élever 1.962 mètres cubes par 24 heures à 331 mètres de hauteur.

La grande consommation de ces machines a conduit MM. Tangye frères à adopter, plus récemment, le système Woolf, indépendamment de la condensation. Ils exposaient un troisième type de machines à deux cylindres moteurs placés horizontalement sur un même axe. La distribution Tangye est placée sur le petit cylindre et commande les tiroirs ordinaires du grand cylindre. Sur la même tige se trouve de plus fixée une pompe à air spéciale. Le tout repose sur un même bâti.

Cette machine était construite en vue de refouler 2,160 mètres cubes par 24 heures à 110 mètres de hauteur.

Parmi les applications de ces systèmes faites en France, un certain nombre étaient rappelées à l'Exposition par des dessins et des modèles. Citons celle des mines de Lens, où une pompe Tangye élève les eaux à 260 mètres de hauteur, et celle des mines de Portes, où cette pompe est installée à 104 mètres de profondeur.

Nous ne pouvons songer à mentionner toutes les pompes sans volant exposées à Paris, qui sont plus ou moins applicables aux mines, dans les mêmes conditions que la pompe Tangye.

Nous citerons cependant la pompe horizontale exposée par la maison Hathorn, Davis and Davey, où l'on retrouve le système de distribution avec détente automatiquement variable, que nous avons signalé dans la machine d'épuisement du système Woolf exposée par ces mêmes constructeurs.

La même maison exposait une machine à colonne d'eau destinée à un épuisement accessoire à effectuer au fond d'une mine déjà pourvue d'une machine d'épuisement plus forte placée soit à la surface, soit à un étage supérieur. La pression hydraulique né-

cessaire pour mouvoir la pompe du fond est prise, dans ce cas, **Gr. VI.**
sur les colonnes de refoulement de la pompe supérieure.

Cl. 50.

C'est une véritable transmission hydraulique dans le genre de
celle que proposait, à l'Exposition, M. Ch. Leblon, ingénieur à Paris; nous avons déjà fait remarquer que ces transmissions hydrauliques peuvent être appliquées dans les mines dans un grand nombre
de circonstances, avec plus d'avantages même que les transmissions
à air comprimé.

M. Legat, ingénieur à Paris, exposait une pompe fondée sur
l'action directe de l'air comprimé envoyé de la surface au fond de
la mine. L'action directe de l'air comprimé paraît moins rationnelle
que son action indirecte par l'intermédiaire d'une machine.

Les pompes Tangye et autres se prêtent parfaitement à l'emploi
de ce moteur; mais, eu égard aux grandes installations qu'il demande et au faible rendement qu'il permet d'obtenir, la transmission hydraulique conserve sur lui de grands avantages partout
où les circonstances spéciales ne commandent pas son emploi.

La disposition de transmission hydraulique à une pompe de fond
proposée par M. Davey a pour but spécial de remédier au principal défaut des machines d'épuisement souterraines, qui est d'être
mises hors d'état de fonctionner si la mine vient à être noyée.

Par la disposition Davey, la machine principale reste hors d'atteinte d'un coup d'eau, et la machine hydraulique peut continuer
à fonctionner, lors même qu'elle est noyée.

En résumé, malgré les succès obtenus, notamment en Angleterre, par les machines d'épuisement souterraines et malgré les
perfectionnements apportés constamment à ces engins par d'habiles
constructeurs, nous sommes loin d'y rencontrer la réalisation de
progrès aussi marqués que dans les machines d'épuisement placées
à la surface. Malgré le côté très séduisant que présente la suppression de la maîtresse-tige, les machines souterraines ne sont pas
près de prendre le dessus, et les transformations réalisées récemment dans la construction des moteurs d'épuisement contribueront,
croyons-nous, à les réduire de plus en plus au rôle secondaire
qu'elles occupent dans la plupart des mines du continent.

XIX

PRÉPARATION MÉCANIQUE DES MINERAIS.

Autant la préparation mécanique des minerais avait accusé de progrès frappants à l'Exposition de 1867, autant cette branche si importante de l'art des mines occupait une place modeste à l'Exposition de 1878. Il semble qu'après des progrès qui ont amené une transformation complète des anciens ateliers[1], la préparation mécanique se soit immobilisée dans un état de perfectionnement relatif qui ne l'empêche pas d'être encore un des procédés industriels les plus barbares, puisqu'il donne lieu à des pertes de matière utile, telles qu'on en rencontre rarement ailleurs. Et cependant on ne peut nier l'ingéniosité déployée dans l'invention de ces procédés si complexes et si multiples. Un ingénieur allemand, M. Althans, a décrit, après avoir visité l'Exposition de Philadelphie, l'histoire du développement de la préparation mécanique depuis un siècle[2]. On ne peut lire un chapitre plus intéressant d'histoire industrielle; mais cette lecture montre combien la dernière période de cette histoire a été pauvre en conquêtes utiles, et cependant l'auteur avait eu sous les yeux un champ peu parcouru par les écrivains d'Europe, celui des grandes mines métalliques du continent américain.

L'Exposition de Paris, pas plus que celle de Vienne, ne nous faisait connaître aucune méthode, aucun appareil nouveaux; tout au plus peut-on y signaler quelques modifications dignes d'intérêt d'appareils bien connus.

Broyage.

Les broyeurs surtout se présentaient en grand nombre et témoignaient de quelques tentatives intéressantes.

---

[1] Voir notre Rapport sur la préparation mécanique des minerais et des charbons à l'Exposition de 1867. (*Revue de l'Exposition de 1867*, publiée par la *Revue universelle des mines*, t. III, p. 433.)

[2] *Zeitschrift für das Berg-Hütten-und Salinenwesen in dem Preussischen Staate*, t. XXVI, 1878.

Depuis l'invention du broyeur Carr, qui fit son apparition à l'Exposition de 1867 et qui s'est répandu depuis lors dans un grand nombre d'industries, plusieurs inventeurs se sont lancés dans la voie nouvelle ouverte par cet appareil, et ont demandé à l'anéantissement de la force vive par un choc aérien l'action désintégratrice qu'ils cherchaient à faire subir à la matière.

Gr. VI.
—
Cl. 50.

Avant 1867 déjà, Rittinger avait tenté de soumettre le minerai à l'action du choc, en le faisant tomber sur un plateau horizontal muni de palettes radiales et tournant à grande vitesse; la force centrifuge projetait la matière contre une robuste couronne dentée.

La machine employée dans ces essais est décrite dans le *Traité de préparation mécanique* de Rittinger, qui valut à son auteur une médaille d'or à l'Exposition de 1867. Cette machine n'est pas entrée dans la pratique : d'après les résultats indiqués par Rittinger, elle faisait un travail très incomplet.

En lui livrant des grenailles de 6 millimètres pour les réduire en sables de $1^{mm},5$, elle n'amenait à ce diamètre en un seul passage que la moitié de matière livrée; il fallait cribler la matière sur des trommels pour faire repasser les fragments non amenés à la grosseur voulue, et, dans ces passages successifs, la proportion de produits finis se maintenait toujours à 50 p. o/o.

L'idée de Rittinger a été reprise par M. Vapart, ingénieur à la Vieille-Montagne, dans un broyeur exposé à Paris par MM. J. Bichon et Cie, concessionnaires des brevets français et étrangers. M. Vapart a remédié à l'inconvénient signalé par Rittinger, en étageant plusieurs plateaux semblables sur un même axe et en ramenant les produits partiellement désintégrés par un premier choc vers le centre du plateau suivant, au moyen de surfaces coniques formant entonnoir.

Le broyeur Vapart tourne avec des vitesses de 500 à 1,000 tours par minute, suivant qu'il s'agit d'un simple concassage ou d'une pulvérisation complète. Cet appareil ne doit pas recevoir de trop fortes quantités de matières à la fois; mais, eu égard à sa vitesse, il fait néanmoins un travail considérable.

C'est ainsi qu'à la Vieille-Montagne un appareil de $1^m,50$ de diamètre broie par heure, d'après les renseignements de l'expo-

Gr. VI.
—
Cl. 50.

sant, 6 à 7 tonnes de terre réfractaire calcinée et concassée d'avance.

Aux mines de pyrites de Chessy, dépendantes de la Société de Saint-Gobain, un appareil de 1ᵐ,05 de diamètre broie par heure 15 tonnes de pyrite amenée préalablement à la grosseur de 6 à 7 centimètres par un concasseur à mâchoires.

On l'emploie encore pour pulvériser finement les phosphates de chaux. On obtient alors, à raison de 900 tours, 1,000 kilogrammes par heure avec un appareil de 1ᵐ,05 de diamètre et une force de 14 chevaux.

Les palettes radiales sont en acier Bessemer et s'usent assez rapidement; d'après l'exposant, elles résistent au broyage de 250 tonnes de quartz. Nous ne croyons pas d'ailleurs que le rôle de cet appareil soit de broyer les matières très dures. Son action doit être limitée aux matières sèches de dureté moyenne, comme l'est d'ailleurs celle de tous les appareils qui mettent en jeu le choc aérien.

Tel est encore le broyeur de MM. Durand et Chapitel, de Paris, exposé (nous ignorons pour quelles raisons) dans la classe 55 et rélégué dans une annexe où il a été peu visité. Cet appareil méritait une place meilleure, et son mode d'action est intéressant. Il se compose d'un axe tournant au fond d'une auge dont une paroi et le fond sont perforés, et portant un certain nombre de marteaux librement suspendus par une de leurs extrémités. L'axe tournant à grande vitesse, ces marteaux se disposent parallèlement à des rayons par l'effet de la force centrifuge. Ils ne touchent pas le fond de l'auge dans laquelle est versée la matière à broyer. Le choc projette les fragments contre la paroi perforée; la matière divisée au degré voulu est éliminée au fur et à mesure, et les morceaux trop gros sont ramenés sous l'action des marteaux. Nous ne possédons aucune donnée sur le travail accompli par cette machine, dont le mode d'action est simple et ingénieux.

Pour les matières très dures, le bocard n'a pas encore trouvé son égal.

L'Exposition de Philadelphie a fait connaître des types nouveaux appliqués dans les grandes préparations mécaniques du lac

Supérieur. Ces types sont caractérisés par l'emploi direct de la
vapeur agissant pour soulever les pilons à la manière des marteaux des usines sidérurgiques ou par l'application d'un ressort
d'air comprimé placé entre le sabot et la flèche.

Une idée analogue se trouve réalisée dans un bocard exposé à
Paris par MM. Mather et Platt, de Manchester. Dans cet appareil,
les pilons, au nombre de deux par auge, sont placés aux extrémités
de l'une des branches d'une grande pièce de fonte dont la forme
rappelle celle d'un chien de fusil; l'extrémité de l'autre branche
est mobile sur un axe. La tête du pilon est soulevée, au moyen
d'un arbre coudé faisant 120 tours par minute, par l'intermédiaire d'un grand ressort en acier auquel le pilon est rattaché par
de fortes bandes de cuir.

En dehors de sa forme nouvelle, ce bocard est donc caractérisé,
comme le bocard à ressort pneumatique, par l'intermédiaire d'un
organe élastique inséré entre le mécanisme moteur et le pilon.

Les principaux avantages invoqués par les inventeurs en faveur
de cette disposition sont les suivants : l'appareil est très compact,
se démonte et se transporte facilement en un point quelconque de
la mine; il s'installe sans bâtiment ni maçonnerie; l'arbre coudé
étant conduit par courroie, la situation de l'appareil est indépendante, jusqu'à un certain point, de la situation de la force motrice.

Cette machine demande moins de force que les bocards à coussin d'air, de vapeur, etc.

L'appareil est parfaitement équilibré : l'un des pilons étant
soulevé, l'autre repose sur le fond de l'auge. La suppression du
guidage est encore une cause d'économie. De plus, quand la tête
du pilon s'use, il n'est pas nécessaire de changer les dimensions
de l'appareil : le ressort élastique suffit pour maintenir la matière
sous l'action du pilon.

MM. Huet et Geyler [1], qui avaient présenté, en 1867, une exposition des plus remarquables, exposaient, en 1878, plusieurs
appareils de préparation mécanique, parmi lesquels un nouveau
broyeur. Cet appareil dérive des essais que MM. Huet et Geyler

---

[1] M. Geyler est décédé peu de temps avant l'ouverture de l'Exposition. Son nom
figurait néanmoins au catalogue à côté de celui de son collaborateur.

avaient déjà faits, en 1867, pour obtenir des grains de grosseur uniforme, au moyen de la machine à casser américaine de M. Blake, en réglant la sortie des matières au moyen d'une pièce fixe demi-cylindrique placée sous les mâchoires. L'addition de cette pièce avait malheureusement pour inconvénient de réduire beaucoup le débit de ces machines.

Dans leur nouveau broyeur, MM. Huet et Geyler ont conservé le mode d'action des machines à casser. La mâchoire mobile est animée d'un mouvement tel, qu'elle roule et glisse à la fois sur la surface de la mâchoire fixe.

Dans le broyeur exposé, la surface fixe était un plan vertical et la surface mobile un cylindre à axe horizontal. L'écartement des deux surfaces règle ici la grosseur du grain, qui peut varier de 20 millimètres jusqu'à la poudre la plus fine.

L'appareil est alimenté par une trémie pour faire des grenailles et par un distributeur spécial à alimentation régulière pour produire des sables fins. Dans ce dernier cas, les surfaces broyeuses sont lisses, tandis que, pour faire des grenailles, elles sont striées.

Ce broyeur est destiné, dans la pensée de ses auteurs, à remplacer les cylindres, en donnant des produits plus uniformes.

Les essais comparatifs lui ont été favorables; mais il faudrait une expérience prolongée pour pouvoir se prononcer sur sa valeur.

Les machines à casser du type Blake plus ou moins modifié étaient très nombreuses à l'Exposition. Un modèle du type primitif, breveté en 1858 en faveur de M. Ely Whitney Blake, de New-Haven (Connecticut), figurait dans le compartiment des États-Unis d'Amérique.

Cette machine a obtenu un énorme succès des deux côtés de l'Atlantique; elle est aujourd'hui devenue l'accessoire obligé non seulement de toute préparation mécanique de minerais, mais d'une foule d'industries.

Parmi les machines à casser exposées, la plus intéressante modification du type Blake est la machine Hall, *à action multiple*, exposée par la *Savile street foundry and engineering Company*, à Sheffield.

Cette machine se compose de deux mâchoires situées l'une à

côté de l'autre et agissant alternativement, de manière à équilibrer et à réduire l'effort moteur. Le ressort qui, dans la machine Blake, ramène la mâchoire mobile après qu'elle a exercé son effort, est remplacé par un système de leviers articulés qui ramène une des mâchoires lorsque l'autre avance; l'effort employé à comprimer le ressort dans la machine Blake peut être ainsi directement appliqué au concassage.

Le modèle le plus puissant du système Hall concasse 150 tonnes de macadam par jour avec 12 chevaux de force et coûte 338 livres sterling.

Le concasseur Broadbent exposé par MM. Robert Broadbent et fils, à Stalydbridge, présente aussi, comme caractère, la suppression du ressort d'appel qui est remplacé par une bielle. Le but est, comme ci-dessus, de récupérer le travail perdu par la compression du ressort. D'après le prospectus de MM. Broadbent et fils, leur type de 12 chevaux concasse 130 tonnes de blocailles par jour et coûte 285 livres sterling.

MM. A. Burton et fils, de Paris, exposaient dans le compartiment anglais les machines à casser de M. Marsden, de Leeds, qui sont de plusieurs types, suivant la matière à casser et suivant l'état des transmissions du mouvement. Dans le type le plus fort, le ressort de rappel est également remplacé par un système de leviers différent de celui de MM. Broadbent. Ce type concasse 15 tonnes par heure et consomme 12 chevaux de force. Il coûte 12,911 francs. M. Marsden a, de plus, combiné une machine à casser à moteur adhérent, qui peut rendre des services dans les ateliers où les transmissions ne permettent pas d'imprimer une vitesse convenable à l'appareil.

Ce sont là, en somme, des perfectionnements de détail qui s'écartent peu du type primitif. L'introduction de ces machines en Europe ne date que de 1862: mais le chemin qu'elles y ont fait depuis cette époque et le grand nombre de constructeurs qui s'en occupent, démontrent qu'elles répondaient à un besoin industriel.

Le mode d'action des concasseurs à mâchoires est rationnel, et, en dehors de ce mode d'action, on n'a pas réalisé jusqu'ici d'appareils atteignant le même but.

Trommels.

Un seul appareil de débourbage figurait à l'Exposition. C'était un dessin du trommel débourbeur pour minerais de fer installé à la forge de Cuzorn (Lot-et-Garonne) par M. Austruy.

Cet appareil est un trommel conique monté sur un axe incliné. Le minerai y entre par la plus grande base, qui n'a pas moins de 3 mètres de diamètre, et sort par la plus petite, qui mesure 1 mètre de diamètre. La longueur du trommel est de 4 mètres. Par la petite base pénètre dans l'appareil un courant d'eau marchant à la rencontre du minerai et s'écoulant à l'extrémité opposée. L'axe du trommel est incliné vers la petite base, et les minerais remontent le long de la génératrice du cône, en vertu de la rotation qui les entraîne suivant des circonférences inclinées par rapport à la verticale : ils retombent suivant celle-ci en un point plus rapproché de l'orifice de sortie, où ils parviennent après avoir décrit un chemin en zigzag très favorable au débourbage. L'inclinaison de l'axe permet ainsi de supprimer les cloisons hélicoïdales ordinairement fixées dans ce genre de trommels.

Les matières sableuses qui se détachent sont séparées par des tôles perforées que le minerai rencontre avant l'orifice de sortie.

Cet appareil fonctionne à Cuzorn depuis plus de dix ans, en donnant d'excellents résultats sur des minerais de fer argileux qui perdent 33 p. o/o au lavage. L'appareil faisant 8 à 10 tours par minute passe 10 tonnes de minerai par heure.

M. H. E. Taylor, de Chester, exposait le modèle d'un nouveau trommel destiné à classer les minerais par poids. Cet appareil se compose d'une série de trommels coniques emboîtés les uns dans les autres suivant un même axe et présentant, à l'intérieur, dans les surfaces non recouvertes, des rainures hélicoïdales peu profondes, mais dont le pas va en diminuant. Le minerai est introduit par la plus large base et chemine en suivant les hélices vers la plus petite base de chaque tronc de cône. Un courant d'eau arrive en sens inverse et se déverse par partie dans l'appareil au sommet de chaque tronc de cône. Le courant d'eau lave ainsi le minerai : les grains les plus légers sont entraînés par le courant par-dessus les rainures hélicoïdales, et sortent de l'appareil à la base de chaque tronc de cône; avec trois troncs de cône emboîtés, on obtient donc trois classes de poids différents et un refus se composant des grains qui ont le mieux résisté au courant. Ce singulier appareil a été, paraît-il, essayé aux houillères de Mostyn, en Angleterre, pour le lavage du charbon; mais l'exposant ne faisait connaître aucun résultat d'expériences permettant de juger de son efficacité.

Gr. VI.
—
Cl. 50.

Cribles.

Le trommel précédent appartient à cette classe d'appareils qui se rencontrent fréquemment dans les préparations mécaniques anglaises, où l'on se contente souvent d'un classement suivant une fonction peu définie de la densité et du volume, et où il faut un travail supplémentaire pour perfectionner le classement. C'est là le caractère du setzage anglais qui se fait sans classement préalable par grosseurs et sur des *fonds de tamis filtrants* composés d'une matière dont la densité se rapproche de celle du produit qu'on se propose de séparer.

Pour les matières fines, sables et schlamms, ce système donne des résultats extrêmement complets, et l'on sait quelle transformation les cribles continus à fond filtrant pour sables et schlamms ont apportée dans la préparation mécanique, en réintégrant dans les ateliers de criblage un grand nombre de matières qui précédemment passaient aux ateliers de lavage au prix de pertes considérables. Cette transformation date de 1867, et l'on en voyait la trace à l'Exposition de 1867, dans les plans de l'atelier central de préparation mécanique de Clausthal (Harz), où le lavage était réduit à un minimum par l'introduction des nouveaux cribles [1].

D'après un article publié dans le *Berg-und Hüttenmännische Zeitung* du 27 décembre 1867, les anciens appareils de laverie avaient été supprimés dès cette époque, depuis un an, dans

---

[1] Voir notre Rapport sur la préparation mécanique des minerais à l'Exposition de 1867. (*Revue de l'Exposition de 1867*, publiée par la *Revue universelle des mines*, t. II, p. 614.)

16.

Gr. VI.
—
Cl. 50.

presque toutes les préparations mécaniques du Harz, à la suite des essais faits sur le nouveau crible continu, au bocard n° 4 de la vallée de Zellerfeld.

Ces essais n'étaient d'ailleurs que la suite logique des études auxquelles les ingénieurs du Harz se livraient depuis de longues années sur la continuité du travail des cribles. Nous avons vu fonctionner, en 1865, à ce même bocard n° 4 de la vallée de Zellerfeld, un crible à un seul compartiment qui traitait les matières de 1 à 2 millimètres, et dont le produit enrichi filtrait à travers le fond du tamis [1]. Avant cette époque, les fonds filtrants étaient déjà employés aux ateliers d'Engis pour le setzage à la main des sables de 2 millimètres.

Depuis 1867, les cribles continus à fond filtrant ont été introduits dans tous les ateliers de préparation mécanique. Il serait injuste de méconnaître la part que MM. Huet et Geyler ont prise à la transformation des ateliers de préparation mécanique, basée sur l'introduction de ce nouvel appareil, en France, dans les pays du midi de l'Europe et de l'Amérique du Sud.

Depuis 1867, l'usage des cribles continus à fond filtrant s'est étendu au setzage des grosses grenailles, comme nous le faisions pressentir dans notre *Rapport sur la préparation mécanique à l'Exposition de 1867*. Le succès a couronné les efforts faits par M. Fétis, directeur-gérant de la Société des mines et usines du Rhin et du Nassau, qui a essayé ces cribles continus pour toutes grenailles aux ateliers de Breinigerberg, près de Stolberg, où se faisait depuis longtemps le criblage sur fond de tamis au moyen des *jigging* anglais.

Aujourd'hui le criblage des grenailles moyennes sur fond de tamis filtrant est assez répandu. Nous en voyons un exemple dans l'exposition de la Compagnie du chemin de fer d'Orléans (régie d'Aubin). Aux ateliers de préparation du puits de la Baume, près de Villefranche d'Aveyron, on crible au nouvel appareil toutes les grenailles comprises depuis 24 jusqu'à 1/4 de millimètre. Les cribles employés ont été construits sur le modèle des cribles de Breinigerberg.

[1] Voir *Revue universelle des mines*, t. XX, p. 26.

L'application des cribles continus au lavage des charbons fins sur fond de tamis en quartz, feldspath ou barytine, a été moins rapide.

Gr. VI.

Cl. 50.

MM. Huet et Geyler ont indiqué tous les détails de cette application dans un brevet datant de 1867, et en ont fait l'application à la Grand'Combe et aux mines de Portes. D'autre part, M. Pernolet décrivait dans les *Annales des mines* (7ᵉ série, t. II, 1872), les lavoirs à schlamms de charbon, à fond filtrant de quartz, qui fonctionnaient, en 1869, chez MM. Lamarche et Schwarz, près de Heinitz (bassin de Saarbrück).

A l'Exposition de Vienne de 1873, on voyait un modèle de l'atelier de lavage des charbons de la mine Gustave, à Schwarzwaldau (Basse-Silésie), qui se distinguait par le criblage sur fond de tamis d'un grand nombre de classes de poussier, comprises entre 1 1/2 et 10 millimètres [1]. Depuis lors, les lavoirs à poussier se sont rapidement répandus en Bohême, en Saxe, en Moravie, en Westphalie, et enfin, dans ces derniers temps, en Belgique.

Deux modifications du crible continu à fond filtrant figuraient à l'Exposition ; la première est celle de M. H.-E. Taylor, de Chester. C'est la transformation du crible continu à piston latéral en crible continu à cuve. Les tamis y sont directement animés d'un mouvement vertical alternatif au moyen d'un arbre à excentriques. Les cribles sont reliés aux parois de la caisse par des bandes de caoutchouc assez larges pour permettre ce mouvement. Le courant d'eau portant le minerai s'écoule ainsi d'un compartiment à l'autre par-dessus ces lames de caoutchouc. Cette disposition a pour but d'économiser l'espace, deux cribles de ce genre pouvant être installés sur l'emplacement d'un seul crible à piston latéral; mais l'expérience qui en a été faite à Przibram a démontré que l'usure des bandes de caoutchouc était très considérable et on les a remplacées par des rebords verticaux en tôle, protégés par un recouvrement de même matière, au-dessus duquel passe le courant d'eau et de minerais.

L'autre modification était exposée par M. Sanders, capitaine

______

[1] Voir notre Rapport sur l'exploitation des mines à l'Exposition de Vienne. (*Revue universelle des mines*, 2ᵉ série, t. III, p. 427.)

des mines de cuivre de Burra-Burra, en Australie : c'était un long crible incliné avec de nombreuses cloisons transversales assez rapprochées et à un seul piston latéral. Aucun résultat d'expérience n'accompagnait le modèle de cet appareil, qui paraît destiné au classement rapide et approximatif de grandes quantités de matières.

MM. Huet et Geyler exposaient les appareils distributeurs qu'ils emploient pour tous les appareils qui ne sont pas directement alimentés par les appareils de classement.

Pour les grenailles, leur distributeur se compose d'une trémie pyramidale à quatre faces, dont le fond a pour section une demi-circonférence. Au fond de la trémie tourne une hélice qui livre régulièrement les grenailles au crible continu. L'hélice peut tourner plus ou moins vite par la disposition d'un cliquet qui, actionné par une bielle de course variable, peut prendre plus ou moins de dents d'une roue à rochet.

Lorsqu'il s'agit de distribuer des boues, la quantité d'eau a une influence prédominante, et il faut généralement expulser l'excès de l'eau qui entraîne les boues. L'appareil imaginé pour cela par MM. Huet et Geyler est très ingénieux, mais un peu compliqué. Il se compose d'un vase conique, à l'intérieur duquel tourne une petite turbine qui aspire la matière au fond du cône, au moyen d'un tube plongeant jusqu'au sommet. En réglant l'ouverture de ce tube au moyen d'un obturateur à vis, la turbine aspire une plus ou moins grande quantité de matières et d'eau et la répand sur l'appareil de lavage par un conduit qui se termine en éventail. L'eau en excès se déverse par-dessus les bords du cône.

Nous ne reviendrons pas sur les nouveaux lavoirs à charbon que nous avons décrits ci-dessus, mais nous devons consacrer quelques lignes à un progrès technique qui n'est pas sans importance pour les pays où règne la sécheresse.

L'Exposition de Philadelphie de 1876 a fait connaître d'intéressants travaux dirigés dans cette voie nouvelle. Le criblage à l'air comprimé a été réalisé d'une manière pratique aux États-Unis par M. Krom, de New-York. Ses premiers essais remontent à 1868.

et ses cribles à air comprimé fonctionnaient, paraît-il, d'une manière remarquable à l'Exposition de Philadelphie [1].

Dans cette machine, un piston tournant sur un axe latéral est
mis en mouvement par un arbre à cames. Au moment où il
échappe à l'action de la came, il est brusquement ramené avec
une grande vitesse par un ressort, et chasse de l'air à travers le
tamis d'un crible.

L'avantage par rapport aux cribles hydrauliques serait de pouvoir donner un nombre de coups beaucoup plus grand, à cause
de la masse moindre de l'air. On obtiendrait jusqu'à 500 coups
par minute. De plus, il ne se forme pas de courants perturbateurs
du classement, de sorte que le criblage s'opère avec une netteté et
avec une rapidité remarquables. L'adhésion n'agissant pas comme
lorsque les matières sont mouillées, on peut cribler des grains
beaucoup plus fins, des poussières presque impalpables.

On pouvait se rendre compte de ces résultats, à l'Exposition de
Paris, où M. Valette faisait fonctionner un petit modèle de crible
à air comprimé fondé sur les mêmes principes que ceux de M. Krom.

Il y a là peut-être une voie nouvelle, qui pourrait être suivie
avec avantage pour la séparation de minerais de composition peu
complexe, mais intimement mélangés, qui réclament un broyage
en sables très fins au moyen de meules.

Appareils de lavage.

On ne peut s'étonner de ce que les appareils de lavage fussent
si peu représentés à l'Exposition de Paris. Les cribles à fond filtrant en ont en effet diminué le nombre, et l'on n'a conservé que
les appareils arrivés déjà à un grand degré de perfectionnement.

Les seuls appareils de laverie qui figurassent à l'Exposition
étaient ceux exposés dans le compartiment hongrois par l'administration des mines de Szelakna (Schemnitz). On y voyait le modèle
d'un atelier de préparation des minerais aurifères, tel qu'on peut
l'étudier notamment, en Transylvanie, à la belle laverie établie

[1] *Die Entwickelung der mechanischen Aufbereitung in den letzten 100 Jahren*, par
M. Althaus. *Zeitschrift für das Berg-Hütten-und Salinenwesen in dem Preussischen
Staate*, t. XXVI, 1878.

Gr. VI.

Cl. 50.

par le Gouvernement hongrois près d'Abrud-Banya, à l'embouchure de la vallée de Verespatak. En parcourant cette vallée, on entend fonctionner, sur une lieue de long, plus de 1,000 bocards appartenant aux paysans chercheurs d'or. On estime à 4,000 le nombre des mineurs de cet Eldorado européen.

Le Gouvernement hongrois exploite les parties profondes du gisement de manière à démerger les petites mines exploitées dans les régions supérieures. Cette exploitation du Gouvernement a surtout un but humanitaire : celui de faire vivre toute cette population. pour qui l'exploitation de l'or est une sorte de besoin traditionnel, qui prend sa source dans l'amour du jeu, plutôt que dans l'amour du travail. Les mines d'or transylvaniennes sont, en effet, extrêmement pauvres : mais parfois l'heureux mineur découvre une belle géode qui le récompense de ses peines. Ce n'est donc pas une exploitation régulière, mais uniquement la recherche d'un heureux hasard, d'une *bénédiction* (*Segen*), comme disent les mineurs de ce pays, qui croient à l'intervention du merveilleux dans les choses humaines.

La laverie du Gouvernement recueille les eaux qui s'échappent de leurs bocards informes, mais sans en retirer grand avantage, car elles sont déjà épuisées par le travail d'un grand nombre d'orpailleurs, qui se contentent d'un gain de 18 à 20 florins par mois.

Une laverie de ce genre se compose généralement d'une batterie de bocards du système Rittinger, battant dans une auge maintenue pleine d'eau. Les eaux qui s'en écoulent conduisent le minerai broyé sur des moulins d'amalgamation à la suite desquels se trouvent des tables recouvertes de toiles. C'est ce type classique que représentaient les modèles exposés.

Il se complète parfois, comme à Abrud-Banya, de canaux pointus et de tables Rittinger. Les canaux pointus (*Spitzlutten*) de Rittinger, qui étaient une nouveauté lors de l'Exposition de 1867 [1], se rencontrent partout aujourd'hui en Autriche-Hongrie, à côté des anciennes caisses pointues (*Spitzkasten*) qui seules sont em-

---

[1] Voir notre Rapport sur la préparation mécanique à l'Exposition de 1867. (*Revue de l'Exposition de 1867*, publiée par la *Revue universelle des mines*, t. II, p. 340.)

ployées dans l'Europe occidentale. Les *Spitzlutten* donnent cependant une séparation plus nette que les *Spitzkasten* et se placent généralement en tête de ceux-ci. Ils sont d'une construction moins encombrante et moins coûteuse.

L'Administration des mines de Szelakna (Schemnitz) exposait un modèle de cet appareil qui mériterait d'être introduit dans nos préparations mécaniques. Elle exposait aussi un modèle de table tournante concave du système Rittinger qui figurait déjà aux Expositions de 1862 et de 1867 [1].

En dehors de ces appareils de laverie, on ne rencontrait à l'Exposition que quelques systèmes particuliers imaginés pour le lavage des sables aurifères.

L'un d'eux était l'appareil de MM. Rivière-Dejean et Allain, qui figurait déjà à l'Exposition de Vienne de 1873, accompagné d'un rapport très élogieux de M. de Cizancourt, ingénieur en chef des mines, sur les expériences faites sur cet appareil, en 1872, à Alais, par ordre du Gouvernement français.

Cet appareil se compose d'une caisse en bois de 8 à 10 mètres de long réunissant un caisson débourbeur à une longue table dormante à rainures transversales, dont le fond et les parois sont obliques, et où l'on recueille les produits enrichis.

Les appareils extracteurs et laveurs de M. Bazin présentent une plus grande originalité.

L'appareil qui sert à extraire du lit des rivières les sables qu'elles recèlent. est une pipette fondée sur le même principe que l'extracteur inventé par M. Bazin pour opérer des dragages en mer. Cet appareil se compose d'un simple tube plongeant jusqu'au contact des sables à draguer et débouchant dans la coque du navire à un niveau suffisamment inférieur à celui de la rivière pour que la charge hydraulique suffise à faire monter par ce tube l'eau et les sables qu'elle entraîne.

La pipette à sables aurifères se compose d'une bouteille en cuivre de 14 litres, ouverte par le bas et portée au bout d'un long manche en bois; cette bouteille est munie d'un tube en caoutchouc d'une

Gr. VI.
—
Cl. 50.

---

[1] Voir notre même Rapport, même *Revue*, t. II, p. 382.

longueur égale à celle du manche. Le tube est fermé par un robinet à la partie supérieure. On descend la pipette dans le lit de la rivière jusqu'à ce que l'orifice inférieur se trouve à la profondeur où l'on veut recueillir les sables. L'air contenu dans l'appareil s'oppose, dans une certaine mesure, à l'entrée de l'eau. En ouvrant le robinet, quand l'appareil se trouve à la profondeur voulue, il se produit une chasse qui amène des sables dans la pipette; on remonte ensuite celle-ci en fermant le robinet.

Les sables sont lavés dans des appareils à force centrifuge qui se composent d'une cuve hémisphérique en cuivre de 45 centimètres de diamètre, à laquelle on imprime un mouvement de rotation de plus en plus rapide au moyen de manivelles. On opère ce lavage sous l'eau dans un tonneau de 70 centimètres de diamètre.

Les sables soumis à l'action de la force centrifuge remontent le long des parois des cuves hémisphériques, mais les matières riches et denses ne peuvent monter assez haut pour être expulsées; elles s'élèvent seulement jusqu'à une zone telle que leur pesanteur fasse équilibre à la force centrifuge. Remarquons que la densité des sables étant 2 et celle de l'or étant 19.8, les premiers perdent sous l'eau 50 p. o/o de leur poids, alors que les parcelles d'or perdent moins de 1/19. En opérant sous l'eau, on accentue donc d'une manière considérable les différences de densité. Les matières les moins denses qui présentent le plus de volume sont éliminées par-dessus les bords et tombent au fond du tonneau. On les en extrait au moyen d'un tube de vidange fonctionnant à la manière des extracteurs décrits ci-dessus.

Pour effectuer un lavage, on a plusieurs cuves hémisphériques de courbes différentes suivant la grosseur des sables à laver; leurs profondeurs sont de 15, 20 et 25 centimètres avec un même diamètre. Les plus profondes sont destinées au lavage des sables les plus fins.

Ces appareils passent des quantités vingt fois plus grandes que l'antique *batée* des laveurs d'or. Ils sont employés dans plusieurs pays exotiques et composent le principal matériel de l'expédition Bonnat-Bazin, partie au mois de mars 1878 pour exploiter les cours d'eau à sables aurifères du pays des Ashantis, sur la côte orientale de l'Afrique.

Gr. VI.
—
Cl. 50.

Emploi des aimants.

Il nous reste à signaler un appareil destiné à séparer les minerais magnétiques de ceux qui ne le sont pas, ou à trier les limailles et les tournures dans les ateliers de construction et les fonderies de cuivre. Le trieur magnéto-électrique de M. Vavin se compose de deux cylindres étagés, dont la surface est formée d'anneaux alternatifs en fer doux et en cuivre.

Les anneaux en fer doux sont en contact avec des barreaux aimantés disposés suivant les rayons du cylindre, de telle sorte que leurs pôles de nom contraire soient deux à deux rapprochés l'un de l'autre.

La matière venant d'une trémie s'écoule par un plan incliné sur le cylindre supérieur; les parcelles magnétiques restent adhérentes aux anneaux aimantés et sont abattues par des brosses rotatives d'un côté de la machine, tandis que les matières non magnétiques tombent de l'autre côté. Le cylindre inférieur est placé de telle sorte que les anneaux en fer se trouvent dans le plan vertical des anneaux en cuivre du cylindre supérieur; aucune parcelle magnétique ne peut donc échapper à leur action. Cette machine a été l'objet d'un rapport très élogieux à la Société d'encouragement. D'après ce rapport, elle trie en un jour 2,000 kilogrammes de limailles, dans les ateliers de la maison Cail, et elle pourrait passer davantage. Elle supprime le travail lent et dangereux des laveurs de cendres, qui séparent à l'aimant les parcelles de cuivre contenues dans les limailles.

D'après ce même rapport, elle est employée à l'île de la Réunion pour trier des sables ferrugineux.

On voit, par cet aperçu, que le contingent apporté par l'Exposition de Paris à l'étude de la préparation mécanique des minerais était assez faible. Ce fait résulte probablement, comme nous l'avons dit, du degré de perfectionnement que la préparation mécanique a atteint aujourd'hui et dont on voyait l'exemple à l'Exposition dans le beau modèle des ateliers de Villefranche appartenant à la Compagnie des chemins de fer d'Orléans (régie d'Aubin) et dans les plans des laveries du Laurium. Ces laveries sont au nombre de deux : l'une d'elles, construite par MM. Huet et Geyler, traite les calamines exploitées par la Société française des mines du Laurium : l'autre, construite par M. W. Libert, à Liège, traite les ekvolades, anciens résidus de mine exploités par la Société hellénique des usines du Laurium.

Par une singulière antithèse, M. A. Cordella, le savant ingénieur du Gouvernement grec, avait exposé, à côté de ces plans, les modèles des anciens appareils de laverie qu'il a découverts en bon état de conservation dans les scories de Camaresa. C'étaient des caissons débourbeurs suivis de labyrinthes avec plusieurs bassins de dépôt échelonnés. Ces appareils étaient disposés de manière à faire servir plusieurs fois la même eau. Les minerais étaient broyés dans des mortiers en fer ou en pierre dure.

Il y a loin de ces moyens primitifs aux moyens actuels, et cependant (comme nous l'avons dit au début de ce chapitre) la préparation mécanique des minerais est encore l'une des opérations les plus barbares de l'industrie, et paraît stationner aujourd'hui dans un état de perfectionnement relatif qui ne permet pas d'espérer de progrès bien sensibles, si l'on ne parvient à y découvrir des voies entièrement nouvelles.

XX

MATÉRIEL ET PROCÉDÉS DE LA MÉTALLURGIE.

La classe 50 était très pauvre au point de vue de l'outillage et des procédés de la métallurgie, ce qui d'ailleurs peut s'expliquer. Sauf quelques rares exceptions, ce n'est pas dans l'outillage qu'il faut rechercher les progrès récents de la métallurgie, ce n'est pas non plus dans les procédés basés sur l'emploi de tel appareil dont le modèle aurait pu être exposé. C'est bien plutôt dans les méthodes qui ne s'étalent aux expositions que par une série de produits accompagnés d'analyses chimiques et de résultats d'essais de résistance. Rappelons, à cet égard, l'exposition si intéressante

des maîtres de forges du nord de l'Angleterre et du Cleveland, où
la grande question de la déphosphoration des fontes prenait corps
pour la première fois. Rappelons encore le pavillon de la Société
de Terre-Noire, où l'étude de l'influence des matières étrangères sur la qualité des aciers était pour la première fois exposée
avec pièces à l'appui. Ces expositions étaient du domaine de la
classe 43, sur lequel nous n'avons pas à empiéter.

Les procédés métallurgiques devaient être symbolisés par le
matériel même des usines, pour figurer dans la classe 50. Remarquons combien l'ordre qui sépare les procédés et les produits est
illogique, lorsqu'il a pour conséquence de séparer en réalité les
procédés en deux classes. C'est pourquoi nous ne pouvons songer
à donner ici un aperçu des progrès de la métallurgie depuis 1867,
comme nous avons essayé de le faire pour l'exploitation des mines.
Nous nous contenterons de jeter un coup d'œil sur les principales
expositions de la classe 50.

Produits réfractaires.

La classe 50 comprenait un certain nombre de produits réfractaires que leur forme ou leur nature spéciale avait fait ranger
dans le matériel des usines, alors que les matériaux réfractaires
en général figuraient dans une autre classe.

Nous citerons, par exemple, les creusets réfractaires exposés
en grande partie par l'Angleterre (*Patent plumbago crucible Company*,
à Londres, *Doulton and C°*, à Londres. *J. Cliff and sons*, à Leeds),
les États-Unis (*Taylor and C°*, à Philadelphie, *Dixon crucible
Company*, à Jersey-City), le Canada (*Compagnie de plombagine du
Canada*, à Ottawa), la Suisse (*H. Maag*, à Schaffhouse), l'Italie
(*G. Mattioda*, à Pinerolo), et la France (*E. Muller et C°*, à Ivry).

On voyait dans l'exposition de MM. E. Muller et C° des produits réfractaires en magnésie, cette substance qui paraît appelée
à jouer dans la déphosphoration des fontes un rôle que M. E.
Muller avait entrevu dès ses brevets de 1869. On y voyait aussi
des briques en silice. M. E. Muller a introduit en France, dès 1869,
cette fabrication si importante pour les producteurs d'acier sur
sole qui devaient s'approvisionner en Angleterre; elle se fait à

Ivry et à Saint-Étienne, où M. Carvès trouvait de son côté, pendant la guerre de 1870-1871, le moyen de fabriquer ces briques, qui manquaient, en ce moment, aux aciéries de M. Révollier chargées d'une commande de canons pour l'Administration de la guerre. M. Carvès s'est entendu depuis lors avec M. Muller pour l'exploitation de ces produits sous la firme *Carvès et Muller* à Saint-Étienne.

M. Audouin, ingénieur à Paris, présentait à l'Exposition l'oxyde de chrome à l'état de pureté ou de mélange avec l'oxyde de fer, comme nouvelle matière réfractaire résistant aux plus hautes températures et inattaquable par l'oxyde de fer aux chaleurs les plus intenses. Cet ingénieur exposait, de plus, un four de laboratoire destiné aux essais des matériaux réfractaires, où l'on peut obtenir des températures très élevées au moyen des combustibles liquides, huiles lourdes, pétrole brut, etc.

Fabrication du coke.

La fabrication du coke était représentée par les modèles des fours liégeois employés à Roche-la-Molière, des fours à sous-produits (système Carvès) employés à l'usine du *Marais* (Saint-Étienne) et à la Compagnie de Terre-Noire, la Voulte et Bessèges, par les dessins des fours liégeois de grande dimension établis à l'*Espérance* (Seraing), des fours Appolt récemment établis à Ougrée, et par le modèle d'un four à coke avec générateur à gaz, exposé par MM. Erichsen et Maardt, de Copenhague.

Ce dernier appareil, installé aux usines de Christiansholm, près Copenhague, est assez bizarre : il se compose d'un four à coke à une porte, dont les flammes perdues chauffent une cornue à gaz. Les gaz provenant de cette cornue se mélangent avec ceux du four pour aller chauffer les chaudières servant, dans ces usines, au raffinage du sel gemme anglais. Cette disposition ne se justifie que par le désir de produire du coke métallurgique, en même temps que du coke domestique, comme produits accessoires.

Les fours liégeois établis, en 1872, à l'Espérance (Société de

Marihaye), à Seraing, se distinguent par leurs dimensions excep-   **Gr. VI.**
tionnelles :   —
                                                                     Cl. 50.

Longueur. . . . . $9^m,5o$
Largeur { du côté de la défourneuse. . . . .   o ,65
          du côté de la sortie. . . . .   o ,7o
Hauteur { du pied droit. . . . .   1 ,4o
          moyenne sous la voûte. . . . .   1 ,7o

La charge est d'environ 7,6oo kilogrammes, et le produit, de
6,ooo kilogrammes par 48 heures.

Ces fours sont construits de façon à éviter l'emploi de briques
spéciales, ce que démontrait parfaitement le dessin exposé, qui représentait les divers fours du massif arrivés à un état d'achèvement
différent. Les flammes perdues de ces fours sont employées pour
chauffer des chaudières.

Ils sont desservis par une défourneuse spéciale dont le dessin
était exposé par M. Ch. Beer de Jemeppe. Cette machine présente
cette particularité qu'elle n'a que $7^m,75$ de longueur pour défourner des fours de $9^m,5o$. Une défourneuse ordinaire atteindrait,
dans ces conditions, 14 mètres de longueur. Pour résoudre cette
difficulté, imposée par les circonstances locales, M. Beer a eu
recours à une articulation télescopique, en faisant la crémaillère
de trois pièces juxtaposées.

La partie centrale porte le bouclier et part librement la première. Arrivée à la fin de sa course, elle s'assemble avec les deux
crémaillères latérales, qui continuent le mouvement. Cet assemblage et le désassemblage au retour s'effectuent automatiquement,
sans que ce mécanisme ait donné lieu, jusqu'ici, au moindre inconvénient.

Cette défourneuse est très puissante, à cause de l'énorme
masse à défourner; elle pèse 2 2,ooo kilogrammes. Le mouvement de translation latérale de l'appareil s'opère mécaniquement.

Cet appareil est intéressant, car il permet d'installer des fours
à défournement mécanique dans des espaces plus restreints qu'on
ne le fait d'ordinaire.

Les fours liégeois de *Roche-la-Molière* et de *Firminy* n'offrent

Gr. VI.
—
Cl. 50.

aucune particularité nouvelle; ils n'ont que $7^m,20$ de longueur, 80 à 85 centimètres de largeur, $1^m.65$ de hauteur sous la voûte. Ils reçoivent une charge de 4,400 kilogrammes, et produisent 3,100 kilogrammes de coke en 48 heures.

Les fours à coke permettant de recueillir les sous-produits de la distillation se répandent un peu en France. En 1867 déjà, MM. Carvès et Cie, propriétaires du brevet Knab, exposaient à Paris les modèles des fours à sous-produits construits par eux à Saint-Étienne (*Société de carbonisation de la Loire*). Ces fours sont aujourd'hui au nombre de 188.

La compagnie de Terre-Noire, la Voulte et Bessèges, en a établi 80 à Bessèges de 1867 à 1875, et 100 fours étaient en construction à Terre-Noire au moment de l'Exposition. Cette compagnie avait mis à la disposition du jury tous les documents de nature à justifier la détermination qu'elle a prise, en persistant dans l'emploi du système Knab, malgré la réprobation dont il a été généralement frappé par les auteurs. On a souvent reproché à ces fours de carboniser incomplètement et de produire du coke de trop faible densité. L'expérience a démontré à Bessèges que la mauvaise qualité des produits ne tenait pas au système proprement dit, mais à une mauvaise disposition de la section du four. Les fours Knab primitifs faisaient reposer le prisme de coke sur sa plus large base; ils avaient 2 mètres de largeur sur 1 mètre de hauteur. Le charbon n'occupait que 50 centimètres de hauteur. Ces dimensions étaient très défavorables à la production d'un coke de densité convenable, le saumon n'était guère chauffé que par la sole. Pour y obvier, on a adopté à Bessèges les dimensions ordinaires des fours belges : $1^m,75$ de hauteur sous la voûte, 66 centimètres de largeur : la longueur n'est que de 5 mètres, par suite des circonstances locales.

La circulation des gaz qui sont brûlés sous la sole et dans les carneaux latéraux, après s'être dépouillés des goudrons et des eaux ammoniacales, a été aussi l'objet de diverses modifications de nature à amener une plus grande égalité dans la température. Les gaz sont aspirés au moyen d'un extracteur Beal, parce que le tirage naturel eût été trop irrégulier dans une vallée aussi resserrée

que l'est celle de Bessèges. L'extracteur devait être supprimé à
Terre-Noire. Les flammes perdues de tous les fours se réunissent
dans un carneau commun, et suffisent encore pour chauffer la
chaudière qui fournit la vapeur à l'extracteur, aux pompes à eaux
ammoniacales et à la défourneuse.

Les gaz provenant des fours sont recueillis dans des tuyaux col-
lecteurs correspondant chacun à 6 ou 7 fours. Chacun de ces
tuyaux communique en un seul point avec la conduite générale
d'aspiration. Les gaz sont immédiatement débarrassés des goudrons
condensés, pour éviter la formation de brai due à une distillation
par la chaleur rayonnante du four.

Les fours de Bessèges rendent 73 p. o/o de coke. La marche la
plus avantageuse, au point de vue des sous-produits, est celle en
soixante-douze heures.

Un four produit par an :

Coke.	390 tonnes.
Goudron.	10,621
Sulfate d'ammoniaque.	2,134

Soit par jour :

Coke.	1,068^k,0
Goudron.	29 ,0
Sulfate d'ammoniaque	5 ,8

Les frais de fabrication à la tonne de coke sont :

Main-d'œuvre.	1,802 francs.
Main-d'œuvre d'entretien.	374
Consommations.	564
Provisions diverses.	314
TOTAL	3,054

Le prix d'un four est de 4,559 fr. 85 cent., mais il convient
d'y ajouter une part des frais d'installation de l'usine à sous-produits consistant, à Bessèges, en sulfate d'ammoniaque. Cette usine
a coûté 85,000 francs pour 65 fours, soit 765 francs par four.
L'immobilisation totale est donc de 5,334 fr. 85 cent. par four:

moyennant cette dépense d'installation, on obtient par jour et par four un bénéfice supplémentaire de :

Goudron......................................	1 fr. 39
Sulfate d'ammoniaque...................	1 45
Total.............	2 84

sans que le rendement en coke, ni la qualité de ce dernier produit en souffre aucunement. Ce revenu supplémentaire se chiffre par 1,036 fr. 60 cent. par four et par an.

En déduisant de l'immobilisation ci-dessus le prix d'un four ordinaire, soit 1,178 francs pour une production journalière de 1,068 kilogrammes de coke, il reste 4,156 fr. 84 cent., capital qui est largement rémunéré par le revenu supplémentaire de 1,036 fr. 60 cent., malgré les droits de brevet payés à MM. Carvès et Cⁱᵉ, qui traitent pour la moitié de la valeur des sous-produits. On s'est déterminé à employer les fours Carvès à Bessèges, en raison du débouché que la fabrication des agglomérés donnait au goudron et que celle des engrais artificiels assurait aux eaux ammoniacales. L'extension prise par le procédé Solvay n'a fait qu'augmenter ce dernier, et la Compagnie de Terre-Noire, dans une note autographiée distribuée au jury, n'hésitait pas à dire « qu'on ne doit pas plus reculer devant les frais d'installation de ces fours, lorsqu'on a des houilles de 25 à 30 p. o/o de matières volatiles, qu'on ne doit le faire devant les installations que nécessite l'utilisation des gaz des hauts fourneaux. »

Fabrication de la fonte.

La fabrication de la fonte au coke était représentée par les modèles des hauts fourneaux de Pompey, de Micheville, d'Aubin (régie d'Orléans), et par divers plans de hauts fourneaux (Deutsch-Bogsan, Anina, etc.).

L'usine à fonte de MM. Dupont et Fould à Pompey, près de Nancy, alimente une forge composée de 20 fours à puddler; il produit 60 à 70 tonnes par jour. Le modèle exposé montrait les dispositions intérieures de cette usine, bien combinées pour réduire les transports au minimum.

Le haut fourneau de Pompey a été mis à feu à la fin de 1875. **Gr. VI.**
Sa chemise extérieure est en briques creuses et établie sur co- ——
lonnes, d'après le système inauguré, en 1879, à Ars-sur-Moselle, **Cl. 50.**
par M. Remaury. Ce système réduit l'enveloppe extérieure à un
poids très faible et garantit néanmoins la chemise intérieure.

Les dimensions sont les suivantes :

Hauteur totale		$19^m,00$
Diamètre	au ventre	$5,50$
	au gueulard	$4,00$
	au creuset	$1,90$
Hauteur de l'ouvrage		$1,90$
Pente des étalages		$66°$
Capacité utile		285^{mc}

Une intéressante particularité de la marche des fourneaux de
Pompey est le volume considérable des charges qui ont été fixées,
depuis 1876, à 10,000 kilogrammes de minerai et à 3,400 kilogrammes de coke.

L'air est chauffé à 600 degrés par les gaz du fourneau, au
moyen d'appareils Whitwell.

Le creuset est à poitrine fermée, avec tuyère Lurmann pour
l'écoulement des laitiers.

Les hauts fourneaux de Micheville-lez-Villerupt (*Ferry-Curicque
et Cie*) sont situés près de la frontière du grand-duché de Luxembourg. Ils ont été installés par M. E. Boulanger sur le modèle et
les dimensions des fourneaux construits par cet ingénieur à Esch-
sur-l'Alzette (*Société des hauts fourneaux luxembourgeois*). Ce sont,
avec ces derniers, les plus grands fourneaux qui existent sur le
continent. Leurs principales dimensions sont les suivantes :

Hauteur totale		$20^m,50$
Diamètre	au ventre	$7,00$
	au gueulard	$4,60$
	au creuset	$1,00$ à $1^m,20$
Hauteur	de l'ouvrage	$2,35$
	du ventre	$7,00$
Capacité		500^{mc}

Contrairement à la tendance qui porte actuellement à diminuer le cube des maçonneries, ces fourneaux sont à deux chemises réfractaires, avec enveloppe extérieure en maçonnerie rouge, laissant un vide de 1 mètre environ de largeur entre elle et la seconde chemise réfractaire.

La production de ces fourneaux munis d'appareils Whitwell dépasse celle de tous les autres hauts fourneaux installés sur le gisement d'hydroxyde oolithique du Luxembourg et de la Lorraine. Elle s'élève à plus de 120 tonnes par fourneau et par vingt-quatre heures.

Les fourneaux de Micheville-lez-Villerupt se trouvent dans une situation peut-être unique au monde, au point de vue des transports. Les chemins de fer français et allemands aboutissent de part et d'autre à Villerupt, mais avec une différence de niveau considérable. Le chemin de fer de Longwy à Micheville, situé sur le territoire français, a son terminus situé à 10 mètres environ au-dessus du gueulard, et, d'autre part, le sol de l'usine est raccordé, sur le territoire allemand, avec le chemin de fer d'Esch-sur-l'Alzette, à Villerupt. Ces fourneaux peuvent ainsi recevoir leurs matières premières au niveau du gueulard et expédier leurs produits au niveau de la coulée.

Le modèle de fourneau exposé par la régie d'Orléans est un composé de divers types existants. Le creuset est entièrement isolé, la chemise extérieure remplacée par une enveloppe de tôle, et la plate-forme du gueulard soutenue par 8 colonnes creuses, qui servent en même temps à la descente du gaz vers les appareils à air chaud et les chaudières.

Ses principales dimensions sont :

Hauteur { totale	....	$14^m,50$
{ du creuset	....	$1,00$
Diamètre au ventre	....	$4,50$
Capacité	....	127^{mc}

L'air est chauffé à 400 degrés par des appareils Calder.

La production de ce fourneau établi à Aubin varie suivant que l'on fabrique des fontes pour fer ou pour acier. Les premières se font avec des minerais pauvres du Périgord et de Mondalazac, et la production n'atteint que 17 tonnes par 24 heures; avec des minerais d'Afrique à 49.50 p. o/o, on produit 28 à 29 tonnes de fontes à acier.

On marche avec du coke qui ne contient pas moins de 16 p. o/o de cendres, et l'on obtient des consommations qui atteignent 1.900 kilogrammes par tonne de fonte à fer, et 1,400 kilogrammes par tonne de fonte à acier.

Nous ne citons que pour mémoire les dessins et les modèles de fourneaux au charbon de bois figurant à l'Exposition. C'étaient ceux d'Olonetz appartenant au Gouvernement russe, de Domnarf-vet (Suède), de Dognasca (Hongrie), de Sireuil (France), etc.

Le haut fourneau de Sireuil, appartenant à M. P.-E. Martin, se distingue parce qu'il est surmonté d'une cornue de 7 mètres de hauteur, où l'on dessèche le bois au moyen des gaz.

Le Creuzot exposait les dessins des fours employés pour le grillage des minerais spathiques d'Allevard et de Saint-Georges. Ce sont des fours coulants de 12 mètres de hauteur chauffés par trois gazogènes; les gaz sont introduits à une certaine hauteur dans le four, à la partie supérieure d'une chambre où les minerais grillés se dépouillent de leur chaleur en faveur de l'air qui alimente la combustion.

Parmi les appareils accessoires, nous citerons les tuyères de sûreté de M. Lloyd, à Wednesbury : l'enveloppe de ces tuyères est ouverte à l'arrière pour éviter les explosions et les fuites. L'eau est amenée par des tuyaux et projetée en jets multiples contre la face intérieure des parois chauffées, puis s'écoule librement. Ces tuyères sont employées avec beaucoup de succès dans plusieurs usines anglaises. Nous relevons, parmi les attestations produites au jury, celle de M. G. Snelus, directeur de la *Compagnie de West-Cumberland,* qui les considère comme plus économiques que les anciennes tuyères spirales, et comme la plus sûre sauvegarde contre les accidents; elles écartent, d'après M. Snelus, la possibilité de voir le fourneau dérangé par suite d'une fuite survenue à la tuyère, accident qui se produit plus souvent qu'on ne croit.

M. Lloyd exposait, en outre, une tuyère à nez mobile faisant

Gr. VI.

Cl. 50.

saillie de 20 centimètres dans le fourneau. L'eau circule successivement dans les deux pièces; lorsque le nez de la tuyère se brûle, on n'a qu'une pièce de petite dimension à remplacer.

L'Exposition témoignait du succès obtenu dans ces dernières années par les appareils à air chaud en briques réfractaires. Les modèles des types les plus récents étaient exposés dans le compartiment anglais par M. Whitwell [1] et dans le compartiment français par M. Guyenet, l'un de ses représentants. A l'époque de l'Exposition de Vienne de 1873, il existait 217 appareils Whitwell pour 56 fourneaux appartenant à 34 compagnies. Au moment de l'Exposition de Paris, ce nombre était de 392 appareils pour 104 hauts fourneaux répartis dans 63 usines. Ce développement est d'autant plus remarquable qu'il s'est accompli pendant une période de crise où les usines métallurgiques étaient peu disposées à augmenter leurs installations, en montant des appareils coûteux.

Les appareils Whitwell figurant à l'Exposition de 1878 présentaient de grandes différences avec leurs prédécesseurs.

La nouvelle construction permet de réaliser à la fois une économie d'espace et d'argent.

La hauteur de ces appareils a été portée de 8^m,50 jusqu'à 18 mètres, comme dans les appareils installés chez MM. Robert Heath à Stoke-on-Trent. Le diamètre de ces appareils a été réduit de 6^m,60 à 4^m,50.

Au lieu de circuler dix fois de bas en haut et de haut en bas, les gaz ne font plus qu'une quadruple circulation. Les gaz s'élèvent d'abord par 6 carneaux, descendent par 8, remontent de nouveau par 8 et descendent enfin par 58 carneaux parallèles pour se rendre à la cheminée. Les sections de passage étant augmentées, la vitesse des gaz est considérablement réduite et les résistances sont diminuées. tandis que la surface de chauffe est de beaucoup augmentée. Il en résulte que deux nouveaux appareils en remplacent trois anciens, ce qui réduit la dépense et

---

[1] On sait que ce métallurgiste plein d'initiative est mort à la tâche, en expérimentant un gazogène, au moment même où l'Exposition de Paris consacrait la valeur de son invention.

l'espace occupé; les hautes cheminées nécessaires pour assurer le tirage des anciens appareils sont aussi diminuées. Les carneaux par où s'introduit l'air de combustion en s'échauffant, sont beaucoup multipliés, ce qui est très favorable lorsque les gaz sont chargés de vapeur d'eau comme dans le traitement des minerais hydratés.

Quant aux facilités de nettoyage sans mise hors feu, elles sont entièrement conservées dans ces nouveaux appareils, qui d'ailleurs s'encrassent moins, parce que le courant gazeux moins rapide entraîne moins de poussières.

Les résultats des appareils en briques réfractaires Cowper et Whitwell ont eu une influence si favorable sur l'économie du combustible, l'augmentation de production et la régularité de marche des hauts fourneaux, que les imitateurs n'ont pas manqué. Nous trouvons, dans l'exposition de la Compagnie des forges et fonderies de L'Horme, près de Saint-Chamond (Loire), les dessins de l'appareil Levêque employé aux hauts fourneaux du Pouzin (Ardèche) depuis 1873.

Cet appareil se compose d'une tour cylindrique partagée en cinq compartiments par des murs parallèles. Les trois compartiments du milieu sont garnis de briques réfractaires disposées comme dans les appareils Cowper; les deux compartiments extrêmes sont vides et servent simultanément à l'entrée des gaz qui redescendent ensuite par les deux compartiments adjacents et remontent par le compartiment du milieu pour gagner les cheminées qui sont multiples. L'air suit une marche inverse. Le nettoyage se fait sans mettre hors, au moyen d'injections d'air sous pression qui peuvent se faire par un grand nombre d'orifices. Les poussières ainsi rejetées vers la base s'enlèvent par de larges ouvertures. Cette opération se fait deux fois par an et n'exige pas plus de deux ou trois heures.

Deux grilles de secours permettent de remédier au manque de gaz en cas de dérangement du fourneau.

A l'époque de l'Exposition, cet appareil marchait au Pouzin depuis quatre ans sans arrêt. Il chauffe l'air à 650 degrés et a donné une économie de combustible de 25 à 33 p. o/o. L'expérience a donc prononcé sur ses qualités; il est plus simple que l'appareil Whitwell, mais donne des températures moins élevées.

L'Exposition présentait un seul appareil à air chaud en fonte, dû à M. Bergström et employé au haut fourneau de Finshyttan (Suède). Cet appareil se compose d'un double serpentin en tubes méplats présentant deux entrées à la base de l'appareil et une sortie unique à la partie supérieure: les gaz s'élevant par un puits central suivent un chemin inverse à celui de l'air. Cet appareil ne donne pas plus de 250 degrés, température qu'on cherche d'ailleurs à ne pas dépasser. Il ne nous paraît pas présenter d'avantages sur les anciens appareils en fonte.

M. Guyenet, ingénieur à Paris, exposait le modèle d'un monte-charge à vapeur, à action directe et manœuvre hydraulique, du système Brown, installé au haut fourneau de Port-Brillet (Mayenne). Ce monte-charge se compose de deux cylindres à vapeur placés verticalement au pied de l'appareil. Les pistons agissent simultanément sur un système de six poulies mouflées dont la chaîne supporte le plateau du monte-charge.

L'autre extrémité de la chaîne étant fixée aux cylindres, les pistons font décrire au plateau une course égale à six fois la leur. Cette dernière étant de 2 mètres, la course du plateau est de 12 mètres. Un piston hydraulique suit la course des pistons à vapeur en faisant passer l'eau, de la partie supérieure à la partie inférieure du cylindre qu'il parcourt. L'ouverture des orifices de passage fait agir ce piston hydraulique comme régulateur de vitesse à l'ascension et comme frein à la descente, qui s'opère par le seul poids du plateau.

Cet appareil présente une partie des avantages du monte-charge hydraulique d'Armstrong, avec des frais d'installation beaucoup moins élevés. Il fonctionnait depuis trois ans au moment de l'Exposition, à Port-Brillet, à la complète satisfaction du directeur de l'usine, tant sous le rapport de la facilité et de la précision de la manœuvre que sous le rapport de la sécurité et du bon service.

Machines soufflantes.

Les machines soufflantes exposées en dessin ou en modèle se bornaient aux souffleries à tiroirs établies par la maison Ch. Marcellis aux hauts fournaux de MM. Giraud et Cie à Longwy, aux machines soufflantes des hauts fourneaux de Pompey, des aciéries de la Société Cockerill à Seraing, des aciéries de Bessèges et des hauts fourneaux de Tamaris (Gard).

Les machines soufflantes à tiroirs ont perdu la vogue qu'elles ont eue un moment, malgré tous les inconvénients que présente l'entretien des clapets. Les reproches adressés aux machines à tiroirs proviennent surtout de ce qu'on a voulu faire marcher ces machines à de très grandes vitesses, alors que ce système ne comporte pas une telle marche.

L'expérience qui a été faite, pendant une période de quinze ans, chez MM. Giraud et Cie, a cependant été très favorable, et leur machine fonctionne encore actuellement, dans des conditions très économiques, à une vitesse de 25 tours 1/2.

Dans les aciéries Bessemer, le problème est tout autre : il faut de grandes vitesses et de hautes pressions; il faut, de plus, des appareils obéissant sans retard au premier signal transmis de la halle de coulée.

Dans le principe, on a cru ne pas pouvoir résoudre ce problème au moyen de machines soufflantes à clapets, et l'on avait imaginé des systèmes qui n'ont pas résisté au travail énergique réclamé de ces souffleries. La Société John Cockerill est entrée des premières dans une autre voie; elle n'a pas reculé devant l'emploi, pour le Bessemer, de son type bien connu de soufflerie verticale à action directe, en lui donnant les dispositions nécessaires pour le nouveau travail exigé d'elle.

La soufflerie des aciéries de Seraing, représentée dans les dessins exposés, donne le vent à la pression effective de 1.5 à 1.6 atmosphères et fait 30 à 31 tours par minute. La force utile mesurée sur les pistons des cylindres soufflants atteint, dans ces conditions, 550 chevaux.

Trois chaudières ayant une surface de chauffe collective de

300 mètres carrés suffisent à fournir la vapeur, et, si les feux sont propres, il est rare que la pression baisse de plus de 1/4 d'atmosphère pendant le cours d'une opération dont la durée est de vingt minutes.

Le moteur est du type *compound*.

La consommation en marche normale atteint à peine 1 kilogramme 3/4 par cheval calculé d'après les diagrammes relevés sur les cylindres soufflants.

La Société Cockerill a construit une soufflerie de ce genre pour les nouvelles aciéries établies à Beaucaire par la société de Châtillon-et-Commentry.

Voici les principaux éléments de la soufflerie Bessemer de Seraing :

Diamètre du piston { du petit cylindre à vapeur..	0^{m},900	
du grand cylindre à vapeur.	1 ,500	
du cylindre à vent.	1 ,200	
Course de ces pistons.	1 ,500	
Diamètre du piston de la pompe à air.	0 ,710	
Pression maximum { de la vapeur.	4 atm. 5	
du vent.	1 6	
Vide dans le condenseur en centimètres de mercure.	65	
Admission de vapeur.	1/10	
Nombre de tours maximum.	35	
Consommation de vapeur par heure et par cheval.	10 kil. 75	

La machine soufflante des hauts fourneaux de Pompey, dont le dessin était exposé par les constructeurs MM. de Quillacq et Cie, reproduit les dispositions du type de Seraing sans moteur *compound*.

Les machines soufflantes des aciéries Bessemer de Bessèges et des hauts fourneaux de Tamaris (dont un modèle et les dessins exposés par la Compagnie de Terre-Noire, la Voulte et Bessèges) appartiennent toutes deux au type vertical à balancier. Ce sont des machines doubles conjuguées du système Woolf, très soignées dans leurs détails.

Voici les principaux éléments de ces machines :   **Gr. VI.**

	Aciéries de Bessèges.	Hauts fourneaux de Tamaris.
Diamètre des pistons des petits cylindres à vapeur.	$0^m,655$	$0^m,520$
Course des pistons des petits cylindres à vapeur.	1 ,861	1 ,5785
Diamètre des pistons des grands cylindres à vapeur.	1 ,140	0 ,800
Course des pistons des grands cylindres à vapeur.	2 ,500	2 ,000
Diamètre des pistons des cylindres à vent.	1 ,080	1 ,450
Course des pistons des cylindres à vent..	2 .500	2 ,000
Diamètre des pistons de la pompe à air..	0 ,600	0 ,420
Course des pistons de la pompe à air...	1 .250	1 ,000
Pression maximum { de la vapeur......	5 kil.	3 kil.
du vent en centimètres de mercure.	175	19
Vide dans le condenseur, en centimètres de mercure.	68 à 70	
Vide dans les grands cylindres à vapeur.		62
Degrés de détente.	1/8 à 1/20	
Détente usuelle.	1/12	1/12 à 1/15
Nombre de tours maximum.	20	30
Consommation de vapeur par heure et par cheval.	11 kil.	8 kil.

Cl. 50.

Les ventilateurs à force centrifuge pour feux de forge et cubilots étaient très nombreux. Nous citerons : ceux exposés par MM. Sulzer frères, à Winterthur; la Société suisse pour la construction de locomotives et de machines à Winterthur (système Brown); MM. Rownson, Drew et Cie, à Londres; M. J. Robert à Liège; et MM. Perrigault et Macé, à Rennes.

Ces derniers reproduisaient la disposition des ventilateurs multiples qui ont fonctionné en 1867 pour l'aération du Palais de l'Exposition universelle.

Dans les compartiments anglais et américain, on voyait quelques souffleries à pistons rotatifs : tel était le ventilateur Baker, exposé par *The Savile street foundry and engineering Company*, à Sheffield, et le ventilateur Brakell, exposé par *The North moor foundry Com-*

pany, à Londres, dont M. Brakell s'intitule le *fondateur et le seul associé.*

Ces appareils ne présentent pas en eux de principes qui ne soient bien connus; ils tiennent peu de place, mais participent aux inconvénients de toutes les machines rotatives. Le ventilateur Baker se présente toutefois accompagné d'une médaille d'argent délivrée, en 1874, par le Comité de l'*Institut Franklin* de Philadelphie à la suite d'essais comparatifs sur ce ventilateur et sur le ventilateur Root, qui est souvent employé aujourd'hui pour souffler les cubilots.

Fonderies.

Indépendamment de ces ventilateurs, le matériel des fonderies était représenté par un petit nombre d'appareils.

MM. J. Bichon et Cie exposaient un cubilot à deux zones de tuyères indépendantes; ce type a donné une économie de combustible importante dans les nombreux ateliers où la transformation des cubilots a été opérée de cette manière.

Le cubilot exposé permettait une introduction d'hydrocarbures liquides destinés à fournir le supplément de combustible nécessaire pour refondre de grandes pièces. On a employé ce procédé avec succès à Denain pour refondre des pièces de 1,500 kilogrammes, en consommant 15 kilogrammes d'hydrocarbures (huiles lourdes, goudron) au delà des 7 à 8 p.o/o de coke qui constituent la consommation réduite de ces cubilots.

M. A. Piat exposait des fours à creuset mobiles, pour la fusion du bronze, du nickel, de la fonte malléable, de l'acier, etc. Ces fours sont suspendus sur un axe et peuvent être enlevés par une grue pour effectuer la coulée. On supprime ainsi la manœuvre des creusets, qui exige des hommes forts et adroits; les creusets peuvent être plus épais parce qu'ils ne se refroidissent pas, et la consommation de combustible est diminuée parce que le feu ne doit pas être refait après chaque fusion. Ces fours sont à tirage naturel ou à vent soufflé, et l'air peut être chauffé par un récupérateur de chaleur.

MM. Aikin et Drummond, à Louisville (Kentucky), exposaient

une machine appliquée, dans le modèle exposé, au moulage des **Gr. VI.**
boîtes de roue. Un châssis à fond mobile reçoit le modèle; le **Cl. 50.**
châssis se remplit de sable par la manœuvre d'un tiroir qui ferme
une trémie; le châssis est ensuite couvert par un plateau de presse,
et le fond mobile est soulevé par des cames de manière à comprimer le sable. Cette machine fournit 75 pièces à l'heure; elle
pèse 600 kilogrammes et coûte 2,500 francs. Plus de 1,500 machines de ce genre fonctionnent, dit-on, aux États-Unis. C'est un
outil simple et d'une manœuvre facile pour faire un grand nombre
de pièces de même modèle.

La Compagnie de Terre-Noire, la Voulte et Bessèges exposait une
lanterne rétractile pour le moulage des tuyaux coulés debout, employée à la fonderie de la Voulte. Cette lanterne est portée sur un
axe muni de croisillons articulés. La carcasse en tôle formant le
noyau des tuyaux en fonte de grand diamètre peut ainsi se retirer, de manière à laisser au tuyau toute liberté de se contracter
pendant le refroidissement.

La même Compagnie exposait l'outillage qu'elle emploie pour
le moulage des obus. Il est indispensable, dans cette fabrication,
d'employer des moyens mécaniques, à cause de la précision de
centrage des noyaux, nécessaire pour assurer l'égalité d'épaisseur
des parois pour lesquelles on ne tolère pas plus de 2 à 4/10 de
millimètre d'écart. Certains obus doivent recevoir une ceinture de
cuivre encastrée dans la fonte. Pour empêcher la fusion du cuivre
au moment de la coulée, une bague de fer, ajustée sur la ceinture de cuivre et placée préalablement dans le moule, absorbe
l'excès de chaleur fourni par la fonte.

Le moulage des projectiles creux était représenté par M. J. Vo-
ruz, de Nantes, qui a notablement perfectionné les procédés
mécaniques de centrage du noyau. La même maison exposait ses
très ingénieux procédés de moulage mécanique des coussinets de
chemins de fer. Les modèles sont divisés de telle sorte qu'ils puissent être retirés mécaniquement sans précautions spéciales, en
même temps que les trous de boulon sont moulés sans noyau.
On obtient, par suite, une grande rapidité, une grande précision, et l'on peut se passer d'ouvriers spéciaux.

Fabrication du fer.

Les moyens de production directe du fer étaient représentés par le four Chenot et par le procédé de M. du Puy, ingénieur civil à Philadelphie.

Le four Chenot s'est, pour ainsi dire, localisé en Biscaye, où il se rencontre encore dans quelques usines. La plus grande installation qui en ait été faite est celle de l'usine *Nuestra Santa del Carmen*, appartenant à MM. Ibarra frères, à Baracaldo, près de Bilbao, où furent construits dix fours Chenot. Nous y avons vu, en octobre 1878, quatre fours Chenot servant à la fabrication de l'éponge de fer au moyen des minerais les plus purs (*Vena*) du célèbre gîte de Somorrostro, qui ont longtemps alimenté les forges catalanes de la Biscaye. L'éponge de fer était retraitée au feu comtois. L'expérience de Baracaldo a prouvé que le four Chenot n'était pas susceptible d'une conduite régulière. L'installation est considérable eu égard à la production. Chaque four ne produisait pas beaucoup plus d'une tonne d'éponge par jour, et la consommation de combustible au four Chenot et au feu comtois était plus élevée qu'au haut fourneau et au four à puddler. On consommait, en effet, par tonne de fer brut :

Charbon de bois........................... 1,400 kil.
Houille.................................... 1,725

Aussi la démolition des quatre derniers fours Chenot était-elle décidée lors de notre visite à Baracaldo.

Le modèle d'un four Chenot figurait dans l'exposition de MM. Ibarra frères, pour témoigner de l'excellente qualité des minerais de Somorrostro. On y voyait, en effet, à côté de ce modèle, un bloc de minerai transformé en partie en éponge, dont une extrémité était même forgée en une barre de fer.

Le procédé du Puy est employé depuis 1877, à *Crescent steel works*, à Pittsburgh (Pennsylvanie). Ce procédé consiste à chauffer, dans un four à vent, des boîtes annulaires en tôle mince contenant 50 à 150 kilogrammes d'un mélange de minerai riche et pulvérulent, de charbon et de fondants alcalins. Au bout de cinq

à sept heures, ces boîtes s'affaissent en une masse pâteuse qui
peut être cinglée et forgée ou utilisée dans la fabrication de l'acier
sur sole. Dans ce procédé, le minerai se réduit directement en
loupe et non en éponge de fer; le fer obtenu est très pur, grâce
à la basse température de réduction. Mais, outre que ce procédé
n'est applicable qu'à des minerais riches, il faut reconnaître que
ses conditions économiques sont fort incertaines.

Les perfectionnements du puddlage portent : les uns sur l'économie du combustible, les autres sur l'économie de main-d'œuvre.

Parmi les premiers, il faut citer un four à puddler de M. P.-E.
Martin, appliqué depuis plusieurs années aux forges de Sireuil,
dans lequel une partie du combustible est remplacée par du goudron, qui tombe goutte à goutte de la voûte sur le bord de l'autel.
On entretient ainsi une température très élevée et constante, en
consommant, pour la production de 1,000 kilogrammes de fer,
9 hectolitres de houille et 90 kilogrammes de goudron par 12
heures au lieu de 13 hectolitres de houille que l'on consommait autrefois. Dans certaines localités, il peut y avoir économie.

M. de Langlade, maître de forges à Savignac-Ledrier (Dordogne), faisait connaître un procédé de puddlage et de réchauffage au moyen des gaz de haut fourneau. Ces gaz sont lavés et
refroidis pour les débarrasser des poussières et de l'excès de vapeur
d'eau, puis sont brûlés dans un four Siemens. Il faut un *régulateur* pour que la pression ne varie pas au gueulard, en raison de
la consommation plus ou moins grande du four à puddler.

Ce régulateur se compose d'une cloche à trois tubulures qui
repose dans un réservoir alimenté d'eau; les gaz débouchant librement sous cette cloche passent directement de la tubulure d'arrivée à celle du tuyau qui se rend au four; si la pression vient à
augmenter, l'eau contenue dans la cloche est refoulée, et le niveau
descend bientôt au-dessous d'une cloison qui fermait la communication avec la troisième tubulure. Celle-ci correspond à un tuyau
qui conduit l'excès de gaz dans l'atmosphère. On peut ainsi maintenir une pression uniforme au gueulard, quelle que soit la consommation au four à puddler. Le gaz descend par un tuyau
vertical où il rencontre une chute d'eau comme dans la trompe

Gr. VI.
—
Cl. 50.

des forges catalanes. Cette trompe produit un lavage énergique et règle de plus la pression à laquelle le gaz arrive aux fours. Le gaz traverse ensuite une caisse de sûreté destinée à arrêter les explosions par une grille verticale sur laquelle se répand une pluie d'eau. La flamme ne traverse pas cette grille, et les explosions éventuelles sont, par suite, localisées entre la caisse de sûreté et le four.

Le puddlage aux gaz de haut fourneau fonctionne dans plusieurs forges au bois, à Savignac-Ledrier (Dordogne) depuis 1870 : à Buré-la-Forge (Meurthe-et-Moselle), à Pontenx (Landes), à Bolueta, près de Bilbao, et dans quelques forges italiennes. Nous avons vu fonctionner ce procédé à l'usine *Santa-Anna de Bolueta* en octobre 1878, et les résultats obtenus étaient des plus satisfaisants.

Les gaz proviennent d'un fourneau au charbon de bois qui consomme 800 à 850 kilogrammes de charbon par tonne de fonte.

Le four à puddler fait 6 charges de 186 kilogrammes par jour avec 11 p. o/o de déchet.

Un autre four chauffé à la houille y fait 6 à 7 charges avec 15 p. o/o de déchet, en consommant 1,000 kilogrammes de houille anglaise par tonne de fer.

On se proposait à Bolueta de transformer toute l'usine pour marcher aux gaz de haut fourneau. Ce système peut être très avantageux dans les petites usines qui, comme celle de Bolueta, disposent de forces hydrauliques, et où les gaz de haut fourneau ne sont pas utilisés.

Le réchauffage au moyen des gaz de haut fourneau se fait à Savignac-Ledrier, à Pontenx, et à Castro di Lovere (Lombardie).

Les procédés de lavage et de compression de M. de Langlade sont également appliqués aux gaz de gazogène à la houille, au bois et à la tourbe, et fonctionnent aussi à Buré-la-Forge (Meurthe-et-Moselle), Pontenx, Castro di Lovere, Villa-Ossola, pour remédier à l'insuffisance des gaz de haut fourneau. La Société des hauts fourneaux, forges et aciéries de la marine et des chemins de fer, installait ces procédés, au moment de l'Exposition, à Assailly (Loire), pour la fabrication de l'acier puddlé.

Le puddlage au gaz est d'ailleurs réalisé, avec d'excellents résultats, depuis de nombreuses années en Styrie et en Carinthie pour l'utilisation des lignites qui abondent dans ces provinces de l'Autriche, et en Suède pour l'utilisation de la tourbe et des déchets de scierie. Le four suédois à gaz de sciure de bois de M. Lundin était exposé à Paris en 1867.

Le gaz de houille est employé sur une grande échelle, à la fabrique de fer d'Ougrée, pour le puddlage par les fours Bicheroux, et le succès y a été si grand, qu'il a arrêté net des essais de puddlage mécanique au moyen du four Pernot, qui promettaient cependant d'excellents résultats.

M. Lemut, maître de forges au Clos-Mortier, près de Saint-Dizier, a réussi à effectuer d'importantes économies de combustible au four à puddler, en chauffant l'air qui alimente la grille jusqu'à 450 ou 500 degrés aux dépens de la chaleur perdue, et en y mélangeant de la vapeur surchauffée prise aux bâches de refroidissement des autels et au fond du cendrier. Le cendrier est fermé, et l'air appelé par le tirage de la cheminée circule dans les parois du cendrier, sous les soles et dans les autels, où il s'échauffe au contact de lames de fonte. La vapeur d'eau décomposée préserve les barreaux de la grille et fournit des éléments combustibles. En réglant la quantité de vapeur, on modifie la nature et la longueur de la flamme.

Huit fours à puddler de ce système, qui rappelle celui du four à puddler de M. Howatson [1], fonctionnent au Clos-Mortier, et ont fourni les résultats suivants, en puddlant des fontes grises donnant à l'analyse :

Silicium	2.80
Carbone total	3.20
Phosphore	0.55
Soufre	0.18

Pour 1,000 kilogrammes de fer, on consomme, avec les nouveaux fours, 1,126 kilogrammes de fonte et 610 kilogrammes de combustible; avec les anciens fours, on consommait 1,146 kilogrammes

[1] Voir *Revue universelle des mines*, 1872, t. XXXI, p. 72.

de fonte et 755 kilogrammes de combustible. Les fours sont à deux portes. Les charges sont de 350 à 400 kilogrammes, et l'on fait 16 à 17 charges par 24 heures.

Les fours du Clos-Mortier sont munis du puddleur mécanique inventé par M. Lemut, il y a une quinzaine d'années, qui n'a cessé d'y être appliqué avec avantage depuis lors. Cet appareil de puddlage mécanique est rentré dans l'ombre, au moment où l'on a cru trouver dans les fours rotatifs une solution plus radicale. Cependant les fours rotatifs n'ont pas tenu leurs promesses, et l'Exposition ne nous montrait pas de résultats acquis à cet égard.

On peut cependant constater çà et là en France quelques tentatives d'application de ces procédés mécaniques dues surtout à l'épuration qu'ils permettent d'obtenir.

Le Creuzot exhibait un four Danks, avec les modifications qui y ont été apportées par M. Bouvard. Le Creuzot possède deux fours semblables, dont tous les détails de construction ont été remarquablement étudiés par M. Bouvard. Ce four est muni d'une enveloppe à circulation d'eau, comme le four Crampton; au Creuzot, l'introduction de l'eau et sa sortie se font par des tuyaux fixes placés verticalement au-dessus et au-dessous du four. Ces tuyaux appartiennent à une pièce fixe maintenue par un grand presse-étoupe annulaire de $2^m,63$ de diamètre. L'enveloppe communique avec ces tuyaux par une série d'ouvertures qui viennent successivement se présenter devant eux. La modification principale consiste dans la division du laboratoire de ce four par une cloison à circulation d'eau, qui s'élève jusqu'à 30 centimètres environ au-dessous de l'axe. (Le diamètre à l'intérieur du revêtement est d'environ $1^m,30$.) Cette cloison a pour but de diviser les matières introduites dans le four; on obtient ainsi deux loupes au lieu d'une, et l'on remédie à l'inconvénient bien constaté du four Danks, de produire des loupes qui exigent une transformation du matériel de cinglage.

La fonte est mise en fusion dans un four Siemens. En 24 heures on fait 20 à 24 charges de 800 kilogrammes. La durée du puddlage est extrêmement courte : elle ne dépasse souvent pas 20 minutes; mais la réfection du revêtement absorbe 3 heures par jour.

La consommation de combustible est de 200 kilogrammes au four **Gr. VI.**
Siemens et de 450 kilogrammes au four Danks par tonne de fer **Cl. 50.**
obtenue, soit, en tout, de 650 kilogrammes; mais la main-d'œuvre
reste considérable. Les loupes de 400 kilogrammes sont cinglées
sous un marteau-pilon de 10 tonnes.

Ce procédé est employé au Creuzot, à cause de l'épuration plus
grande en soufre et en phosphore qui résulte de l'emploi des fours
rotatifs par rapport aux fours ordinaires. On est arrivé à réduire ainsi à 0.01 p. o/o la teneur en phosphore. Les loupes obtenues au moyen de fontes relativement impures peuvent passer à
la fabrication de l'acier Martin-Siemens.

Le seul autre procédé de puddlage mécanique exposé à Paris
était le four Godfrey et Howson, imité de la marmite puddleuse
d'OEstlund, essayée à Finspong (Suède) en 1858, et abandonnée
peu de temps après. Le four Godfrey et Howson, ainsi que le générateur à vent soufflé Brook et Wilson, étaient installés ou en montage, à l'époque de l'Exposition dans plusieurs forges de France,
d'Angleterre et de Belgique, dans l'espoir d'obtenir une épuration
relative que faisaient prévoir certains essais faits en Angleterre.
Nous n'avons rien ouï dire des résultats obtenus.

Fabrication de l'acier.

La question de l'acier, et surtout celle de la déphosphoration des
fontes, ont jeté dans l'oubli la question du puddlage mécanique,
dont l'étude était si ardemment poursuivie il y a quelques années.

Les découvertes ont marché vite depuis 1878; mais il est juste
de reconnaître que quelques faits présentés à l'Exposition ont
ouvert la voie. M. Lowthian Bell notamment montrait, dans la
vitrine de l'exposition collective des maîtres de forges du Nord de
l'Angleterre et du Cleveland, des échantillons d'acier pour rails
produits avec des fontes phosphoreuses, au moyen du procédé
qu'une étude des réactions chimiques du puddlage lui avait fait
découvrir.

Au meeting de l'*Institut du fer et de l'acier* qui eut lieu à Paris
en septembre 1878, MM. Thomas et Gilchrist, aujourd'hui les
héros du jour, avaient préparé un mémoire, que l'abondance des

communications ne leur permit pas de lire. Ce mémoire contenait l'indication du résultat triomphant de leurs premiers essais de déphosphoration des fontes au moyen de revêtements basiques exécutés, dans le pays de Galles, sur de faibles quantités de matières. Ce mémoire ne resta pas cependant inaperçu : le tableau de leurs essais passa de main en main et reçut toute l'attention des métallurgistes présents, qui y pressentirent l'aurore d'un avenir plein de promesses.

Les aciéries étaient mieux représentées à l'Exposition par leurs produits que par leurs installations. Cependant les expositions des aciéries de Seraing, de Givors, de Reschitza, de Domnarfvet, montraient quelles sont les tendances actuelles.

A Seraing et à Givors, on opère en coulant directement la fonte du haut fourneau dans le convertisseur.

A Givors, les gaz du haut fourneau suffisent pour toutes les consommations de combustible de la fonderie Bessemer, y compris celle de la soufflerie. C'est la première fois, pensons-nous, que cette économie a été signalée.

A Seraing, les lingots passent, encore rouges, de la halle de coulée au laminoir adjacent, où ils sont transformés en rails de double et de triple longueur, après avoir passé deux fois au four à réchauffer.

La consommation totale de combustible (coke et houille) par tonne de rails d'acier est ainsi d'environ 2,000 kilogrammes, tandis que, dans les aciéries qui opèrent par refonte, elle est d'au moins 2,300 kilogrammes, si l'on additionne la consommation du haut fourneau qui a produit les fontes à celles de la fonderie et du laminoir.

L'installation de Seraing date de 1873-1874 : celle de Givors, de 1875.

Les aciéries de Reschitza, fondées en 1868, sont les seules usines de ce genre qui existent en Hongrie. Une nouvelle aciérie a été installée à Reschitza en 1877. Elle est caractérisée par la combinaison du système Bessemer et du système Martin-Siemens.

Deux fours Martin de grandes dimensions peuvent couler leur produit dans la même poche que les convertisseurs et servir en cas de besoin, comme appareils de refonte, par suite de l'insuffisance des hauts fourneaux de cette usine et en attendant que de nouveaux fourneaux soient construits. On a réalisé cette combinaison en établissant les tourillons des cornues au niveau du sol de l'usine, tandis que les fours Martin le dépassent d'une partie de la hauteur de leur chambre à air et à gaz.

Les rails d'acier sont laminés à Reschitza au laminoir à trois cylindres, à double et triple longueur, en une seule chaude, ce qui réduit encore la consommation de combustible.

Les plans de l'usine de Domnarfvet étaient exposés par le Comptoir de fer (*Jerncontoret*) de Stockholm, comme étant ceux de l'usine la plus récente établie en Suède. On a réuni dans cette usine tous les perfectionnements adoptés dans ce pays. Elle est située près de Fahlun et dispose d'une force hydraulique considérable, utilisée en partie par une scierie à six armures doubles et quatre armures simples, qui peuvent débiter annuellement, en planches, 3 à 4,000 arbres. Les déchets de cette scierie sont carbonisés par les hauts fourneaux, et la sciure suffit pour réchauffer annuellement 8 à 10,000 tonnes de *blooms*. D'autres scieries sont reliées par chemin de fer à l'usine de Domnarfvet, qui est ainsi assurée de sa consommation de combustible, question devenue vitale en Suède pour un grand nombre d'établissements.

La force hydraulique dont l'usine dispose est de 5,000 chevaux.

Ces établissements comprennent des hauts fourneaux, des aciéries Bessemer et Martin et des laminoirs. Les diverses halles sont disposées en gradins. Le niveau supérieur est occupé par les fours de grillage; le second étage, par quatre hauts fourneaux au charbon de bois alignés.

Ces fourneaux ont 16^m,40 de hauteur, 3 mètres au ventre et 2^m.40 au gueulard. Il sont établis sur colonnes et soufflés par six tuyères. Le trou de coulée des laitiers se trouve à l'opposé du trou de coulée de la fonte. Le creuset est en pisé de quartz, comme c'est l'ordinaire en Suède. Les appareils à air chaud, chauffés par le gaz, sont en fonte et du système Gjers (Middlesborough).

Deux convertisseurs, recevant directement la fonte, sont placés à un troisième étage, à 6 mètres environ de distance des fourneaux et disposés de manière que l'axe de chacun d'eux corresponde à l'entre-axe des fourneaux. Les lingots sont manœuvrés par des grues mobiles à vapeur.

Les fours Martin-Siemens, au nombre de deux, se trouvent au niveau inférieur, dans une longue halle d'équerre avec les ateliers précédents. Cette halle est destinée à recevoir 26 fours à réchauffer, à régénérateurs de divers systèmes. Ces fours sont tous chauffés au gaz de sciure de bois. Les générateurs sont des chambres cylindriques de 3ᵐ,60 de haut et de 2ᵐ,10 de diamètre, se rétrécissant vers le bas, où ils sont munis d'une grille. Ils sont recouverts d'une voûte surbaissée. Au centre de cette voûte se trouve un tuyau, fermé à sa base par un cône mobile, à la manière des trémies de hauts fourneaux. C'est par ce tuyau que se fait le chargement. Le cendrier est fermé, et l'air admis sous la grille par un tube vertical débouche un peu au-dessous de celle-ci. Le gaz descend par un canal en briques jusqu'au condenseur, où il circule à travers des chicanes, en recevant une pluie d'eau qui le refroidit et condense la vapeur d'eau qu'il contient.

Le laminoir comprend 2 trains à tôle, 2 trains à rails, un petit train à trois cylindres, 2 laminoirs à bandages et 2 marteaux-pilons de 3,500 kilogrammes. Pour économiser la vapeur, ces pilons marchent au moyen de l'air comprimé fourni par les souffleries Bessemer.

La force motrice est fournie à cette usine par des turbines du système Whitelaw, disposées pour marcher à faible pression, avec une grande quantité d'eau. Ces turbines donnent 55 p. o/o d'effet utile. Deux turbines de 400 chevaux servent pour les deux machines soufflantes du Bessemer; deux autres de 100 chevaux, pour les machines soufflantes des hauts fourneaux; deux turbines de 400 chevaux et trois de 200 chevaux alimentent les laminoirs.

La production de cette belle et grande usine sera de 40 à 50,000 tonnes par an, et sa consommation de vapeur presque nulle.

Aujourd'hui l'on voit partout dans les aciéries les études se diriger vers l'économie du combustible. C'est surtout nécessaire

en Suède, où les usines sidérurgiques subissent une crise intense, **Gr. VI.**
produite par la concurrence des aciers Bessemer, qui sont venus
remplacer les fers de Suède pour un grand nombre d'usages dans **Cl. 50.**
tous les pays.

On voit aussi que le système Martin-Siemens partage avec le
système Bessemer l'alimentation du monde en aciers de grande
consommation.

L'acier Martin-Siemens était une nouveauté à l'époque de l'Exposition de 1867. MM. P. et E. Martin venaient de résoudre industriellement, aux forges de Sireuil, le problème de la fabrication de l'acier sur sole. Les premiers fours construits à Sireuil ne recevaient que 1,200 à 1,500 kilogrammes de matières, et ne faisaient que deux opérations par 24 heures, en consommant 900 kilogrammes de combustible par tonne de lingots.

Aujourd'hui un four Martin-Siemens reçoit des charges de 5,500 kilogrammes et produit 18 tonnes par 24 heures, ce qui donne 7 à 8 heures pour la durée d'une opération. On consomme 400 kilogrammes de charbon aux gazogènes par tonne de lingots produite, et le déchet est de 6 à 7 p. o/o.

L'usine de Terre-Noire a même dépassé ces résultats et possède deux fours Martin-Siemens de 20 tonnes, qui permettent, en marche simultanée, de couler des lingots de 40 tonnes. La durée de l'opération est de 11 à 12 heures. Le modèle de ces fours était exposé par la Société des aciers Martin.

Un autre progrès a été l'application du four Pernot à la fabrication des aciers Martin-Siemens. La mobilité de la sole montée sur chariot facilite les réparations, en même temps que la consommation de combustible est encore diminuée; celle-ci descend à 320 kilogrammes par tonne de lingots. Il existe à Denain des fours Pernot de 8 tonnes, à Saint-Chamond des fours de 10 tonnes et un four de grande dimension, recevant jusqu'à 22 tonnes de matières. L'opération y dure de 14 à 15 heures. Le modèle de ce four figurait à l'Exposition.

Le four Martin-Siemens a fait faire de grands progrès à la fabrication de l'acier, par la facilité qu'il présente pour faire des mélanges de fers et de fontes à divers dosages de matières étrangères. C'est la source des remarquables études présentées à l'Exposition par la Société de Terre-Noire sur les aciers à doses variables de carbone, de manganèse et de phosphore. et sur les aciers sans soufflures obtenus par l'addition des alliages de fer-manganèse-silicium. Ces études, représentées à l'Exposition par toute la série d'échantillons accompagnés de leurs analyses, ont ouvert des aperçus nouveaux, dont profitera sans doute la métallurgie de l'avenir.

Au four Martin-Siemens se rattache le *forno-convertisseur*, dont un modèle était exposé par l'inventeur M. Ponsard. Le forno-convertisseur est analogue, comme construction, au four Pernot. Il présente, de plus que ce dernier, une série de tuyères ménagées dans les parois de la sole. Le vent arrive aux tuyères par l'intérieur du tourillon sur lequel peut tourner la sole. La fabrication de l'acier au forno-convertisseur réunit ainsi les caractères du procédé Bessemer et du procédé Martin-Siemens. Lorsque la sole est disposée de façon que les tuyères soient recouvertes par le bain métallique, celui-ci est soumis à l'affinage pneumatique comme dans le procédé Bessemer. Lorsque l'on juge cet affinage suffisant. on fait faire un demi-tour à la sole : les tuyères émergent, et l'on arrête le vent; le bain métallique se trouve alors dans les mêmes conditions que sur la sole d'un four Martin-Siemens, et permet de faire telles prises d'essai qu'on désire.

Ce système permettrait, d'après l'inventeur, d'employer des fontes moins siliceuses et moins carburées qu'au Bessemer, puisque, avant l'affinage pneumatique, on peut porter le bain à la température de fusion de l'acier : on pourrait dissoudre dans le bain une plus grande quantité de riblons et de déchets que dans le procédé Bessemer: enfin, on réaliserait une économie de combustible par rapport au procédé Bessemer comme par rapport au procédé Martin, à cause de la soufflerie plus faible que dans le Bessemer et à cause de la rapidité des opérations plus grande que dans le Martin. Cette rapidité entraînerait également avec elle une économie de main-d'œuvre.

Dans une note lue devant le meeting de l'*Institut du fer et de l'acier*. à Paris, en 1878, M. Périssé a préconisé le forno-convertis-

Gr. VI.
—
Cl. 50.

seur pour le traitement des fontes phosphoreuses; mais, depuis cette époque, les préoccupations des fabricants d'acier se sont portées sur des méthodes entièrement différentes. Il est juste cependant de remarquer que le forno-convertisseur installé à Thy-le-Château (Belgique) en 1878, muni d'un revêtement en briques de magnésie, a fourni à MM. Thomas et Gilchrist l'occasion d'un de leurs premiers succès industriels, car la plupart de leurs essais antérieurs n'avaient été faits que sur de petites quantités de matière.

Ce four est muni d'un *récupérateur* Ponsard, qui s'est aujourd'hui substitué, dans un grand nombre d'applications, au *régénérateur* Siemens. Malgré leurs noms différents, ces deux appareils visent le même but, mieux caractérisé d'ailleurs par la dénomination de *récupérateur* que par celle de *régénérateur*. Il s'agit en effet de *récupérer* la chaleur emportée par les gaz pour la restituer au laboratoire du four. Dans cet appareil, les gaz perdent leur chaleur en circulant dans un système de carneaux reliés par des briques creuses; l'air destiné à la combustion des gaz frais circule en sens inverse dans des carneaux analogues s'enchevêtrant au milieu des précédents, et recueille par transmission la chaleur perdue. Cette manière de recueillir la chaleur dispense des valves d'inversion et des grandes installations des fours Siemens. Les gaz sortent, de plus, assez chauds, pour produire de la vapeur, ce qui n'est pas le cas dans les fours Siemens. Aussi le récupérateur Ponsard a-t-il été appliqué dans un grand nombre d'usines métallurgiques pour le réchauffage du fer et de l'acier, la seconde fusion des fontes, et notamment du *spiegeleisen* (Terre-Noire et Bessèges), indépendamment de ses applications dans les verreries.

Le récupérateur Ponsard était exposé par la Société générale métallurgique qui en exploite le brevet.

MM. Gaillard, Haillot et Cie exposaient aussi un récupérateur plus simple et plus facile à nettoyer que l'appareil Ponsard. Ce récupérateur, fondé d'ailleurs sur les mêmes principes, est employé dans plusieurs usines métallurgiques et verreries.

Matériel mécanique des usines sidérurgiques.

Il nous reste à signaler les objets appartenant au matériel mécanique des usines sidérurgiques.

Au point de vue de la puissance des moyens de forgeage des grandes pièces d'acier (canons, plaques de blindage, arbres de machines) nous devons la première mention au marteau-pilon de 80 tonnes exposé par la Société du Creuzot, destiné à aborder, dans cette usine, la fabrication des canons de 120 tonnes et des plaques de 70 à 80 centimètres d'épaisseur.

Les plus forts pilons connus étaient ceux de 50 tonnes installés à l'usine Krupp à Essen, à l'usine de Perm (Russie), et aux aciéries Oboukhof, près Saint-Pétersbourg. Le poids de 80 tonnes, adopté au Creuzot et à Saint-Chamond, ne sera probablement pas dépassé, car il permet de forger des pièces sous lesquelles fléchiraient les ouvrages d'art des voies ferrées.

Le marteau-pilon du Creuzot fait partie d'un atelier de forges nouveau et entièrement outillé dans des proportions qui cadrent avec celles de la pièce principale dont les visiteurs de l'Exposition ont eu le modèle sous les yeux.

Le marteau-pilon occupe le centre de cet atelier; il est desservi par quatre grues placées deux à deux à l'avant et à l'arrière; l'une de ces grues a une puissance de 160 tonnes; les trois autres sont de 100 tonnes. Quatre grands fours Siemens sont disposés symétriquement et obliquement pour faciliter la manœuvre des lingots.

Le marteau-pilon du Creuzot n'est d'ailleurs remarquable que par ses dimensions inusitées et ne présente pas de dispositions qui ne soient bien connues. La course du piston étant de 5 mètres et la masse étant de 50 tonnes, ce marteau développe un effort de 400,000 kilogrammètres.

Voici les poids des pièces principales : la chabotte et l'enclume pèsent 750 tonnes; la partie de la construction située au-dessous du sol en pèse 530.

Une des difficultés les plus grandes que présente le forgeage des grosses pièces est le retournement du lingot nécessaire pour soumettre successivement chacune de ses faces à l'action du marteau.

Cette manœuvre, pour les très grosses pièces, ne peut s'effectuer à la main : il faudrait un trop grand nombre d'ouvriers pour agir sur les leviers.

Gr. VI.
—
Cl. 50.

M. Fouchère, chef des ateliers de la Compagnie des hauts fourneaux, forges et aciéries de la marine et des chemins de fer, a imaginé, pour y remédier, un système exposé à Paris par cette compagnie. Il s'agit de faire tourner une poulie qui entraîne la chaîne sans fin embrassant le lingot à forger. Ce mécanisme est mis en mouvement, au moyen de trois arbres intermédiaires, par un moteur spécial placé à l'arrière de la grue. L'arbre qui communique le mouvement à la vis sans fin qui actionne la poulie, est à fourreau et terminé par deux joints universels, afin de pouvoir s'allonger et suivre tous les mouvements de la pièce pendant le forgeage. Le sens de la rotation peut varier au moyen d'un système d'embrayage. Ce système, éprouvé par une expérience de plusieurs années à Rive-de-Gier, a été adopté au Creuzot.

Les autres marteaux-pilons exposés présentaient un intérêt secondaire.

C'étaient : le dessin du marteau-pilon de 15 tonnes de la fabrique de fer d'Ougrée, deux marteaux à double et à simple effet de différentes dimensions exposés par MM. B. et S. Massey, à Openshaw (Manchester), le modèle d'un pilon à ressort d'air, exposé par M. Chenot, et le dessin, exposé par M. Anthoni, d'un petit pilon de 300 kilogrammes à fondation élastique, avec interposition de grandes rondelles de caoutchouc pour éviter les vibrations du sol à l'intérieur des villes. Deux pilons de ce genre fonctionnent à Paris.

Mentionnons encore un beau modèle du marteau-pilon de 2,500 kilogrammes des ateliers de construction du Chemin de fer de l'État hongrois à Buda-Pesth. Ce marteau-pilon se distingue principalement en ce que la vapeur qui a agi sous le piston se répand au-dessus de cet organe, et y agit, par son expansion, en vertu de la différence de surface utile.

On voyait aussi dans le compartiment autrichien les dessins des presses hydrauliques employées, comme outil de forgeage, par M. Haswell, aux ateliers de construction du Chemin de fer du Sud à Vienne. Ces presses figuraient déjà à l'Exposition de Londres de 1862. Elles n'ont cessé d'être employées depuis lors; mais leur usage ne s'est pas répandu en dehors des ateliers précités.

Parmi les laminoirs pour rails. c'est le train reversible exposé par la Société John Cockerill à Seraing qui constituait la plus grande nouveauté de la partie métallurgique de la classe 50.

La machine reversible a été appliquée, dès 1867, à Crewe par M. Ramsbottom pour le laminage des fortes tôles; elle fonctionne à Seraing depuis 1871 pour la même fabrication.

Cette machine actionne les cylindres de laminoirs au moyen d'une transmission de mouvement composée d'une grande roue et d'un pignon.

Lors de l'édification des nouvelles aciéries de la Société Cockerill, on se décida en faveur de l'application du laminoir reversible au laminage des rails, après une étude approfondie de tous les systèmes usités jusqu'alors et notamment de ceux employés dans les aciéries américaines. On sait que le type adopté en Amérique est le laminoir à trois cylindres pour le dégrossissage des lingots comme pour le finissage des rails [1].

Malgré l'exemple des dispositions mécaniques très heureuses introduites dans ce laminoir par MM. J. et G. Fritz, la Société John Cockerill s'est décidée pour le train reversible qui fut mis en marche en 1875, et l'événement lui a donné raison, car elle a atteint, à l'aide de cet appareil, les plus hautes productions de rails d'acier obtenues jusqu'alors.

On a produit dans la semaine du 4 au 9 février 1878, 2,054 tonnes de rails provenant de 2,306 tonnes de *blooms,* et cette semaine n'est pas exceptionnelle; on est souvent arrivé à 365 tonnes par 24 heures sans aucun supplément de personnel.

Dans le laminoir reversible pour rails de la Société Cockerill. toute transmission de mouvement a été supprimée; le laminoir est attaqué directement par les bielles de la machine conjuguée à deux cylindres et à renversement de marche. Cette machine,

---

[1] Voir (*Revue universelle des mines,* t. XXXVII) la description de ces laminoirs, d'après les documents présentés par M. Holley, au meeting de *l'Institut du fer et de l'acier,* à Barrow, en 1874.

comme celle des anciens laminoirs reversibles, est munie d'un **Gr. VI.**
condenseur et d'une pompe à air activée par un petit moteur indépendant, dont l'allure est déterminée par un régulateur à force **Cl. 50.**
centrifuge.

La machine reversible établie à Seraing en 1875 était à tiroirs. La détente est ainsi limitée à celle qui résulte du recouvrement.

On a souvent reproché aux machines reversibles leur grande
consommation de vapeur. Les calculs de M. J. Kraft, ingénieur
en chef de la Société Cockerill [1], prouvent que cette consommation n'a rien d'exagéré. La consommation totale de combustible
pour l'ébauchage ou la fabrication des blooms, le laminage des
rails, le cisaillage des bouts et le parachèvement, ne dépassent pas
118 kilogrammes par tonne de rails finis.

Cette consommation est encore diminuée, dans le laminoir
exposé, par la transformation de la distribution.

La Société Cockerill y a adopté la distribution Audemar-Kraft
par soupape, appliquée par elle aux machines d'extraction depuis
1870, ce qui lui a permis de faire varier la détente et de la proportionner au travail résistant.

Dans les laminoirs, le degré de serrage et le frottement développé au passage des cannelures font varier ce travail dans des
limites plus ou moins considérables. Le machiniste a en main le
moyen de toujours proportionner le degré de détente à ce travail,
le modérateur restant ouvert comme dans les machines d'extraction à détente variable.

Le passage des dernières cannelures finisseuses, qui présente
très peu de résistance, permet notamment de recourir à l'emploi
de très grandes détentes.

La souplesse de ces machines est extrême; elles obéissent instantanément à la main du machiniste : c'est là un point capital
dans le laminage des rails à double et à triple longueur; l'instantanéité de l'arrêt est telle, qu'on prévient aisément tous les accidents qui font du laminage de ces longues pièces une opération

---

[1] Voir *Revue universelle des mines*, 1879, t. VI.

mécanique très difficile. Le rail étant engagé dans les cannelures, on arrête, on tourne en avant, en arrière, au moindre signe, et l'on évite ainsi les accidents inhérents au laminage par machine à volant. Comme preuve de ces avantages, la Société Cockerill exposait une paire de cylindres ayant laminé *plus de 1,000 tonnes de rails,* résultat qui ne saurait être obtenu avec les machines à volants.

La Société Cockerill a créé ainsi un puissant outil nouveau, dont elle a été la première à recueillir les avantages. Ces avantages ont été bien reconnus par plusieurs aciéries, qui se sont empressées de commander à Seraing le même outillage. C'est le cas des aciéries de la Société de Châtillon et Commentry, à Beaucaire; de la régie d'Orléans, à Aubin; des laminoirs de Poutiloff, à Saint-Pétersbourg; du prince Tenitchef, à Briansk; des aciéries de Rhymney (Pays de Galles), etc.

Le système reversible a également été adopté aux usines de Domnarfvet (Suède), pour le laminage des tôles, et le Comptoir de fer de Stockholm exposait le modèle du laminoir qui y est employé. Ce laminoir reproduit les anciennes dispositions des trains à volant, où le renversement de mouvement est produit par des engrenages comme dans les trains à poutrelles de la Providence et des forges de Saarbrück. Ce laminoir est à deux cages, et le serrage des cylindres peut s'y faire mécaniquement ou à la main; les arbres des pignons de serrage sont munis pour cela d'articulations par joints universels et d'embrayages. Le retournement des paquets s'y fait aussi mécaniquement.

La Compagnie des hauts fourneaux, forges et aciéries de la marine et des chemins de fer exposait, dans la classe 50, un ingénieux système appliqué au laminoir reversible, à Saint-Chamond, pour le laminage des plaques de blindage d'épaisseurs inégales pour cuirasses de navires.

Les forges de Saint-Chamond ont été les premières à établir en France ce genre de fabrication. La marine voulant diminuer l'épaisseur de la cuirasse, dans les parties protégées par l'eau, a demandé aux maîtres de forges des plaques dont l'épaisseur aille en diminuant à mesure que l'eau descend au-dessous de la ligne

de flottaison. C'est pour le navire *le Redoutable* que cette question
s'est posée pour la première fois; il s'agissait de livrer des plaques
de 35 centimètres d'épaisseur d'un côté et de 22 de l'autre. Ce
problème a été résolu en ne faisant intervenir que l'opération
du laminage, au moyen de cylindres coniques à axes obliques
disposés de manière que la génératrice du cylindre inférieur soit
horizontale; les diamètres de ces cylindres ont été déterminés en
chaque point proportionnellement à l'épaisseur de la plaque à
laminer. De cette manière, la vitesse du laminage est, en chaque
point, proportionnelle à la quantité de molécules à allonger dans
une tranche verticale donnée, et la forme rectangulaire de la
plaque n'est pas altérée, malgré la différence de vitesse du laminage d'un point à un autre.

Ces cylindres font partie d'un train reversible universel à quatre
cylindres verticaux. Le cylindre conique supérieur est mû par
entraînement; les coussinets et les tourillons sont de forme spéciale pour éviter les poussées obliques provenant de l'inclinaison
des axes.

Toutes les plaques de ceinture du *Redoutable* ont été fabriquées
par cette méthode nouvelle.

Pour terminer ce qui a rapport au laminage, il nous reste à
signaler le nouveau laminoir à petits fers de M. Constant Roy,
exposé par M. Lemut, maître de forges au Clos-Mortier. Ce
laminoir est destiné à remplacer les trains serpenteurs à fabriquer la verge de tréfilerie dite *machine*. Au lieu de différentes
cages successives, ce laminoir se compose d'une cage unique où
sont superposées deux à deux huit paires de cylindres présentant
chacune une seule cannelure. Les cannelures sont alternativement
ovales et carrées, et la barre de fer doit être laminée alternativement sur plat et de champ. La billette dégrossie est introduite
dans la première cannelure au haut de la série de laminoirs.
Elle trouve, à la suite de cette cannelure, un guide hélicoïdal, qui
lui fait décrire par torsion le mouvement de 90 degrés nécessaire
pour qu'elle passe dans la cannelure suivante qui se présente
dans le même plan horizontal à la suite de ce guide. Après ce
second passage, elle rencontre un nouveau guide, qui lui fait

décrire un demi-cercle dans le plan vertical de manière à la faire revenir sur elle-même; elle passe de nouveau par deux cannelures successives avec guide hélicoïdal intermédiaire, et arrive ainsi au pied de la cage après avoir serpenté dans le sens vertical. La vitesse de rotation de chaque paire de cylindres doit être réglée par des engrenages proportionnellement à l'étirage qu'ils produisent, et, dans le cas où ce réglage serait imparfait, les guides qui replient le fil dans le plan vertical sont disposés de manière à pouvoir céder sous la pression lorsque l'étirage est trop rapide dans les cylindres inférieurs. On comprend qu'il y a là des difficultés de montage assez sérieuses. Mais, ces difficultés une fois vaincues, les avantages du système ne peuvent être niés. Le laminoir de M. Roy ne pèse que 10 tonnes, alors qu'un train à verge ordinaire pèse 20 tonnes. Le personnel du laminage est réduit à trois hommes, et les accidents, si fréquents dans les trains serpenteurs, sont complètement évités. La force motrice elle-même est réduite. Ce laminoir a été essayé au Clos-Mortier. Il est employé avec succès, dit-on, à Witten, en Westphalie.

Métallurgie du zinc, du plomb et de l'argent.

Le matériel et les procédés de la métallurgie des autres métaux étaient plus mal représentés encore au Champ de Mars que ceux de la sidérurgie.

Zinc. — En ce qui concerne la métallurgie du zinc, nous ne pouvons citer que les presses hydrauliques à creusets de M. N.-J. Dor, directeur des usines à zinc de MM. de Laminne, à Ampsin, appareils qui représentent d'ailleurs le plus grand progrès de cette métallurgie depuis dix ans.

Ces presses permettent de fabriquer des creusets dont la compacité est incomparablement plus grande que celle des produits fabriqués à la main ou au moyen des machines à tarière. Or les avantages de la compacité des creusets sont évidents.

Il y a une double économie réalisée sur la consommation : d'abord parce que ces creusets coûtent moins cher que ceux fabriqués à la

main, ensuite parce que leur durée est plus grande ; leur rende- **Gr. VI.**
ment en métal est plus élevé, parce qu'un creuset neuf, compact, ———
boit moins de zinc qu'un creuset poreux, et parce que les pertes **Cl. 50.**
diminuent lorsque les creusets se détériorent moins : chaque fis-
sure est, en effet, une cause de perte.

Ces creusets, étant moins facilement attaqués par les gangues
et les métaux étrangers, ont permis de traiter des minerais de
zinc à gangues corrosives, qui étaient pour ainsi dire intraitables
auparavant ; il en est de même des minerais de zinc plombifères
et des blendes argentifères, minerais que l'on considérait comme
presque sans valeur il y a quelque dix ans.

On employait à cette époque, en Angleterre, des procédés par
voie humide, tenus secrets, dont on n'a plus entendu parler
depuis lors.

Les presses à creusets de M. Dor permettant de traiter des
minerais plombifères, la plus grande partie de l'argent reste dans
les résidus de la fabrication du zinc, et ces résidus peuvent être
repassés au four à manche.

Ce sont là des progrès indiscutables, que savent apprécier toutes
les usines qui se servent des presses ou des creusets de M. Dor.
Ce sont, en Belgique, les usines de MM. de Laminne, à Ampsin ;
de MM. OEschger, Mesdach et Cie, à Ougrée ; de Corphalie ; de
MM. G. Dumont frères, à Sclaigneaux ; de Valentin Cocq et de
Flône (Vieille-Montagne). Cette société emploie encore les presses
de M. Dor à ses usines de Borbeck (Prusse) et de Viviez (France).
Elles sont encore employées, en France, au Bousquet d'Orb
(Compagnie du Midi) et à Auby (Compagnie royale asturienne).

La fabrication des creusets se divise en deux parties : 1° le
pilonage de la pâte ; 2° la compression du creuset.

La première opération se fait au moyen d'un pilon mécanique
agissant sur un bloc de pâte placé dans un cylindre dont le fond
est formé d'un piston maintenu par une presse hydraulique. On
produit ainsi des *ballots* de pâte pilonée cylindriques qui sont
déjà parvenus à un haut degré de compacité. Ces ballots passent
ensuite à la compression, qui se fait dans un cylindre terminé par
une filière présentant la forme extérieure que le creuset doit re-

cevoir. Pendant toute la compression, cette filière est fermée par un couvercle solidement claveté.

La compression s'effectue de bas en haut au moyen de deux pistons : l'un agit au centre et se termine par une pièce dont la forme correspond à celle de l'intérieur du creuset : l'autre piston est annulaire, et sa section est moindre que celle du piston central.

Le ballot de pâte étant mis dans le cylindre, on ferme le couvercle et l'on fait agir les deux pistons à la fois. Ils développent ainsi une pression de 300 atmosphères. Dès que cette pression est atteinte, le piston annulaire est refoulé en vertu de sa section moindre, et le piston central s'élève jusqu'à ce qu'il ne reste plus entre lui et le couvercle supérieur qu'une épaisseur de terre égale à celle du fond du creuset. On ouvre alors la filière et l'on fait agir le piston annulaire seul; le creuset se lamine et sort verticalement, soutenu par un guide; arrivé à la longueur voulue, on le coupe au moyen d'un fil de fer, et l'on expulse l'excès de terre, qui retourne au pilonage.

La forme du creuset ne dépend ainsi que de la forme de la filière, et ce système présente autant de facilité pour fabriquer les moufles du four silésien que les creusets du four liégeois.

Il donne même toute facilité pour produire les creusets elliptiques ou à épaisseur variable, qui présentent certains avantages, et auxquels on devait renoncer à cause des difficultés de la fabrication à la main.

On voit donc que la presse à creusets de M. Dor est la cause plus ou moins directe de la plupart des progrès que la métallurgie du zinc a réalisés dans ces dernières années.

Plomb et argent. — Dans le domaine de la métallurgie du plomb et de l'argent, nous devons signaler les procédés de désargentation et de raffinage du plomb à la vapeur d'eau, exposés par MM. Luce et Rozan, de Saint-Louis-lez-Marseille. Ces procédés datent de 1869, époque à laquelle ils furent introduits par MM. Luce et Rozan dans leur usine de Saint-Louis. Ils consistent en un patinsonnage aidé par un courant de vapeur d'eau débou-

chant au fond de la cuve. Cette vapeur agit mécaniquement et
chimiquement; mécaniquement en produisant un bouillonnement
qui agite la masse, et chimiquement en favorisant l'oxydation des
matières étrangères (cuivre, arsenic et antimoine). Cette action
chimique est suffisante pour dispenser de raffiner les plombs
moyennement durs avant le patinsonnage.

Gr. VI.
—
Cl. 50.

MM. Luce et Rozan ont adopté la disposition des cuves en
cascade, et emploient des chaudières d'une capacité de 21 tonnes
où le patinsonnage s'opère par tiers.

Les avantages du procédé peuvent se résumer ainsi : les frais
de raffinage des plombs ordinaires sont supprimés, et ceux des
plombs très impurs sont diminués dans une certaine mesure.
Les frais de main-d'œuvre sont réduits de 4/5 par rapport au
patinsonnage; les frais de combustible sont diminués de 3/5 ;
de plus, les ouvriers sont soustraits à l'influence des vapeurs
plombeuses, parce que le patinsonnage à la vapeur d'eau se fait
dans une chaudière fermée.

Depuis 1869, le procédé Luce et Rozan s'est rapidement répandu en France, où il a été installé aux usines de Pontgibaud,
de la Pise et du Havre; en Angleterre (usines de MM. Walker,
Parker Walker et Cie, et de MM. Cookson et Cie, à Newcastle; de la
London lead Cº, à Stanhopp et à Egglestone; de MM. Quirk,
Barton et Cie, à Liverpool); en Espagne (usines de MM. Roux et
de Figueroa, à Carthagène; usine La Cruz, à Linarès); en Italie
(usine de Pertusola, près de la Spezzia); en Autriche (Przibram)
et même en Amérique (Richmond Mining Cº, à Eureka). En Belgique et en Allemagne, on emploie plutôt la désargentation par
le zinc et des procédés de patinsonnage mécanique, qui donnent
des résultats non moins favorables que le procédé Luce et Rozan;
mais il serait très injuste de méconnaître les progrès que ces
industriels ont réalisés et introduits dans la désargentation des
plombs d'œuvre.

En dehors de cet intéressant procédé, il ne nous reste à signaler que le matériel employé par la Société hellénique des usines
du Laurium, qui en exposait les dessins. Ce matériel est à la hauteur de celui des usines les mieux installées. On y fond les an-

ciennes scories plombifères, les ckvolades (résidus des mines) et les minerais de plomb provenant du Laurium, dans sept fours à manche du système Pilz, qui sont venus remplacer d'anciens fours castillans.

Cette usine occupe 1,570 ouvriers, et fond par jour :

20 tonnes de scories plombifères (11 à 12 p. o/o de plomb et 4 à 500 grammes d'argent);

80 tonnes d'ckvolades lavées (15 à 20 p. o/o de plomb et 12 à 1,400 grammes d'argent);

20 tonnes d'ckvolades triées (10 à 12 p. o/o de plomb et 13 à 1,500 grammes d'argent);

30 tonnes de fondants (8 à 10 p. o/o de plomb et 800 à 1,000 grammes d'argent).

La consommation de coke est de 18 tonnes par jour.

La production est de 7,000 à 7,500 tonnes de plomb d'œuvre à 1,000, 1,200 ou 1,800 grammes d'argent;

1,200 à 1,500 tonnes de fumée à 50 p. o/o de plomb;

340 à 450 tonnes de speiss contenant 5 p. o/o de plomb, 2 p. o/o de nickel, 20 à 22 p. o/o de cuivre et 100 grammes d'argent.

MM. Huet et Geyler exposaient un appareil destiné à opérer, au moyen de la force centrifuge et d'une manière continue, l'absorption ou la séparation des éléments composant un mélange plus ou moins complexe de gaz, de liquides ou de poussières solides. Cet appareil a été employé à l'usine à plomb de Castuera (Espagne), pour absorber les dernières fumées qui échappent aux canaux de condensation. Il est situé à 400 mètres environ des fours et au pied de la cheminée d'appel. Il se compose d'une turbine horizontale à aubes dentelées, aspirant par le bas de l'eau et par le haut les gaz quittant les canaux de condensation. Elle rejette le mélange de liquide et de gaz, dans un grand état de division, à l'intérieur d'une cloche. Les dernières parties solides se séparent des gaz, grâce à la pulvérisation du liquide, qui amène un contact très intime.

C'est toujours un problème très difficile à résoudre que de mélanger intimement les liquides et les gaz. Tous les procédés proposés pour l'absorption de l'acide sulfurique ont échoué par suite de cette difficulté. Le procédé de MM. Huet et Geyler sera-t-il plus efficace? Nous n'oserions y ajouter une foi entière.

Gr. VI.
—
Cl. 50.

Électro-métallurgie.

Il nous reste à dire quelques mots des procédés électro-métal-lurgiques qui appartiennent à la classe 50.

Les machines fournissant l'électricité étaient la machine Gramme et la machine américaine de Weston.

La machine magnéto-électrique Gramme fonctionne pour la galvanoplastie, depuis 1872, chez MM. Christophle et Cie, à Paris. Dès 1873, son inventeur y a introduit des perfectionnements très importants. Aujourd'hui MM. Christophle et Cie possèdent 14 ma-chines Gramme. Le type le plus nouveau dépose 600 grammes d'argent à l'heure en consommant 50 kilogrammmètres. Elles sont également employées chez MM. Elder à la séparation de l'or et de l'argent mélangés aux déchets de cuivre.

MM. Gauduin, Mignon et Rouart, à Paris, exposaient une application de ces machines au cuivrage des pièces de fonte, dont on voyait de magnifiques spécimens dans l'exposition de la Société des fonderies et hauts fourneaux du Val-d'Osne. Ce mode de cuivrage a l'avantage, pour les pièces artistiques, de ne pas empâter les détails, comme les anciens procédés, qui exigeaient l'interposition d'un corps étranger.

Leurs procédés d'étamage, de zingage et de plombage, ont éga-lement attiré l'attention du jury.

M. A. de Plazanet exposait principalement les procédés de traitement des minerais de nickel, qu'il emploie dans son usine de Saint-Denis, pour le nickelage. Ce sont des procédés par voie humide qui conviennent spécialement aux minerais magnésiens de la Nouvelle-Calédonie.

On dissout le minerai pulvérisé dans l'acide chloro-nitreux provenant du blanchiment de l'acide nitrique. Si le minerai con-tient du cuivre, on traite la dissolution filtrée par un courant d'acide sulfhydrique, obtenu en traitant le sulfure de sodium par l'acide chlorhydrique. On traite ensuite par une solution de sulfure de sodium dans de l'eau. Tous les métaux sont précipités. On lave avec de l'acide chlorhydrique très étendu, qui entraîne le fer et le manganèse.

Le précipité de sulfure de nickel est alors traité pour sulfate ou pour métal.

Dans le premier cas, on l'oxyde en facilitant l'opération avec de l'acide nitrique étendu.

Dans le second cas, on dissout le sulfure dans l'acide chloronitreux étendu; on traite par le chlorure de barium pour séparer le sulfate formé et l'on précipite par la chaux.

Si les minerais contenaient du zinc ou du cobalt, cette méthode ne serait pas applicable; mais le prix du cobalt est suffisant pour permettre de le séparer d'abord par les méthodes ordinaires.

Voici la formule du bain que M. de Plazanet emploie pour le nickelage :

100 litres d'eau,

6 kilogrammes de sulfate de nickel et d'ammoniaque,

5 kilogrammes de chlorhydrate d'ammoniaque.

L'addition de sel ammoniac rend le bain meilleur conducteur, donne un dépôt plus régulier, et permet l'emploi d'un courant moins énergique.

M. de Plazanet exposait, en outre, une balance métallo-métrique permettant de mesurer exactement le poids de métal déposé sur un objet. Aussitôt le dépôt formé, le courant est interrompu, et le dépôt cesse instantanément.

MM. Schoomann, à Paris, exposaient aussi les procédés qu'ils emploient pour garantir la quantité de métal précieux déposé sur un objet.

La machine dynamo-électrique de M. Weston, de Newark, près de New-York, a fait son apparition à l'Exposition de Philadelphie. Elle s'est aussi rapidement répandue en Amérique à la suite de cette exposition qu'elle s'est répandue en Europe à la suite de l'Exposition de Paris. Cette machine est spécialement appliquée à la galvanoplastic, où elle donne des dépôts abondants avec une faible dépense de force.

C'est grâce à elle en partie que l'industrie du nickelage a pris une extension si rapide. C'est elle aussi qui a été essayée en Amérique pour la désargentation des plombs d'œuvre par le procédé Keith, qui attirait vivement l'attention aux États-Unis, au moment même de l'Exposition de 1878.

Liège, avril 1880.

A. Habets.

Gr. VI.

Cl. 50.